westermann

ZEIT FÜR GESCHICHTE

Gymnasium Niedersachsen 5

Elisabeth Gentner
Miriam Litten-Likus
Ulrich Ziehn

ZEIT FÜR GESCHICHTE

Geschichtliches Unterrichtswerk für die Sekundarstufe I in Niedersachsen

verfasst von
Elisabeth Gentner, Miriam Litten-Likus, Ulrich Ziehn

mit Beiträgen von
Hans-Wilhelm Eckhardt, Volker Habermaier, Ilse Moshagen-Siegl,
Friedemann Neuhaus, Bernd Zaddach

© 2023 Westermann Bildungsmedien Verlag GmbH,
Georg-Westermann-Allee 66, 38104 Braunschweig
www.westermann.de

Druck A[1] / Jahr 2023
Alle Drucke der Serie A sind im Unterricht parallel verwendbar.
Redaktion: Kerstin Meyer
Umschlaggestaltung: LIO Designagentur, Braunschweig
Layout: Karin Dohle, Braunschweig
Druck und Bindung: Westermann Druck GmbH,
Georg-Westermann-Allee 66, 38104 Braunschweig

ISBN 978-3-14-**117710**-7

Liebe Schülerin, lieber Schüler!

In diesem Schuljahr beginnt für dich ein neues Fach: Es ist ZEIT FÜR GESCHICHTE, und vor dir liegt ein Buch mit genau diesem Namen. Es führt dich in das neue Schulfach ein und macht dich in mehreren Einheiten mit dem Leben der Menschen in der fernen Vergangenheit bekannt – von der Steinzeit über das alte Ägypten und Griechenland bis zum Römischen Reich. Ob ihr Leben unserem in manchem wohl ähnlich war?

Was du in den Einheiten kennenlernen und üben kannst, steht jeweils auf der ersten Seite. Dann geht es richtig los: Zu jedem Thema findest du kurze Kapitel mit Texten, Abbildungen und Aufgaben.

In den meisten Kapiteln machen **Darstellungstexte** geschichtliche Entwicklungen lebendig. Manchmal erzählen auch **»Zeitreisen«** von ausgedachten Begebenheiten, die sich ereignet haben könnten. Doch ob Darstellungstext oder Zeitreise – beim Schreiben haben sich die Autorinnen und Autoren immer an Erkenntnissen der Forschung orientiert.

Andere Texte sind aus der Vergangenheit überliefert, wie z. B. ein Lobgesang auf einen Pharao. Damit du diese Texte sofort erkennst, haben sie ein M in der Überschrift erhalten. Es bedeutet: »Material«. Auch Bilder wie Fotos, Karten oder Illustrationen sind mit einem »M« gekennzeichnet.

Auf manchen Seiten im Buch findest du **Webcodes**, zum Beispiel: WES-117710-001. Wenn du sie auf www.westermann.de/webcode ins Suchfeld eingibst oder den zugehörigen QR-Code mit deinem Tablet scannst, erhältst du ergänzende Materialien – wie kurze Filme oder interaktive Aufgaben. Mehr dazu erfährst du auf Seite 184.

Die meisten **Aufgaben** in diesem Buch wirst du allein oder mit einer Partnerin/einem Partner bearbeiten. Manche sind aber auch für Gruppenarbeiten gedacht: Zusammen übt ihr, ein Thema zu erarbeiten und eure Ergebnisse zusammenzuführen und zu präsentieren. Das Verb, mit dem eine Aufgabe beginnt, z. B. »beschreibe« oder »erkläre«, heißt »Operator«. Es sagt aus, was genau du tun sollst. Ganz vorn im Buch sind die wichtigsten Operatoren genauer erklärt.

»Blick in die Welt« heißt in manchen Einheiten die letzte Doppelseite. Hier kannst du selbst weiterlesen: Du erfährst, was sich zu der Zeit, die in der Einheit behandelt wurde, an einem ganz anderen Ort abgespielt hat, z. B. in China oder bei den Maya in Mittelamerika.

Auch den **Anhang des Buches** solltest du beachten: Darin sind verschiedene Tipps zusammengestellt, z. B. für die Bearbeitung von Aufgaben oder für die Gestaltung von Plakaten. Ein kurzes Lexikon liefert Erklärungen zu wichtigen Begriffen, die in den Texten mit einem ↦ gekennzeichnet sind. Außerdem hilft dir ein Stichwortverzeichnis, Begriffe im Buch zu finden, wenn du dich über eine Sache noch einmal genauer informieren möchtest.

Und nun: Nimm dir ruhig ZEIT FÜR GESCHICHTE!

ZEITREISE ››› **Ein Marktbesuch**

Auf der Agora, dem großen Marktplatz vo... ...hen, wimmelt es von Menschen. Unte... ...t Timon. Er kommt von der In... ...Philemon, dem ...

Damit du sofort erkennst, wo du es mit einer »Zeitreise« zu tun hast, sind diese besonders gekennzeichnet.

Die Lupe zeigt an, wo du Tipps zum Umgang mit Materialien erhältst:

Eine Textquelle ver...

In Texten aus der Vergangenheit... mal Ausdrücke verwendet, die u... erscheinen. Deshalb müssen wir... bemühen, sie zu verstehen.

1. Achte zuerst auf die Überschr... führung in die Quelle. Sie...

...beite aus dem Text ... die Menschen in der Eiszer... ten konnten.

3. a) Arbeite aus dem Text und M 1... Gemeinsamkeiten von Homo Sap... und Neandertalern heraus.
b) Ordne ein: Sind die Neandertal... unsere menschlichen Vorfahren?

+ Bearbeite die interaktive Übun... Jagdbeute wird verarbeitet«.

Manche Aufgaben sind mit einem **+** gekennzeichnet. Dies sind zusätzliche, manchmal etwas knifflige Aufgaben, mit denen du dich befassen kannst, wenn du mit anderen fertig bist.

INHALT

Die »Himmelsscheibe
von Nebra«

Sarg aus dem
Grab des Pharaos
Tutanchamun

Ein römisches Mosaik

Alles hat Geschichte

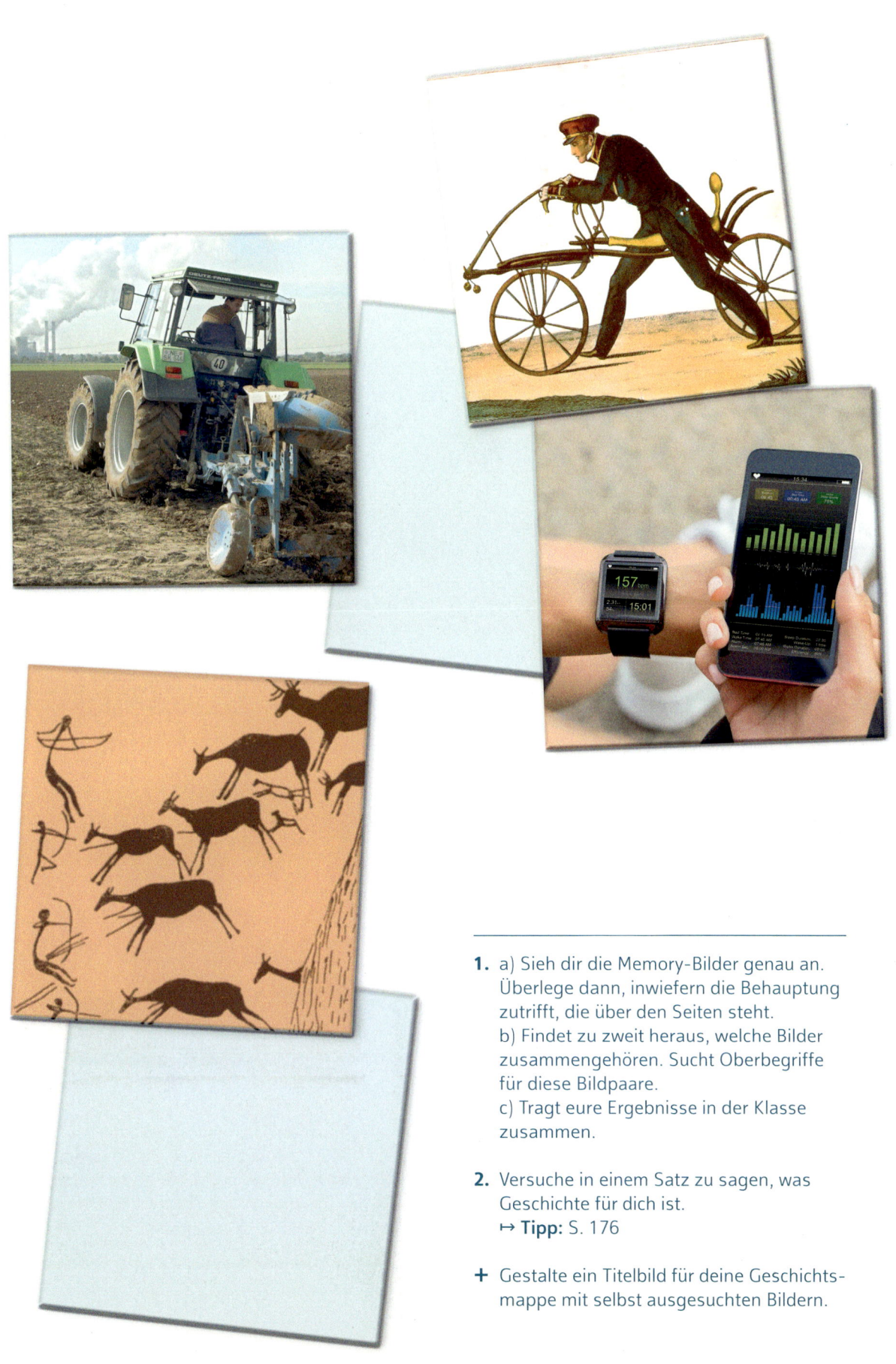

1. a) Sieh dir die Memory-Bilder genau an. Überlege dann, inwiefern die Behauptung zutrifft, die über den Seiten steht.
b) Findet zu zweit heraus, welche Bilder zusammengehören. Sucht Oberbegriffe für diese Bildpaare.
c) Tragt eure Ergebnisse in der Klasse zusammen.

2. Versuche in einem Satz zu sagen, was Geschichte für dich ist.
   ↦ **Tipp:** S. 176

+ Gestalte ein Titelbild für deine Geschichts-mappe mit selbst ausgesuchten Bildern.

Geschichte und ich

Was ist Geschichte? Das ist die Vergangenheit, von der wir erzählen, um uns an sie zu erinnern. So versuchen wir, unser jetziges Leben besser zu verstehen. Das kann
5 nur gelingen, wenn wir das Geschehene so wahrheitsgetreu wie möglich erzählen. Dafür greifen wir darauf zurück, was Menschen überliefert, z. B. aufgeschrieben haben. Wir untersuchen auch Bilder,
10 Gegenstände und Gebäude. Aus diesen vielen Teilen setzen wir uns ein Bild der Vergangenheit zusammen.

Denk beispielsweise an den Tag deiner Geburt: Du kannst dich nicht mehr daran
15 erinnern, dabei ist er der wichtigste Tag in deinem Leben. Deine Eltern hingegen können davon erzählen, auch in ihrer Geschichte spielt der Tag eine große Rolle. Deine Großeltern und andere Familienmit-
20 glieder haben vielleicht ganz andere Erinnerungen daran. Sicher gibt es auch Fotos von dir in deinen ersten Lebenstagen. Außerdem steht in deiner Geburtsurkunde, an welchem Tag und an welchem Ort du
25 geboren bist. Aus diesen Teilen kannst du dir ein Bild darüber machen, wie du das Licht der Welt erblickt hast.

Deine eigene Geschichte beginnt in deiner Familie. Auch der Ort, an dem du lebst, und
30 die Schule, auf die du gehst, haben Einfluss auf dich:
- Lebst du mit deiner Familie an deinem Geburtsort?
- Kommen deine Eltern aus einem anderen
35 Ort oder einem anderen Land?
- Gehst du auf eine Schule, die schon deine Eltern besucht haben?
- Wie lange gibt es deine Schule schon?

M1 Eine Familie: Sie wurde um 1900 fotografiert. Familienfotos ließ man damals beim Fotografen machen. Das war teuer, deshalb wurde es selten wiederholt. Um einen guten Eindruck zu machen, trugen alle ihre schönste Kleidung.

M2 Ein Ort: Der Ernst-August-Platz vor dem Hauptbahnhof in Hannover um 1900. Der Hauptbahnhof war damals bereits ein wichtiger Verkehrsknotenpunkt. Wer es sich leisten konnte, hatte nach der Ankunft die Möglichkeit, sich eine Kutsche zu mieten, um an sein Ziel zu gelangen.

M3 Eine Schule: Dieses Foto wurde um 1960 in einer deutschen Mädchenschule aufgenommen. Wer im Unterricht aufgerufen wurde, stand auf und gab seine Antwort.

M4 Eine Freizeitbeschäftigung: Die spielenden Großstadtkinder wurden 1926 fotografiert. Spielplätze gab es nicht, dafür konnten die Kinder auf der Straße spielen, z. B. das Hüpfspiel »Himmel und Hölle«. Es war sehr beliebt, ebenso wie »Fangen« und »Verstecken«. Auf dem Land hatten die Kinder mehr Raum zum Spielen, mussten aber auch häufig in der Landwirtschaft helfen.

1. Sieh dir die Fotos M1–M4 an.
   a) Wähle ein Foto aus und beschreibe mithilfe des erklärenden Textes, was darauf zu sehen ist.
   b) Wie wirkt das Motiv auf dich? Finde mindestens drei Adjektive, die zu dem Foto passen. Begründe!

2. a) Vergleiche die auf den Fotos dargestellten Szenen mit eigenen Erfahrungen:
   – Was gibt es heute noch?
   – Was ist heute ganz anders?
   Mache Notizen zu jedem Foto.

	Foto	meine Erfahrung
M1: Familie		
M2: Ort		
M3: Schule		
M4: Freizeit		

   b) Besprecht in der Klasse: Habt ihr die gleichen Erfahrungen gemacht?

3. Sprich zu Hause mit deinen Eltern und Großeltern über die Bilder.
   – Welche Erinnerungen und Erfahrungen rufen sie bei ihnen wach?
   – Ähnelt ihre Vergangenheit eher der auf den Fotos oder deiner?

Was Fundstücke verraten können

WES-117710-001

Du kannst dir den Text anhören. Gib den Webcode auf www.westermann. de/webcode ins Suchfeld ein. Oder du scannst den QR-Code mit dem Tablet.

Zum ersten Mal betritt Familie Reinhardt ihr neues Haus. Überall kahle Räume, die im Kopf schon mal eingerichtet werden. Gespannt schauen sich die vier alles an, bis
5 sie schließlich auf dem Dachboden angekommen sind. Ganz hinten in der Ecke, an einer dunklen Stelle, entdeckt Hanne eine Kiste. Ist sie vergessen worden? Neugierig zieht Jakob sie ins Licht, Hanne öffnet sie.

10 Die Kiste enthält ein kleines Sammelsurium: Da ist ein Zeugnisheft aus der Grundschule, ein Foto, das eine Gruppe gut angezogener junger Menschen zeigt. Auf der Rückseite steht: »Mein Abitur 1962«.
15 Weiter findet sich darin ein Wehrpass von der Bundeswehr, ein Teller mit dem Schriftzug »25-jährige Betriebszugehörigkeit – Eisen- und Hartgußwerk Concordia«, ein Jugendherbergsausweis sowie ein Bild, das
20 ein Kind gemalt hat. Dann sind da noch eine Türklinke und ein Brief.

Auf Spurensuche

»Das sind bestimmt Erinnerungsstücke unseres Vormieters«, sagt Hanne. »Schaut doch mal, auf den Zeugnissen steht sein
25 Name.« Alle sind jetzt ganz aufmerksam. Sie haben ein etwas schlechtes Gewissen, weil sie so neugierig sind. Trotzdem versuchen sie nun, aus den Gegenständen etwas über den Mann zu erfahren.

30 Dem Zeugnisheft können sie entnehmen, dass er von 1949 bis 1953 zur Grundschule ging. Als sie sich die Noten ansehen, stellen sie fest, dass er ein recht guter Schüler war. 1962 hat er Abitur gemacht, darauf
35 weist das Foto hin. Danach ist er gereist; die Orte, die er besucht hat, sind in dem Jugendherbergsausweis notiert. Bei der Bundeswehr war er von 1962 bis 1964. Weiter sehen sie, dass er lange (minde-
40 stens 25 Jahre) bei der Concordia gearbeitet hat, allerdings kann man dem Teller nicht entnehmen, wann er dort angefangen hat.

Den Brief hat der Mann offenbar von seiner späteren Frau erhalten. Mit Mühe können
45 sie den Poststempel entziffern: 12. Juli 1965. Zumindest seit dieser Zeit kannten sich die beiden. Um zu wissen, ob sie da schon ein Paar waren, müsste man den Brief lesen. Das verbieten die Eltern aber.
50 Auf jeden Fall hatte der Mann Enkelkinder, das zeigt die Kinderzeichnung.

Bleibt die Türklinke. »Vielleicht«, sagt Frau Reinhardt, »stammt sie aus einem früheren Haus der Familie.« Das bleibt aber eine
55 Vermutung.

All die Gegenstände sagen also etwas über die Vergangenheit aus. Wenn man diese Aussagen verbindet, entsteht eine Art Geschichte des Mannes, der sie aufbe-
60 wahrt hat.

---

1. Finde anhand des Textes und der Fotos Angaben zu den folgenden Lebensstationen des Vormieters der Familie Reinhardt:
 – Geburt,
 – Schulzeit,
 – Hobby / Freizeit,
 – Familie,
 – Arbeitsleben.
Schreibe die Informationen in einem kurzen Text auf.

Fundstücke als »Quellen«

M1 Eine Urkunde aus dem 14. Jahrhundert. Mehrere Städte haben durch sie ein Bündnis bestätigt. Jede Stadt hat ihr Siegel unter die schriftliche Vereinbarung gesetzt.

M2 Dieses winzige Gemälde aus dem 18. Jahrhundert konnte als Schmuckstück getragen werden.

Dinge können etwas über die Vergangenheit verraten – aber nur, wenn man die Informationen, die darin stecken, erkennt und sie richtig verbindet. Dieses Verfah-
5 ren wenden ↦ **Historikerinnen und Historiker** an. So werden Forschende genannt, die sich mit Geschichte beschäftigen: Sie suchen nach **Überresten** der Vergangenheit, entnehmen ihnen Informationen und
10 verbinden sie zu einer Geschichte. Manche Überreste sind dabei eindeutig, wie das gefundene Zeugnisheft aus der Geschichte »Was Fundstücke verraten können« zeigt (↦ S. 11). Andere Überreste lassen nur Vermu-
15 tungen zu, wie beispielsweise die Türklinke.

Verschiedene »Quellen«

In der Geschichtsforschung sind alle Dinge, die einmal von Menschen benutzt oder angefertigt wurden, ↦**Quellen**. Das können Gegenstände wie Werkzeuge, Kleidungs-
20 stücke, Möbel, Waffen, Schmuck, aber auch Gebäude sein. Diese Quellen werden als **Sachquellen** bezeichnet. Als Quellen können aber auch Bilder oder Texte dienen. Zu den **Textquellen** zählen Briefe, Tagebücher,

25 Akten oder alte Geschichtsdarstellungen. **Bildquellen** sind alle Arten von bildlichen Darstellungen, von den frühen Höhlenmalereien bis hin zu Selfies.

Quellen deuten – aber wie?

Wenn Historikerinnen und Historiker neue
30 Quellen untersuchen, prüfen sie kritisch, welche Informationen sie ihnen entnehmen können. Werden z. B. Münzen aus der Zeit der Römer in Norddeutschland gefunden, kann dies ein Zeichen dafür sein, dass
35 römische Truppen bis hierher kamen.

Doch Deutungen müssen geprüft werden. Gibt es vielleicht weitere Hinweise darauf? Oder gibt es Widersprüche zu anderen Quellen, die bereits bekannt sind? Histo-
40 rikerinnen und Historiker müssen schauen, wem sie mehr glauben wollen. Manches bleibt trotzdem Vermutung. Manchmal wird dann zufällig eine neue Quelle gefunden, die die Vermutung bestätigt oder aber
45 zeigt, dass sie falsch war. Dieses Verfahren der Untersuchung von Quellen nennen die Forschenden **Quellenkritik**.

M4 Eine Postkarte aus Rom

M5 Eine etwa 2500 Jahre alte Münze, gefunden in Griechenland

M3 Ein etwa 70 Jahre altes Spielzeug

🔍 Eine Sachquelle auswerten

Gegenstände, die früher gebraucht wurden und die wir heute finden, nennen wir »Sachquellen« – wie z. B. den Kaufmannsladen (M3). Durch ihn erfahren wir nicht nur, was früher ein Kinderspielzeug war, sondern auch, wie ein Laden aussah, bevor es Supermärkte gab: Man trat an einen Tresen, wo eine Verkäuferin die Waren herbeiholte, manches abwog und kassierte.

Oft ist schwer zu erkennen, was Sachquellen uns »erzählen« könnten. Das liegt daran, dass sie meist nicht in den Zusammenhängen auftauchen, in denen sie früher gebraucht wurden. Um eine Sachquelle auszuwerten, gehe in folgenden Schritten vor:

1. Betrachte den Gegenstand und beschreibe seine Eigenschaften (Größe, Form, Material, Oberfläche, Farbe, Gewicht). Ihn zu zeichnen kann helfen, Besonderheiten zu entdecken.

2. Überlege, wofür der Gegenstand gebraucht werden konnte. Wie funktionierte er? In welchen Lebenszusammenhängen wurde er wohl eingesetzt – z. B. bei der Jagd, im Haushalt, bei der Feldarbeit, bei Begräbnissen oder zum Spielen?

3. Erkläre, was man durch den Gegenstand über das Leben früher erfahren kann.

1. a) Lies den Textabschnitt über die Quellenarten (Z. 16–28). Ordne dann zu: Welche der abgebildeten Quellen (M1–M5) sind Textquellen, welche Bildquellen, welche Sachquellen?
b) Notiere zu jedem Gegenstand, was man durch ihn über das Leben früher erfahren kann.

+ Der Webcode WES-117710-002 bietet eine Übung, die du am Tablet machen kannst. Scanne den QR-Code (unten) mit dem Tablet oder gib den Webcode auf www.westermann.de/webcode ins Suchfeld ein.

2. Bringe von zu Hause einen alten Gegenstand mit. Setze dich mit ihm mithilfe des Kompetenztrainings »Eine Sachquelle auswerten« auseinander. Stelle ihn dann als Sachquelle in der Klasse vor. Erzähle, warum der Gegenstand aufbewahrt wurde.
↦ **Tipp:** S. 176

WES-117710-002

Orientierung in der Zeit

M1 Die »Himmelsscheibe von Nebra«

Schon vor 3600 Jahren haben die Menschen in unserer Gegend die Sterne beobachtet und daraus abgeleitet, wie sie am geschicktesten bei der Bestellung ihrer Felder vorgehen. Das wissen wir von einem ganz besonderen Fundstück: der »Himmelsscheibe von Nebra«.

Gefunden wurde sie von sogenannten Grabräubern, die 1999 mit einem Metallsuchgerät durch
15 die Wälder von Sachsen-Anhalt streiften. In der
Nähe des Ortes Nebra stießen sie auf die merkwür-
dige Scheibe und einige sehr alt wirkende Schwerter. Diesen »Schatz« versuchten sie heimlich gegen
hohe Summen zu verkaufen. Über Zwischenhändler
20 gelangte die Scheibe schließlich an das Landes-
museum in Halle, dessen Direktor die Polizei alar-
mierte. Die Zwischenhändler und die Grabräuber
kamen vor Gericht.

Auf der Scheibe sieht man rechts einen Halbmond,
25 links von ihm einen Kreis, der die Sonne darstellen
könnte. Darüber befinden sich sieben Goldpunkte,
die vermutlich den Sternenhaufen der »Plejaden«
abbilden. Nach den Plejaden richteten die frühen
bäuerlichen ↦ Gesellschaften ihre Feldarbeit aus:
30 Wenn die Plejaden im März am westlichen Abend-
himmel verschwanden, wussten sie, dass sie nun
säen konnten. Wenn die Plejaden im Oktober wieder
auftauchten, nahte der Winter.

---

1. Stellt zu zweit Vermutungen darüber an, warum die Menschen vor 3600 Jahren die Sternenbilder auf der Scheibe festgehalten haben.

Natur beobachten – Zeit einteilen

Schon früh wussten die Menschen, dass
35 es Jahreszeiten gibt, die sich in bestimmten Abständen wiederholen. Sie erkannten
auch, wie wichtig es ist, zu wissen, in welcher Jahreszeit sie sich befinden. So konnten sie sagen,
40 – wann Tierherden für die Jagd zu erwarten oder wann welche Früchte und Gräser
reif sind;
– wann man sich vor Sonne oder Stürmen
schützen und wann in ein Winterquartier
45 zurückziehen muss.

Vor allem, um ihre Feldarbeit nach den Jahreszeiten planen zu können, entwickelten
die Menschen ↦ **Kalender**: Sie beobachte-
ten den Stand der Sonne und des Mondes
50 genau und legten danach Jahre, Monate
und Tage als Zeitabschnitte fest. Auch
wir brauchen Kalender, z. B. um Termine
vorzumerken oder uns an Vergangenes
zu erinnern. Das nutzen auch ↦ Histori-
55 kerinnen und Historiker: Kalender helfen,
genau zu bestimmen, in welcher Reihenfolge Ereignisse stattfanden.

M2 Feldarbeit im Mittelalter

---

2. Erläutere die Vorteile der Kalendernut-
zung im Alltag von Bauern und Forschenden. Nenne Beispiele, in denen
der Kalender unverzichtbar ist.

Verschiedene Zeitrechnungen

Wir wissen nicht nur, dass Jahreszeiten oder Monate immer wiederkehren, son-
60 dern stellen uns Zeit auch als etwas vor, das vergeht: Wir zählen die Jahre. Um uns darüber zu verständigen, in welchem Jahr wir uns befinden, müssen wir einen Anfang unserer **Zeitrechnung** bestimmen, also ein
65 Jahr »Null«. Das funktioniert natürlich nur, wenn alle sich an diese Abmachung halten. Unser Jahr »Null« ist das Geburtsjahr von Jesus Christus. Alles, was danach passiert ist, kennzeichnen wir mit dem Zusatz »nach
70 Christus« (**n. Chr.**), alles, was vor seiner Geburt geschehen ist, mit dem Zusatz »vor Christus« (**v. Chr.**).

Doch es gibt auch andere Zeitrechnungen: In islamischen Ländern zählt man bei-
75 spielsweise die Jahre seit der Auswanderung des Religionsstifters Mohammed aus Mekka nach Medina. Nach unserer Zählung war das am 16. Juli 622. Und als wir das Jahr 2000 zählten, befanden wir
80 uns nach jüdischer Zeitrechnung bereits im Jahr 5760 »nach Schöpfung der Welt«.

Zeit messen

Kalender teilen Zeit in Jahre, Monate, Wochen und Tage. Wir messen aber auch Stunden und Minuten. Dass ein Tag 24
85 Stunden dauert, haben die Römer festgelegt. Für die meisten Menschen war das aber bis ins hohe Mittelalter ganz egal. Ihr Tag begann »beim Hahnenschrei« und endete »bei Einbruch der Dunkelheit«. Am
90 Sonntag läuteten die Glocken, damit alle rechtzeitig zum Gottesdienst kamen.

Als aber immer mehr Menschen als Händler und Kaufleute arbeiteten, wurden zeitlich genaue Verabredungen wichtiger.
95 Doch bisher bekannte Zeitmessgeräte wie Wasser- oder Sonnenuhren, waren zu ungenau und wetterabhängig. Nun, etwa im 13. Jahrhundert, wurden die mechanischen Uhren entwickelt. Reiche Städte,
100 die es sich leisten konnten, errichteten eine Turmuhr, die jede Stunde mit einem für alle hörbaren Glockenschlag einläutete. In Norddeutschland wurde eine solche Uhr erstmals in Hamburg in Betrieb genommen – im Jahr 1375.

M3 Die Schöpfung der Welt auf einem Mosaik aus dem 12. Jahrhundert

M4 Die ersten Turmuhren wurden von riesigen Zahnrädern angetrieben.

---

3. Denke dir ein Datum aus, das du an den Anfang deiner Zeitrechnung stellen willst, und berechne, in welchem Jahr du dich jetzt befinden würdest.

4. Überlegt in Vierergruppen, wie sich die Einführung der Turmuhr auf den Alltag von Bauern – Kaufleuten – Handwerkern – Pfarrern auswirkte.

Meine Familie und ich im Zeitstrahl

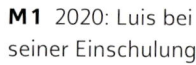

Wer Erkenntnisse über die Vergangenheit gewonnen hat, kann sie zu einer Geschichte verbinden und erzählen. Eine andere Möglichkeit, Informationen über die Vergangenheit zu vermitteln, ist es, Abläufe von Ereignissen in einem **Zeitstrahl** darzustellen. Ein Zeitstrahl zeigt auf einen Blick, was geschehen ist. Dafür werden auf einem Strahl, also einer Linie mit einem Pfeil am Ende, immer gleiche Abstände eingezeichnet. Sie stehen für bestimmte Zeitabstände, z. B. jeweils für ein Jahr.

Nehmen wir an, du möchtest jemandem übersichtlich einen Einblick in dein Leben geben. Wenn du elf Jahre alt bist und einen Zeitstrahl zu deinem Leben erstellen willst, dann könntest du für jedes Jahr einen Zentimeter als Abstand wählen. Am Anfang stünde deine Geburt. Sie wäre bei Null. Nach einem Zentimeter käme
15 die Eins, nach zwei Zentimetern die Zwei usw.

M 1 2020: Luis bei seiner Einschulung

Legst du aber einen Zeitstrahl für das Leben eines Eltern- oder Großelternteils an, wirst du merken, dass der Platz auf deinem Blatt nicht ausreicht. Deshalb musst du den Maßstab ihres Zeitstrahls verändern: Wenn es für dein Leben noch möglich ist, für ein Jahr
20 einen Zentimeter auf dem Strahl abzutragen, dann muss bei deiner Großmutter vielleicht ein Zentimeter für fünf Jahre stehen.

Nehmen wir an, sie ist 78 Jahre alt, dann müsstest du die nächste durch 5 teilbare Zahl – die 80 – teilen. Das Ergebnis ist 16. Du musst also eine Strecke auf dem Strahl abtragen, die 16 cm lang ist, um die Lebenszeit deiner Großmutter zu erfassen.
25 ist, um die Lebenszeit deiner Großmutter zu erfassen.

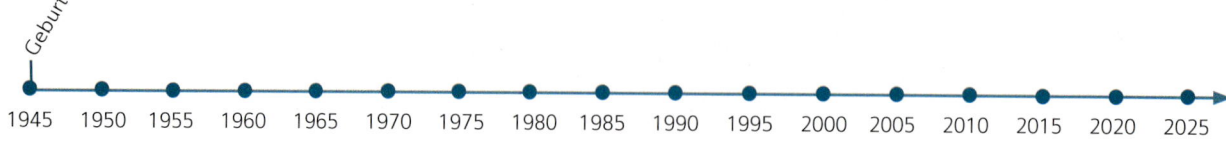

Ein Thema festlegen

Jetzt ist die Zeit also eingeteilt. Etwas fehlt aber noch! Was ist in dieser Zeit wichtig gewesen? Was wichtig war, hängt davon ab, was du darstellen möchtest.

30 Wenn du beispielsweise darstellen willst, wie sich eure Familie entwickelt hat, dann würdest du in den Zeitstrahl für deine Großmutter sicher eintragen: wann sie geboren wurde, wann ihre Geschwister geboren wurden, wann sie geheiratet hat, wann Kinder und Enkelkinder zur Welt gekommen sind. (Auch du würdest also darin vorkommen.) Wenn es um die berufliche Entwicklung deiner Großmutter geht, werden die Zeitpunkte für ihre Schulabschlüsse, 35 ihre Ausbildung, die Beschäftigungsstellen und wann sie vielleicht in Rente ging von Bedeutung sein.

Die Ereignisse werden dem Zeitstrahl möglichst genau zugeordnet. Nun kann man auf einen Blick sehen, was für wichtige Ereignisse 40 es gegeben hat und wie weit sie auseinanderliegen.

---

1. Zeichne einen Zeitstrahl, mit dem du die wichtigsten Stationen aus deinem Leben darstellst.

2. Erstelle einen Zeitstrahl für das Leben eines Großelternteils.

M2 1975: Oma Cústodia, Opa Aventino und Felipe in Hessisch-Lichtenau

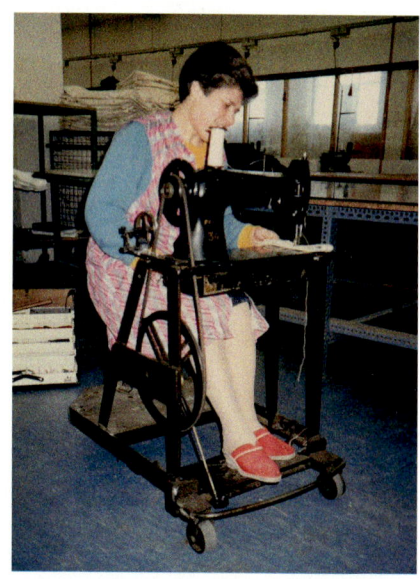

M3 1979: Oma Cústodia arbeitet als Näherin in einer Fabrik. Aus groben, wetterfesten Stoffen näht sie Zelte und Markisen.

M4 (links) Stationen aus dem Lebenslauf von Oma Cústodia

1 Portugal: Wo dieses europäische Land liegt, siehst du auf der Karte hinten im Buch.

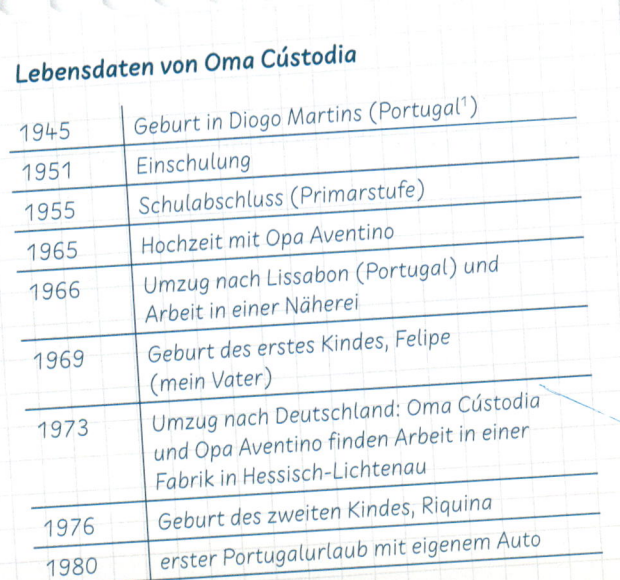

Lebensdaten von Oma Cústodia

1945	Geburt in Diogo Martins (Portugal[1])
1951	Einschulung
1955	Schulabschluss (Primarstufe)
1965	Hochzeit mit Opa Aventino
1966	Umzug nach Lissabon (Portugal) und Arbeit in einer Näherei
1969	Geburt des erstes Kindes, Felipe (mein Vater)
1973	Umzug nach Deutschland: Oma Cústodia und Opa Aventino finden Arbeit in einer Fabrik in Hessisch-Lichtenau
1976	Geburt des zweiten Kindes, Riquina
1980	erster Portugalurlaub mit eigenem Auto

Menschen in der Vorgeschichte

Auf der Treppe des Moesgaard-Museums bei Aarhus (Dänemark) sind unsere Vorfahren versammelt: Besucherinnen und Besucher begegnen sieben Menschenarten aus der Vorgeschichte. So wird der lange Zeitraum genannt, aus dem keine schriftlichen Quellen überliefert sind.

Der unten links von vorn abgebildete »Turkana-Junge« lebte vor etwa 1,8 Millionen Jahren im heutigen Tansania. Dieses Foto wurde im »Neanderthal Museum« in Nordrhein-Westfalen aufgenommen.

Funde aus der Vorzeit müssen vorsichtig behandelt werden. Das Foto zeigt eine ↦ Archäologin in Schöningen (Niedersachsen), die gerade den Backenzahn eines Waldelefanten reinigt.

Auf den folgenden Seiten erfährst du,

– warum die gemeinsame Jagd vor 300 000 Jahren eine besondere menschliche Leistung war.
– dass es wichtig für das Überleben der Menschen in Europa war, Feuer machen zu können.
– welche Auswirkungen es hatte, dass die Menschen ↦ sesshaft wurden, Tiere züchteten und Getreide anbauten.

Außerdem übst du,

– dich in Forschende hineinzuversetzen und Fragen an Fundstücke zu stellen.
– eine Geschichtskarte zu lesen und ihr Informationen über die Ausbreitung des Menschen zu entnehmen.
– verschiedene Zeiträume der Vorgeschichte miteinander zu vergleichen.

Ganz in der Nähe: Spuren früher Menschen

Wann lebten die ersten Menschen in unserer Gegend? Wie haben sie gelebt? Und wie haben sie ausgesehen? Vielleicht so wie die Figur auf dem Foto M 1? Sie
5 wurde für ein Museum **rekonstruiert**, also nach wissenschaftlichen Erkenntnissen gestaltet. Aber wie konnten diese Erkenntnisse überhaupt gewonnen werden? Von unseren frühesten Vorfahren sind schließ-
10 lich keine Bilder überliefert.

Um etwas über sie zu erfahren, müssen wir graben – und zwar ganz tief! Das ist das, was ↦**Archäologinnen und Archäologen**[1] häufig tun. Sie beschäftigen sich mit dem,
15 was Menschen hinterlassen haben und versuchen, aus dem, was sie finden, Erkenntnisse zu gewinnen.

Fundort Schöningen

Natürlich kann man nicht einfach auf gut Glück losgraben. Man braucht schon
20 Erfahrung, um zu erkennen, ob an einer bestimmten Stelle Spuren von Menschen zu finden sein könnten. Und am besten gräbt man gleich dort, wo ohnehin schon gegraben wird.

25 So machten es auch Archäologinnen und Archäologen im Tagebau[2] bei Schöningen in Südostniedersachsen. Als man hier vor gut 50 Jahren begann, Braunkohle abzubauen, waren sie von Anfang an dabei. Sie
30 hofften, bei Untersuchungen der tieferen Erdschichten auf Spuren aus der Frühzeit des Menschen zu treffen.

M 1 Rekonstruktion eines frühen Menschen, wie er vor etwa 300 000 Jahren auch in Niedersachsen lebte

1 **Archäologinnen/ Archäologen:** Wissenschaftlerinnen und Wissenschaftler, die Überreste des Menschen erforschen. Sie führen Grabungen durch und werten ihre Funde aus.

2 **Tagebau:** das Abbauen von Bodenschätzen, die dicht unter der Erdschicht liegen, mithilfe großer Bagger

Für einen Sensationsfund braucht man aber auch Glück. Und das hatten sie in Schönin-
35 gen: Weil ein riesiger Schaufelradbagger des Tagebaus eine Zeit lang funktions-untüchtig war, konnte das Forschungsgebiet ausgeweitet werden. Und nun entdeckte das Team etwas, das alle Erwartungen übertraf:
40 Zahlreiche Knochen, vor allem von Pferden. Dazwischen lagen lange Hölzer, die bear-beitet zu sein schienen: Speere?

Nach einigen Untersuchungen stand fest: Das sind Wurfspeere und sie sind etwa
45 300 000 Jahre alt. Damit sind sie die älte-sten erhaltenen menschlichen Waffen der Welt! Zu sehen sind sie heute – wie auch der rekonstruierte Frühmensch – im Museum »Paläon« in Schöningen.

M2 Das Schaufel-rad eines Baggers trägt kohlehaltiges Gestein ab.

M3 Forschende untersuchen das Erdreich Schicht für Schicht.

M4 Heute werden die »Schöninger Speere« in einer Museumsvitrine präsentiert. Sie liegen in einer Art Wasserbad – an der Luft würden sie zerfallen.

---

1. Erläutere die Abbildungen M2–M4 mithilfe des Darstellungstextes und der Bildunterschriften.

2. Formuliert zu zweit Fragen, die ihr einer Archäologin über die Wurf-speere stellen könntet.

Funde und erste Fragen

M1 In Schöningen wurden Knochen ausgestorbener Tiere gefunden, z. B. von Waldelefanten, Auerochsen, einem Säbelzahntiger, vor allem aber von Wildpferden. Viele Knochen waren gezielt zerschlagen und mit Schneidewerkzeugen zerteilt worden.

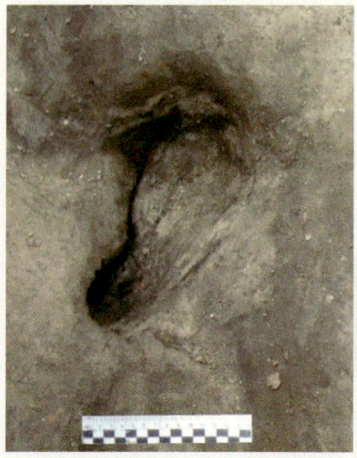

M3 Die jüngste Entdeckung aus dem Jahr 2023: ein versteinerter menschlicher Fußabdruck

M4 Gefunden wurden auch Feuerstellen und Werkzeuge, z. B. Faustkeile, Steinklingen und Klemmschäfte. In einen Klemmschaft (rechts) wurden Klingen gesteckt.

M2 Die »Schöninger Speere« sind aus Fichtenholz gefertigt. Sie sind den Speeren, die heute in der Leichtathletik benutzt werden, ziemlich ähnlich. Der längste gefundene Speer ist etwa 2,50 Meter lang und hat eine Wurfweite von bis zu 70 Metern. Das haben Versuche mit Nachbauten gezeigt.

1. Betrachtet M1–M4 und tauscht euch darüber aus, was die Funde über das Leben der damaligen Menschen verraten könnten.

Ablagerungen der letzten und der mittleren Eiszeit (bis ca. 300 000 Jahre alt)

Ablagerungen der ältesten Eiszeit (bis ca. 400 000 Jahre alt)

Sande und Braunkohle (bis ca. 50 Millionen Jahre alt)

M 5 Vereinfachte Darstellung der Bodenschichten, die bei Schöningen vorgefunden wurden

Die dunkle Schicht mit Überresten von Tieren und Werkzeugen enthält Faulschlamm, der sich nur in Warmzeiten bilden konnte. Sie ist bis zu 320 000 Jahre alt und lag 10 bis 15 Meter unter der Erde.

Um mehr über die Funde in Schöningen zu erfahren, haben wir einen Experten befragt. Zuerst wollten wir etwas über das Alter der Fundstücke wissen:

5 Wie hat man erkannt, dass die Speere alt sind?

Stell dir vor, du hättest zu Hause eine gläserne Mülltonne, in die jeden Tag Abfall gefüllt wird. Nach einigen Tagen könntest
10 du dich wahrscheinlich anhand des sichtbaren Abfalls daran erinnern, was du in den vergangenen Tagen gemacht hast. Aber auch die Reihenfolge wird deutlich. Du kannst sehen, dass du etwas ausgeschnit-
15 ten hast, nachdem du ein Spiel bekommen hast, weil die Schnipsel vom Ausschneiden über dem Geschenkpapier des Spiels liegen. So ist es auch, wenn man tief in die Erde gräbt. Auch hier liegen verschiedene
20 Schichten übereinander. In der Regel ist das, was oben liegt, jünger als das, was unten liegt.

Woher weiß man, wie alt die verschiedenen Ausgrabungsschichten sind?
25 Dazu braucht man noch viele andere Wissenschaften. Biologinnen können anhand der gefundenen Pflanzenpollen sagen, was dort früher wuchs. Geologen können das Alter des Gesteins angeben, andere Wis-
30 senschaftlerinnen können bestimmen, wie alt das Material der Fundstücke ist. Wenn wir alle Erkenntnisse kombinieren, können wir darauf schließen, wie alt die Schichten sind und wie die Gegend damals ausgese-
35 hen hat. Die Fundstücke aus Schöningen sind ungefähr 300 000 Jahre alt. Die Zeit, über die wir hier sprechen, nennen wir ↦ **Altsteinzeit.**

2. Lies die Fragen und Antworten oder höre sie dir unter dem Webcode in der Randspalte an. Erkläre dann, wie ↦ Archäologinnen und Archäologen das Alter von Fundstücken bestimmen. Berücksichtige dabei die Lage der Funde und die anderen Wissenschaften, deren Hilfe sie benötigen.

3. Erläutere die Grafik M 5, indem du den Vergleich mit der gläsernen Mülltonne darauf überträgst.

+ Informiere dich bei deinem Sportlehrer oder deiner Physiklehrerin darüber, welche Eigenschaften ein Speer besitzt, den man in der Leichtathletik verwendet.

+ Informiere dich bei deinem Biologielehrer und deiner Erdkundelehrerin darüber, wie wir Kenntnisse über Umweltveränderungen in der Erdgeschichte erlangen können.

WES-117710-003

Unter diesem Webcode kannst du dir die Fragen und Antworten anhören.

Funde und Deutungen

M 1 Eine Gruppe von Menschen, wie sie in der Nähe von Schöningen gelebt haben könnte (Rekonstruktionszeichnung)

Was sagen die Funde über das Leben der damaligen Menschen in dem Gebiet aus, in dem wir heute leben? Das folgende Interview gibt dazu Auskunft:

5 Was erfahren wir von den Funden Neues über die Menschen?
Was wir schon wussten, ist, dass die Menschen vor 300 000 Jahren sehr gut an die Natur angepasst lebten. Sie waren ↦ **Wild-**
10 **beuter**, das heißt, sie ernährten sich von Pflanzen und Aas, also dem, was sie mehr oder weniger zufällig in der Natur fanden.

In Schöningen waren viele Knochen und einige Speere, aber keine Reste eines Lagers
15 zu finden. Daraus haben wir geschlossen, dass die Menschen nur für die Jagd hierherkamen, nicht, um hier zu leben. Sie müssen die Jagdtiere genau beobachtet und ihr Vorgehen geplant haben. Auch ihre
20 Waffen haben sie zielgerichtet hergestellt.

Für die Jagd mussten sie als Gruppe eng zusammenarbeiten: gemeinsam eine Jagdstrategie entwickeln und diese dann auch gegen die Tiere durchhalten. Die Tiere
25 waren ja nicht nur stärker und schneller als die Menschen, sondern hatten auch gefährliche Zähne und Klauen. Dass die Menschen ihre Jagden damals schon gemeinsam planten, wussten wir bisher nicht.

30 Wie benutzten die Menschen damals ihre Waffen?
Bei der Jagd teilten sie sich auf: Eine Gruppe schreckte die Herde auf, die andere Gruppe jagte die langsameren Tiere mit
35 ihren Wurfspeeren. In manchen Gegenden hoben die Menschen auch Fallen aus, um Großtiere wie etwa Mammute zu fangen. Mit ihren Waffen jagten die Menschen aber nicht nur. Sie verteidigten sich und ihre Kin-
40 der auch gegen Raubtiere und Nahrungskonkurrenten wie Waldnashörner oder Säbelzahntiger.

WES-117710-004

Unter diesem Webcode kannst du dir den Text anhören.

Hatten die Menschen feste Orte, an denen sie lebten?

45 Nein. Sicher hatten sie ihr Lager an einem geschützten Ort, vielleicht auf einem nahe gelegenen Hügel, von wo aus sie das Gebiet gut im Blick hatten. Aber sie blieben nicht an einem Ort: Die frühen Menschen
50 lebten als ↦ **Nomaden**. Das bedeutet: Sie zogen umher.

Aus welchem Grund blieben sie denn nicht an einem Ort?

Neben dem Fleisch und Knochenmark der
55 Tiere aßen die Menschen auch Wurzeln, Nüsse und Früchte, die sie sammelten. Wenn eine Gegend nicht mehr genügend Nahrung bot und die Jagdtiere abwanderten, zogen auch die Menschen weiter.
60 Dann suchten sie Schutz in Felsvorsprüngen und Höhleneingängen. Unterwegs bauten sie sich auch Schutzhütten oder Zelte aus Tierhäuten.

Doch sie kehrten häufig an Orte zurück,
65 die ihnen guten Schutz boten, vor allem im Winter. Die Schöninger Funde zeigen, dass Menschen immer wieder – möglicherweise über Jahrtausende – dort gewesen sind. Denn in der flachen, überschaubaren Land-
70 schaft lag ein See, der ein sicherer Nahrungslieferant war: Er bot Trinkwasser und lockte Beutetiere an.

Wie haben sich die Menschen in der wilden Natur zurechtgefunden?

75 Um Nahrung zu sammeln oder Wild zu jagen, mussten sich die Menschen von ihren Quartieren sehr weit entfernen. Sie müssen daher eine viel bessere Orientierungsfähigkeit als wir gehabt haben.

80 Wir gehen davon aus, dass sie nicht nur Tierfährten lesen konnten, sondern auch wussten, wann und wo sie die Herden erwarten konnten. Das war wichtig für die Jagd. Denn wenn sie den Tieren gefolgt
85 wären, hätte das sicher den Fluchtimpuls der Tiere ausgelöst, die ja viel schneller als die Menschen sind. Ihr Wissen über die Natur müssen die Menschen untereinander und von Generation zu Generation
90 weitergegeben haben.

---

1. Überprüfe mithilfe des Interviews deine Vermutungen, die du über die Bedeutung der ↦ archäologischen Funde aus Schöningen angestellt hast (↦ S. 22, Aufgabe 1).

2. Erkläre die Begriffe »Wildbeuter« und »Nomaden«.

M 2 Rekonstruktionzeichnung: So könnte eine Wildpferdjagd ausgesehen haben.

Menschen breiten sich aus

M1 So könnte es ausgesehen haben, wenn in der Altsteinzeit verschiedene Menschenarten zusammentrafen: Neandertaler und Homo Sapiens begegnen sich.

Von Afrika in die Welt

Seit wann gibt es überhaupt Menschen auf der Welt? Forschende gehen davon aus, dass sich die ersten Menschen vor mehr als zwei Millionen Jahren im Osten des afrika-
5 nischen Kontinents entwickelt haben und von dort in andere Erdteile gewandert sind. Den Norden Europas erreichten Menschen vor etwa 700 000 Jahren. Überall passten sie sich ihrer neuen Umgebung an und ver-
10 änderten sich dabei, z. B. zu der Menschenart, die am Schöninger See gejagt hat.

Mit den stark schwankenden Klimaverhältnissen in Europa kam eine andere Menschenart noch besser zurecht: der **Neander-**
15 **taler**[1]. Diese Menschenart war kleiner, muskulöser und schwerer als wir, hatte ein größeres Gehirn und ernährte sich hauptsächlich von Fleisch. Mit ihren ausgefeilten Waffen waren Neandertaler sehr
20 geschickt bei der Jagd. Sie lernten, aus tierischen Knochen und Sehnen Pfeilspitzen sowie Nadeln und Garn herzustellen sowie Haut und Organe der Tiere für Kleidung und Transportbeutel zu verwerten.

Homo sapiens – auch wir

25 Vor mindestens 200 000 Jahren entwickelte sich eine neue Menschenart: der **Homo Sapiens** oder »Jetztmensch«. Auch Jetztmenschen kamen aus Ostafrika. Sie breiteten sich zunächst in Afrika aus, um
30 von dort in alle anderen Kontinente auszuwandern. Vor mehr als 40 000 Jahren gelang es ihnen, sich in Europa dauerhaft niederzulassen. Hier trafen sie auf die Neandertaler, und beide Menschenarten
35 lebten viele Jahrtausende nebeneinander. Die Jetztmenschen vermischten sich zwar – wie in allen anderen Erdteilen – mit den älteren Menschenarten. Doch diese starben irgendwann aus – nur wir Homo Sapiens
40 blieben übrig. Wir heutigen Menschen in Europa und Asien tragen aber noch etwas vom Erbgut der Neandertaler in uns.

Überleben im kalten Europa

Der Homo Sapiens musste in Europa neue Überlebensstrategien entwickeln. Hier
45 herrschten niedrigere Temperaturen als auf dem afrikanischen Kontinent, von wo er gekommen war. Vor etwa 20 000 Jahren gab es die bisher letzte **Eiszeit**: Nordeuropa war damals völlig von Eis bedeckt,
50 bis nach England hin war die Nordsee zugefroren. Wie konnten die Menschen hier überhaupt überleben? Nur mit Feuer! Die Beherrschung des Feuers war für die Menschen der Durchbruch. Das Feuer wärmte
55 sie. Und nicht nur das: Es half ihnen auch, ihre Nahrung besser verdaulich zu machen und sich gegen Tiere zu schützen.

Wahrscheinlich haben die Menschen zunächst natürlich entstehende Feuer genutzt
60 und zu bewahren versucht. Feuer entzün-

1 Neandertaler: Der Name geht auf das Neandertal bei Düsseldorf zurück, wo Skelette dieser Menschenart gefunden wurden.

2 Wie in der Steinzeit Feuer gemacht wurde, zeigt ein ↦ Archäologe in diesem Film:

WES-117710-005

WES-117710-006

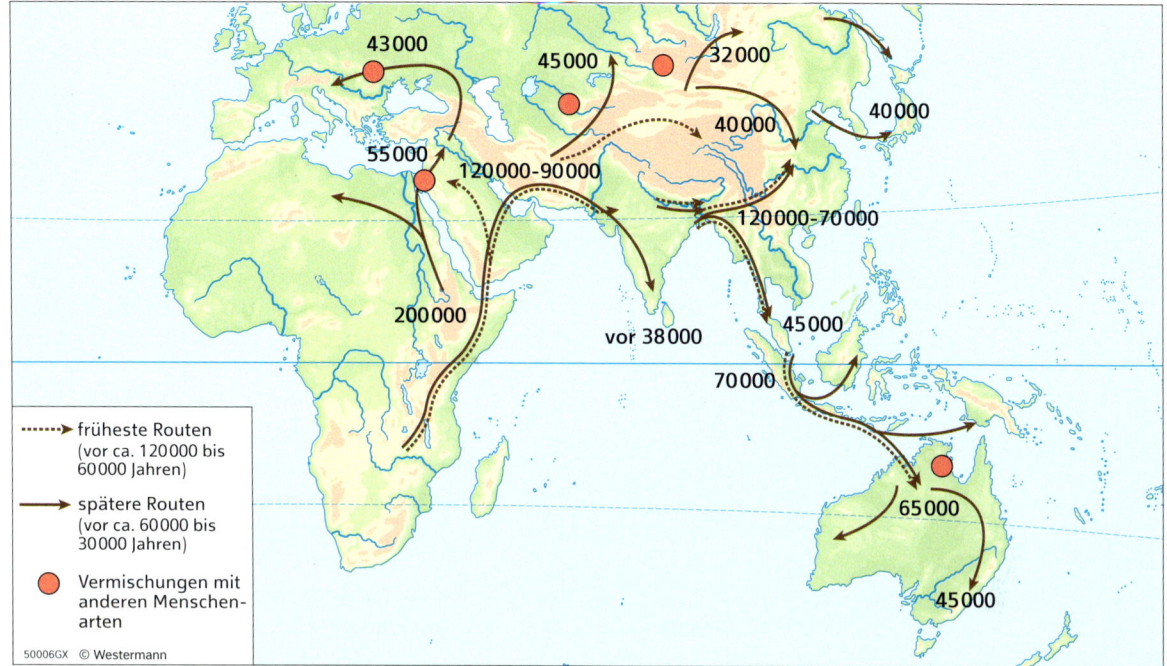

M 2 Karte: Die Ausbreitung des Homo Sapiens

Bildlegende:
- ┈┈┈► früheste Routen (vor ca. 120 000 bis 60 000 Jahren)
- ──► spätere Routen (vor ca. 60 000 bis 30 000 Jahren)
- ● Vermischungen mit anderen Menschenarten

50006GX © Westermann

dete sich z. B. durch Blitzschlag. Aber es selbst herzustellen, war viel schwieriger. Die Menschen nutzten dafür die Funken, die beim Aufeinanderschlagen von Feuersteinen entstehen[2]. Später lernten sie auch, Hitze zu nutzen, die beim Reiben entsteht: mithilfe von Holzbohrern.

65

1. Die Karte M 2 zeigt, wie sich die Jetztmenschen auf der Welt verbreitet haben. Beschreibe ihre Wanderungswege mithilfe des Kompetenztrainings.

2. Arbeite aus dem Text heraus, wie sich die Menschen in der Eiszeit behaupten konnten.

3. a) Arbeite aus dem Text und M 1 Gemeinsamkeiten von Homo Sapiens und Neandertalern heraus.
   b) Ordne ein: Sind die Neandertaler unsere menschlichen Vorfahren?

+ Bearbeite die interaktive Übung »Eine Jagdbeute wird verarbeitet«. Nutze den Webcode WES-117710-006.

🔍 Eine Geschichtskarte beschreiben

Geschichtskarten zeigen oft Entwicklungen, die sich in bestimmten Gebieten abgespielt haben. Das Thema einer Karte erfährst du aus der Bildunterschrift. Wichtige Informationen enthält zudem die Legende. Bei M 2 findest du sie links unten: Dort sind Symbole und ihre Erklärungen aufgelistet. In die Karte wurden nur die Symbole eingezeichnet. In diesem Fall sind es rote Punkte und verschiedene Arten von Pfeilen. Der Legende musst du entnehmen, was sie bedeuten.

1. Lege in deinem Heft eine Tabelle an. Links nennst du die Bedeutungen der Symbole, rechts daneben schreibst du auf, wo sie in der Karte vorkommen. Dazu musst du wissen, wie die Kontinente heißen, und die Himmelsrichtungen kennen. So kannst du z. B. aufschreiben, ob ein bestimmtes Symbol in Ost- oder Westasien auftaucht.

2. Die Pfeile beschreiben die Entwicklung im Raum, die dazugehörigen Jahreszahlen verbinden sie mit der Entwicklung in der Zeit. Betrachte die beiden Angaben, um herauszufinden, in welchem Zeitraum die Ausbreitung in welcher Gegend stattfand.

3. Fasse anschließend in einem kurzen Text zusammen, was die Karte zeigt.

Steinzeitliche Glaubensgemeinschaften

Durch ihr gemeinsames Handeln entwickelten die Menschen auch Vorstellungen von Dingen, die sie nicht sehen oder anfassen konnten. Diese Vorstellungen gehörten ⁵genauso zu ihrer Welt wie die Natur. Um sich darüber zu verständigen, nutzten die Menschen Bräuche.

Bestattungen und Gestaltungen

Schon vor mindestens 100 000 Jahren begruben Menschen ihre Toten in einzelnen ¹⁰Gräbern, die sie mit Erdfarben hervorhoben. Sie legten auch Blumen, Tierknochen oder behauene Steine dazu.

Versuchten sie, sich den Abschied leichter zu machen oder kämpften sie damit gegen ¹⁵ihre Angst vor dem Tod an? Vielleicht stärkte die Bestattung auch die Einigkeit der Lebenden.

Gemeinsam schufen die Menschen auch Kunstwerke. In Höhlen auf der ganzen Welt ²⁰sind Malereien erhalten, die während der Eiszeiten vor etwa 30 000 Jahren und noch danach geschaffen wurden. Sie zeigen Tiere und Menschen, die jagen und tanzen. Aus dieser Zeit stammen auch kleine ²⁵Figuren aus Stein und Elfenbein. Wozu dienten die Bilder und Figuren? Das können wir nur erahnen. Möglicherweise gestalteten die Menschen Tierfiguren, um sich mit den Tierseelen zu verbinden.

³⁰Manche Malereien und Gegenstände zeigen, dass es so etwas wie eine Naturreligion gegeben haben muss: Die Menschen verstanden sich als Teil der Natur. Ihr ganzes Leben sahen sie eingebunden ³⁵in die Abläufe der Natur, wie den Aufgang und den Untergang von Sonne und Mond und den Wechsel der Jahreszeiten. Wahrscheinlich glaubten sie, durch bestimmte Handlungen, die wir **Kulte** nennen, Ereig-⁴⁰nisse wie etwa die Jagd beeinflussen zu können.

M1 In Spanien fand man in alten Brunnen aufwendig gestaltete, unbenutzte Werkzeuge. Forschende nehmen an, dass Menschen ihre Verstorbenen in diesen Brunnen hinterlassen haben und ihnen die Werkzeuge mit ins Grab gaben.

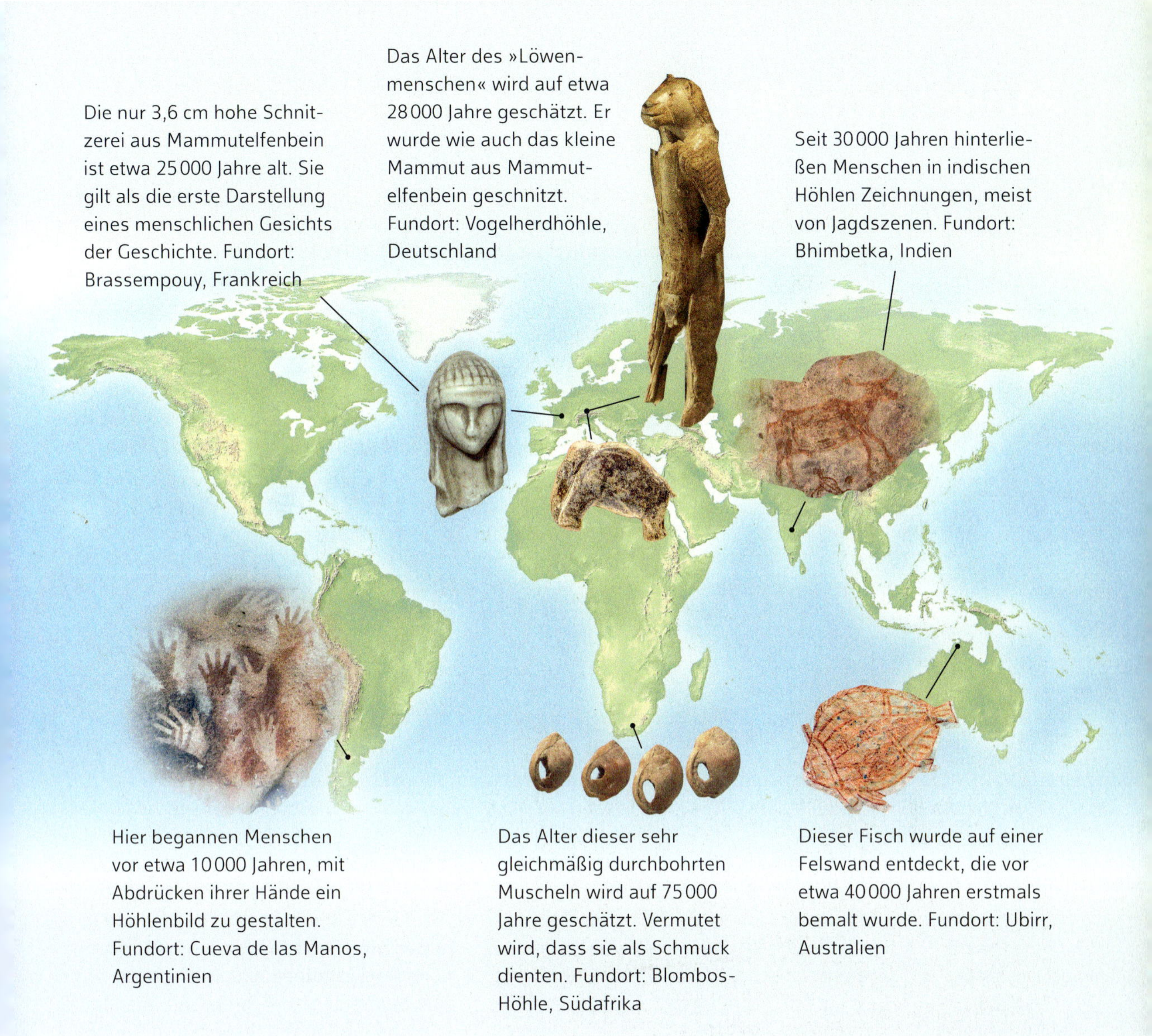

Die nur 3,6 cm hohe Schnitzerei aus Mammutelfenbein ist etwa 25 000 Jahre alt. Sie gilt als die erste Darstellung eines menschlichen Gesichts der Geschichte. Fundort: Brassempouy, Frankreich

Das Alter des »Löwenmenschen« wird auf etwa 28 000 Jahre geschätzt. Er wurde wie auch das kleine Mammut aus Mammutelfenbein geschnitzt. Fundort: Vogelherdhöhle, Deutschland

Seit 30 000 Jahren hinterließen Menschen in indischen Höhlen Zeichnungen, meist von Jagdszenen. Fundort: Bhimbetka, Indien

Hier begannen Menschen vor etwa 10 000 Jahren, mit Abdrücken ihrer Hände ein Höhlenbild zu gestalten. Fundort: Cueva de las Manos, Argentinien

Das Alter dieser sehr gleichmäßig durchbohrten Muscheln wird auf 75 000 Jahre geschätzt. Vermutet wird, dass sie als Schmuck dienten. Fundort: Blombos-Höhle, Südafrika

Dieser Fisch wurde auf einer Felswand entdeckt, die vor etwa 40 000 Jahren erstmals bemalt wurde. Fundort: Ubirr, Australien

M 2 Einige Fundorte steinzeitlicher Höhlenbilder sowie gestalteter Figuren und Gegenstände

---

1. Lies den Darstellungstext und erkläre in deinen Worten, was man heute über die Kulte der Steinzeit vermutet.

2. Betrachte auf der Karte M 2 die Malereien und Gegenstände, die Menschen überall auf der Welt angefertigt haben. Wähle ein Beispiel aus und überlege, welche Bedeutung es für die Menschen gehabt haben mag.
↦ **Tipp:** S. 176

3. Trage in eine Tabelle in deinem Heft ein, welche Kenntnisse du über die ↦ Altsteinzeit gewonnen hast. Lege das Blatt quer, damit du später noch zwei Spalten ergänzen kannst.

	Altsteinzeit
Unterkunft	
Ernährung	
Techniken	
Werkzeuge	
Lebensweise	
Kulte	

Unter diesem Webcode kannst du eine Vorlage der Tabelle abrufen:

WES-117710-007

Malen und Musizieren wie in der Steinzeit

M1 Wandmalerei in der Höhle von Lascaux. Die Tiere wurden mit verschiedenen Farben mehrfach übermalt.

Gemälde in der Dunkelheit

M2 Gemalt wurde mit getrockneten Erden und Ruß. Die Farbteilchen blieben an der feuchten Felswand haften.

WES-117710-008

Besonders lebendige Wandbilder aus der Steinzeit befinden sich in der Höhle von Lascaux in Südfrankreich. Sie wurde 1940 zufällig von abenteuerlustigen Jugend-
5 lichen gefunden, die eigentlich unterirdische Geheimgänge gesucht hatten. Mit ihren Taschenlampen entdeckten sie plötzlich ein riesiges Gemälde an der Höhlenwand: Stiere, Hirsche, Pferde. Die Bilder
10 sind vor 40 000 bis 15 000 Jahren entstanden – über einen sehr langen Zeitraum also. Höhlen wurden viele Tausend Jahre benutzt und immer wieder hinterließen Menschen in ihnen neue Bilder.

15 Weil der Publikumsandrang den Bildern schadete, wurde die Höhle inzwischen rekonstruiert. Der Nachbau kann besichtigt werden. Aber auch ein Besuch im Internet ist möglich (↦ Webcode).

PROJEKTVORSCHLAG

1. Gestalte einmal selbst eine »Höhlenmalerei«. Nutze dazu Kohle- oder Kreidestifte und Acrylfarben. Als Malgrund eignet sich fester Karton oder Pappe.

Tipp: Wenn du den Malgrund dünn mit Kleister bestreichst und Sand darauf streust, erhältst du eine unregelmäßige Oberfläche, die ähnlich wie das Gestein der Höhlen wirkt. Es dauert allerdings mehrere Stunden, bis dieser Untergrund getrocknet und bemalbar ist.

2. Vergleiche dein Ergebnis mit den steinzeitlichen Höhlenbildern. Schau dir dazu den Film unter dem Webcode WES-117710-008 an.

M3 Die Erprobung dieses steinzeitlichen »Xylophons« fand 2014 in einem französischen Museum statt.

Der Ton macht die Musik

20 Auch Musik haben die Menschen schon früh gemacht. Dabei haben sie nicht nur ihre Stimme und ihren Körper benutzt, sondern auch Instrumente angefertigt.

Die ältesten, heute noch erhaltenen Musik-
25 instrumente sind ungefähr 40 000 Jahre alt. Es sind Knochenflöten. Unter dem Webcode WES-117710-009 findest du einen Film darüber.

↪ Archäologinnen und Archäologen
30 haben daneben auch andere Fundstücke als Instrumente gedeutet, beispielsweise als Trommeln, Muscheltrompeten oder Schwirrhölzer. Das sind flache ovale Holzstücke, die an einer langen Schnur im Kreis
35 geschwungen wurden und surrende Töne erzeugten.

PROJEKTVORSCHLAG

1. Fragt eure Musiklehrerin oder euren Musiklehrer, wie ihr steinzeitliche Klänge selbst erzeugen könnt.

2 Fertigt Instrumente aus Naturmaterialien an und stellt ein Steinzeit-Orchester zusammen. Denkt auch daran, wie ihr mit eurem eigenen Körper rhythmische Geräusche und Töne erzeugen könnt.

M4 Oben liegt eine nachgebaute Geierflügel-Knochenflöte, unten eine Flöte aus Mammutelfenbein

WES-117710-009

Überreste aus der Jungsteinzeit

M1 Die »Teufelssteine von Bischofsbrück«. Foto, 2014

Teufelssteine im Landkreis Cloppenburg! Treibt im westlichen Niedersachsen etwa der Teufel sein Unwesen? Das haben die Menschen früher zumindest geglaubt und
5 die Steine so benannt. Sie konnten sich nicht vorstellen, dass jemand anderes als der Teufel selbst mit seinen übernatürlichen Kräften die tonnenschweren Riesenfelsen aufeinandergeschichtet haben könnte.

Bedeutende Steinbauten

10 Natürlich war es nicht der Teufel. Vor etwa 5 000 Jahren haben Menschen die riesigen Steine – sogenannte Megalithen – verbaut. Dafür mussten sie in großer Zahl wochenlang zusammenarbeiten. Außer-
15 dem setzten sie kräftige Tiere ein und bauten aus Holzstämmen Schlitten, mit denen sie die Steine transportierten (M2). Warum taten sie das? Steinanlagen wie diese dienten in ganz Europa als Grabkam-
20 mern für viele Verstorbene. Und sicherlich waren sie auch Versammlungsplätze, an denen Menschen zusammenkamen, um gemeinsam religiöse Feiern abzuhalten.

M2 So könnte der Bau einer Großsteingrabanlage verlaufen sein:

Die Steine wurden auf Schlitten transportiert.

Wo das Grab entstehen sollte, hob man Vertiefungen aus und schichtete kleine Steine zur Stabilisierung auf.

Nun wurden zwei große Trägersteine einander gegenüber aufgestellt.

Darauf legte man den Deckstein. Diese drei Steine bildeten ein Joch. Eine Grabkammer bestand aus mehreren Jochen.

Zum Schluss wurde die Grabkammer mit Erdboden bedeckt.

Eine neue Lebensweise entsteht

Die Riesensteine sind ein Hinweis auf riesige
25 Veränderungen, die das Leben der Menschen in dieser Zeit kennzeichneten. Denn wer mit zahmen Tieren und gebauten Geräten wie Schlitten Felsblöcke bewegt, kann kein ↦ Wildbeuter sein. Diese Menschen
30 verbrachten ihr Leben an einem Ort. Sie waren ↦ **sesshaft** und lebten von gezüchteten Tieren und angebautem Getreide.

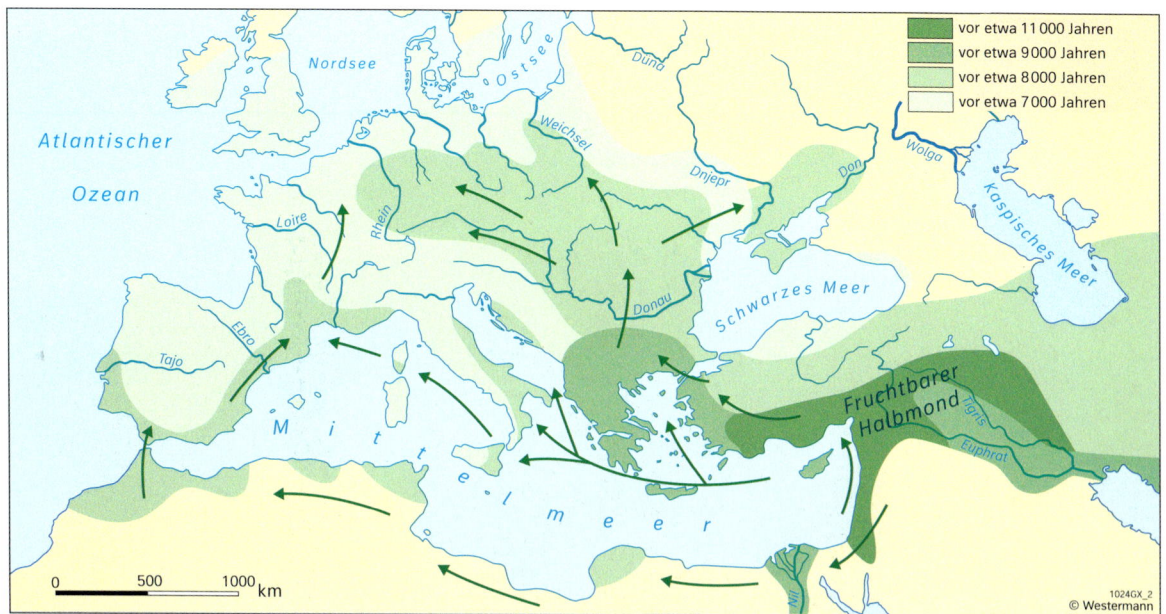

	vor etwa 11 000 Jahren
	vor etwa 9000 Jahren
	vor etwa 8000 Jahren
	vor etwa 7000 Jahren

M 3 Die Ausbreitung der sesshaften Lebensweise

Schon Wildbeuter hatten Obstbäume und Nusssträucher vor Nahrungskonkurrenten
35 geschützt und so gepflegt, dass sie mehr Früchte trugen. Nach und nach entwickelten sie Nutzgärten und übertrugen ihre Erfahrungen auf den Anbau von Getreide und Hülsenfrüchten. Um im Jahresrhythmus
40 Korn anbauen zu können, bauten sie sich feste Wohnungen. Die ersten Dörfer entstanden.

Mit dem gezielten Anbau von Getreide und der Zucht von Tieren begannen die
45 Menschen vor etwa 11 000 Jahren – im sogenannten »Fruchtbaren Halbmond«: Hier waren die klimatischen Bedingungen dafür besonders geeignet. Von dort aus zogen immer wieder Menschen weiter und
50 verbreiteten die neue Lebensweise nach Asien, Afrika und schließlich nach Europa.

Sesshaftes Leben setzt sich durch

Tiere zu züchten und Pflanzen anzubauen bedeutete für die Menschen, die Natur zu beherrschen. Doch auch wenn die ersten
55 Ackerbauern überall auf der Welt in Kontakt mit Wildbeutern standen, überzeugte die neue Lebensweise nicht alle Wildbeutergemeinschaften. Besonders an den Küsten

war das Nahrungsangebot für sie so gut,
60 dass sie sich auf die anstrengende Landwirtschaft nicht einlassen mochten. Daher existierten beide Lebensweisen Jahrtausende lang nebeneinander. Erst allmählich setzte sich die sesshafte Lebensweise durch.
65

Die Durchsetzung von Ackerbau und Viehzucht veränderte das Leben der Menschen so umfassend, dass man auch von der Neolithischen Revolution spricht: »neoli-
70 thisch« bedeutet ↦ **jungsteinzeitlich** und »Revolution« Umbruch.

WES-117710-010

---

1. Erkläre in eigenen Worten, wie eine Großsteingrabanlage gebaut wurde (M 2). Welche modernen Maschinen würden die Arbeit erleichtern?

+ Wo überall gibt es Großsteingrabanlagen in Niedersachsen? Informiere dich unter WES-117710-010.

2. Beschreibe die Karte M 3 mithilfe des Kompetenztrainings (S. 27). Wo liegt der Ausgangspunkt der Entwicklung? Wie waren die Verbreitungswege des Ackerbaus?

3. Erkläre in deinen eigenen Worten, warum die Landwirtschaft das Leben der Menschen so veränderte, dass man von einer »Revolution« sprechen kann.

Die neue Lebensweise im Dorf

M1 Modell einer ↪jungsteinzeitlichen Siedlung mit sogenannten Langhäusern, gestaltet für ein Museum

WES-117710-011

1. Betrachte M1 und beschreibe das Leben der Menschen in der jungsteinzeitlichen Siedlung. Gehe auf ihre Wohnungen und ihre Tätigkeiten ein.
b) Stellt zu zweit Vermutungen darüber an, wie die Menschen hier zusammenlebten.

+ Vor einigen Jahren machte eine Gruppe von sieben Erwachsenen und sechs Kindern eine Zeitreise in die Jungsteinzeit. Dafür lebten sie einige Wochen wie die Menschen vor 5000 Jahren. Unter dem Webcode WES-117710-011 kannst du dir einen Film darüber ansehen (Dauer: 15 min).

i ⟩ Die jungsteinzeitlichen Langhäuser waren sehr groß: zwischen 20 und 40 Meter lang und bis zu 8 Meter breit. Sie hatten lehmverputzte Wände, nur einen Eingang und keine Fenster. Forschende vermuten, dass die Dächer mit Stroh gedeckt wurden. Meist waren sie unterteilt in einen Wohnraum, einen Vorrats-, einen Arbeitsraum und einen Stall, denn in diesen Häusern lebten oft mehr als 20 Personen mit ihrem Vieh.

Manche Langhäuser standen allein, aber es gab auch kleine Siedlungen. Anfangs standen sie frei. Erst später wurden sie durch Zäune oder Erdwälle gegen wilde Tiere oder andere Menschengruppen geschützt.

Nahrung selbst herstellen

Die Menschen in den Siedlungen lebten völlig anders als die ↦ Wildbeuter, die in der Natur jagten. Vor allem griffen die sesshaften Menschen stärker in die Natur ein:
5 – Sie hielten Tiere gefangen und züchteten sie zu Nutztieren.
– Sie bearbeiteten den Boden, sodass er bepflanzt werden konnte.
Kurz: Sie produzierten ihre Nahrung. Aller-
10 dings beherrschten sie die dafür nötigen Techniken nicht von Anfang an. Bis sich die Menschen ganz von der Landwirtschaft ernähren konnten, vergingen zwei bis drei Jahrtausende!

Auswirkungen der Sesshaftigkeit

15 Die bäuerliche Lebensweise eröffnete den Menschen neue Möglichkeiten: Ein land-wirtschaftlich genutztes Gebiet brachte mehr Nahrung hervor als je zuvor. Um die pflanzlichen und tierischen Erzeugnisse
20 verarbeiten und aufbewahren zu können, entwickelten die Menschen neue Geräte und Methoden.

Doch die ↦ sesshaften Menschen waren sehr abhängig von der Ernte. Fiel sie
25 wegen einer Dürre schmal aus oder wurde sie gar gestohlen, bedeutete das Hunger. Die neue Ernährungsweise war außerdem weniger abwechslungsreich und hatte gesundheitliche Nachteile: Die getreide-
30 haltige Ernährung nutzte die Zähne stark ab und schuf mit Karies eine schmerzhafte Bedrohung.

Sesshaft, aber in Bewegung

Sesshaft zu sein bedeutete nicht, sich immer an einem Ort aufzuhalten. Die sesshaften
35 Menschen hatten Kontakte über ihr Dorf hinaus, etwa durch verwandtschaftliche Beziehungen oder durch Handel. Außerdem gab es immer wieder Einwanderungswellen, durch die Menschen auch über ganz Europa
40 hinweg in Austausch miteinander standen.

M 2 Aus Holz, Stein und Ton entwickelten die Menschen Werkzeuge und Geräte, die sie für neue Techniken nutzten.

① und ②: Werkzeuge zur Getreideverarbeitung (Rekonstruktionen)

③ Ein sehr einfacher früher Webstuhl (Rekonstruktion). Damit konnte man aus pflanzlichen Fasern Stoffe herstellen.

④ Ein aus Ton herge-stelltes Gefäß zur Auf-bewahrung von Vorräten

2. Erläutere mithilfe des Darstellungstextes, wie sich das Leben der Menschen ändert, wenn es ihnen möglich ist, Vorräte anzulegen. Überlege, welche neuen Probleme damit entstehen können.
↦ **Tipp:** S. 176

3. Beschreibe die in M 2 abgebildeten Gegenstände und erkläre, wozu sie eingesetzt werden konnten.

4. Ergänze die Tabelle zur Altsteinzeit (S. 29), indem du die Veränderungen in der Jungsteinzeit in eine weitere Spalte setzt.

5. Bereitet ein Rollenspiel vor: ↦ Nomadische Steinzeitmenschen treffen auf sesshaft lebende Menschen. Die Nomaden fühlen sich durch die Lebensweise der Ackerbauern in ihren Jagdrouten bedrängt, die Ackerbauern versuchen sie dazu zu überreden, sich der Landwirtschaft anzuschließen.
↦ **Tipp:** S. 176

Mensch und Tier

M 1 In Libyen in Nordafrika wurde dieses auf einen Felsen gezeichnete Bild entdeckt.

1. Beschreibe die Menschen und Tiere, die auf dem Felsbild M 1 zu sehen sind: Wer macht was?

Mit der ↦ Sesshaftigkeit veränderten die Menschen auch ihr Verhältnis zu den Tieren. Anstatt sie zu jagen, fingen sie nun einzelne Tiere ein und gewöhnten sie an ein
5 Leben in der Gefangenschaft: Sie **domestizierten** sie. Das bedeutet, dass sie die Tiere zähmten und über Generationen hinweg jene aussuchten, deren Eigenschaften von besonderem Nutzen waren. Das gelang
10 aber nur mit einigen Arten. Wir kennen sie noch heute als **Haus- und Nutztiere**.

Bei der Domestizierung der Nutztiere griffen die Menschen auf ihre Erfahrungen mit ihrem ältesten tierischen Freund zurück:
15 dem Hund. Seit mindestens 14 000, vielleicht sogar schon seit 30 000 Jahren, leben Menschen und Hunde eng zusammen. Anfangs waren Mensch und Wolf Konkurrenten bei der Jagd um dieselbe Beute. Dann aber
20 passten sie sich aneinander an und unterstützten sich gegenseitig bei der Jagd.

Nutzen, aber auch Gefahren

Die Menschen lernten, Tiere so zu züchten, dass sie ihnen viel mehr als nur das Fleisch brachten: Sie dienten als Lasttiere,
25 lieferten Wolle, Eier und Milch. Vor allem Milchprodukte wie Käse bereicherten den menschlichen Speiseplan enorm – sofern die Menschen den in der Milch enthaltenen Milchzucker verdauen konnten. Das war bei
30 vielen erst gegen Ende der ↦ Jungsteinzeit der Fall.

In den jungsteinzeitlichen Siedlungen lebten die Menschen mit ihren Tieren zusammen und schliefen mit ihnen in
35 einem Gebäude. Durch die Nähe entwickelten sich neue Krankheitserreger, die unter den Menschen für Ansteckungen sorgten – wie z. B. die Masern.

2. a) Beschreibe, welchen Nutzen die Menschen von den verschiedenen Tieren in M 2 hatten.
b) Überlege, wie der Mensch sich um die Tiere kümmern muss, um diesen Nutzen zu erzielen.
c) Ziehe daraus Rückschlüsse darauf, wie die Sorge für die Tiere das Leben der Menschen veränderte.

d) Diskutiert, wer vom Zusammenleben profitierte: Mensch und Tier oder nur der Mensch?

✛ Seit viele Nahrungsmittel in Fabriken produziert werden, hat sich auch die Tierzucht stark verändert. Recherchiere dazu unter dem Webcode WES-117710-012 und stelle deine Ergebnisse in der Klasse vor.

WES-117710-012

Die ältesten Begleiter des Menschen verstehen verschiedene menschliche Worte und haben eine vielfältige Lautsprache entwickelt. Unwiderstehlich auf Menschen wirkt aber vor allem eines: der berühmte Hundeblick. Der Trick: Der Hund hebt dabei die innere Augenbraue (die der Wolf nicht hat).

Katzen leben seit etwa 10 000 Jahren bei Menschen. Sie jagen Mäuse und Ratten, die sich über Vorräte hermachen. Deshalb wurden sie als Nutztiere bedeutsam. Durch das enge Zusammenleben sind Katzen dem Menschen gegenüber zahm geworden – sie haben sich sozusagen selbst domestiziert.

Hausziegen gibt es seit etwa 10 000 Jahren. Die ersten Hausziegen sahen den Gemsen ähnlich, denen wir heute im Hochgebirge begegnen können. Ziegen wurden vor allem wegen ihres Fleisches gezüchtet. Später war auch die Milch der Tiere ein wichtiges Nahrungsmittel.

Die jungsteinzeitlichen Schafe hatten nicht so dicke Wolle wie heutige Schafe. Daher war es sehr aufwendig, ihre Wolle für die Verarbeitung von Stoff zu gewinnen. Anfangs – vor etwa 10 000 Jahren – nutzten die Menschen vor allem das Fleisch der Tiere.

Die steinzeitlichen Schweine, deren Fleisch die Menschen gerne aßen, hatten geschecktes Fell, ähnlich wie das abgebildete Tier. Ihr Körperbau ähnelte aber stärker dem der Wildschweine. In Norddeutschland gab es Hausschweine bereits vor etwa 7 500 Jahren.

Vorfahren unserer Rinder sind die Auerochsen. Sie wurden vor etwa 9 000 Jahren zu Nutztieren der Menschen. Weil sie sehr groß und kräftig waren, eigneten sie sich vor allem als Zugtiere.

Das Pferd wurde erst vor etwa 5 000 Jahren domestiziert. Nach der Erfindung des Rads wurde es vor Kutschen und Streitwagen gespannt. Unser Hauspferd geht auf eine asiatische Züchtung zurück. Wegen seiner stabilen Rückenpartie war es als Reittier besonders geeignet.

Bevor die Menschen Pferde zähmten, hatten sie bereits Esel. Ihr Vorfahre ist der Afrikanische Esel, eine wild lebende Pferdeart. Esel sind sehr kräftig und dienten den Menschen früh als Lasttiere.

M 2 Tiere, die in der Jungsteinzeit zu Nutztieren wurden

Entdeckungen machen – Wissen teilen

M 1 Dieses Fundstück aus einen Grab wurde vor etwa 3 500 Jahren aus Metall gefertigt: der »Sonnenwagen von Trundholm« (Dänemark). Eigentlich ist er gar kein Wagen, sondern eine Sonne auf Rädern, die von einem Pferd gezogen wird. Es handelt sich um einen Kultgegenstand. Der »Sonnenwagen« ist nur etwa 60 cm lang.

---

1. Betrachte M 1 und nenne Merkmale, die die Skulptur von dir bereits bekannten steinzeitlichen Gegenständen unterscheidet (S. 22, 29, 31, 35).

M 2 Auf einer sich drehenden Töpferscheibe wird ein feuchter Tonklumpen zu einem Gefäß geformt.

1 Schwarzmeerraum: Wo das Schwarze Meer liegt, siehst du auf der Karte hinten im Buch oder auf M 3, S. 33

Immer neue Erfindungen

In der Steinzeit hatten sich Techniken über lange Zeiträume entwickelt: Bevor Menschen Keramikgefäße für die Getreideaufbewahrung herstellten, hatten sie
5 schon Jahrtausende vorher kleine Figuren gebrannt und damit das Material Ton erprobt. Auch für die bahnbrechende Erfindung des Rads vor etwa 5 000 Jahren gab es ein älteres Vorbild: die Töpferscheibe.

10 Neue Techniken wurden auch deshalb entdeckt, weil die Menschen sich spezialisieren konnten. Die Landwirtschaft hatte es ihnen ermöglicht, anfallende Arbeiten aufzuteilen und sich auf bestimmte Techniken
15 zu konzentrieren. Vor allem im Schwarzmeerraum¹ kam es zu vielen Erfindungen.

Hier, wo Getreide und Früchte besonders gut gediehen, waren die Siedlungen immer größer geworden und Städte entstanden.

Wissen wird weitergegeben

20 Ganz entscheidend war, dass die Menschen ihr Wissen und ihre Techniken teilten. Schon die frühen ↦ Wildbeuter hatten nicht nur für sich gelebt. Im Gegenteil: Über Jahrtausende hinweg hatten sie sich regelmä-
25 ßig mit anderen Gruppen getroffen. Dabei wurden vermutlich Ehen geschlossen, aber auch Informationen und Schmuckstücke sowie Grabbeigaben ausgetauscht. Durch die später aus dem Schwarzmeerraum ein-
30 wandernden Ackerbauern bekamen die Nordeuropäer auch Kontakt zu Handels-

routen in Südosteuropa. Dadurch konnten sich Erfindungen wie das Rad schnell verbreiten.

Mit Bronze in die Metallzeit

35 Vom Schwarzmeerraum aus verbreitete sich auch das Wissen über die Herstellung und Verarbeitung neuer Materialien. Erste Experimente mit Metallen hatten Menschen am östlichen Mittelmeer schon vor 10 000 40 Jahren gemacht[2]. Vor gut 5 000 Jahren entwickelten sie Bronze, woraus sie bessere Werkzeuge und Waffen als mit Stein bauen konnten. Bronzeklingen sind leichter als Steinklingen und dadurch besser zu benut-45 zen. Ging eine Bronzeklinge kaputt, konnte man sie einschmelzen und eine neue fertigen.

Bronze ist ein Material, das in sehr heißem Zustand geformt, also geschmiedet werden kann. Man stellt es her, indem man 50 dem Metall Kupfer etwas Zinn zufügt. Um Bronze herzustellen, mussten also viele Techniken, Erfahrungen und Kenntnisse kombiniert werden. Das gelang, weil die 55 Menschen über die Handelswege auch ihr Wissen vernetzten.

Metalle, Metallprodukte und Technologien wurden über Handelsketten weit verbreitet. So wurde die Steinzeit in Europa im dritten 60 Jahrtausend v. Chr. von der **Metallzeit** abgelöst, zuerst von der ↦ **Bronzezeit**. Auf sie folgte hier im ersten Jahrtausend v. Chr. die **Eisenzeit**, da sich Eisen als noch härteres und besser zu nutzendes Metall erwies.

M 3 Die Gewinnung von Kupfer aus Erz, metallhaltigem Gestein:

① Der mit Ton ausgekleidete Schmelzofen stand an einer Bodenvertiefung. Er war mit einer Mischung aus Erz (grün) und Holzkohle gefüllt. Mit einem Blasebalg wurde Luft zugeführt.

② Durch die Hitze setzte sich das geschmolzene Kupfer (rot) am Boden ab; die leichtere Schlacke blieb oben. Der Schmied öffnete das Loch an der Seite des Ofens und ließ sie abfließen.

③ Wenn der Ofen abgekühlt war, konnte man das erhärtete Kupfer mit einem langen Stab herausheben. In dieser Form konnte man mit Kupfer Handel treiben.

---

2. Arbeite aus dem Darstellungstext und M 3 heraus, auf welchen Voraussetzungen die Nutzung der Bronze beruht. Berücksichtige,
a) welche Materialien und Kenntnisse nötig waren, und
b) wie sie gewonnen und verbreitet wurden.

3. Die Abbildung M 1 zeigt einen Wagen. Klärt zu zweit, warum erst das Rad aus Metall richtig funktionieren konnte.

4. »Dass man in der Bronzezeit das Rad kannte, spielt eine Rolle für die Verbreitung der Metallverarbeitung.« Erläutere diese Aussage mithilfe des Textes.

5. Steinzeit – Bronzezeit – Eisenzeit: Die verschiedenen Zeitabschnitte sind nach den Materialien benannt, die für Werkzeuge benutzt wurden. Erkläre, wodurch sich die Metallzeit von der ↦ Jungsteinzeit noch unterschied.

2 Wie Metalle abgebaut wurden, erfährst du unter diesem Webcode:

WES-117710-013

Wenn du die vorangegangenen Seiten bearbeitet hast, solltest du folgende Aufgaben lösen können. Bearbeite sie in deinem Heft. Ob du richtigliegst, kannst du mithilfe der Lösungen und Hinweise auf Seite 170 überprüfen.

M 1 Rekonstruktion von Bildern, die in Chauvet (Südfrankreich) entdeckt wurden. Die originalen Zeichnungen wurden vor etwa 17 000 Jahren begonnen.

1. Nenne zwei Geräte, die die Menschen schon in der ↦ Altsteinzeit als Werkzeuge einsetzten.

2. Erkläre die Begriffe »Nomaden« und »Wildbeuter«.

3. a) Das Bild M 1 ist eine Rekonstruktion. Erkläre, wo Originalbilder dieser Art gefunden wurden.
b) Betrachte die Abbildung und benenne Tiere, die du erkennst.
c) Erkläre, wie es dazu kommen konnte, dass verschiedene Tiere übereinander gemalt wurden.

4. Stelle dar, wie sich die Lebensweise der Menschen in der Jungsteinzeit veränderte, und welche Auswirkungen das auf die Tiere und die Umwelt hatte.

5. Ordne die folgenden Begriffe der Altsteinzeit und der Jungsteinzeit zu und erkläre deine Entscheidungen: *Töpferscheibe, Feuerbeherrschung, Getreideanbau, Hausbau, Höhlenmalerei, Tierhaltung.*

6. Erkläre, warum die ↦ Bronzezeit erst dadurch möglich wurde, dass die Menschen sesshaft geworden waren.

Menschen in der Vorgeschichte

Mehrere hundert Millionen Jahre lebten nur Pflanzen und Tiere auf der Erde. Erst vor gut zwei Millionen Jahren begann die Entwicklung des aufrecht gehenden Menschen. Um uns darüber zu informieren, wie die Menschen der Frühzeit gelebt haben könnten, müssen wir
5 **Überreste** dieser Zeit befragen – z. B. Knochen-, Waffen- oder Werkzeugfunde. Schriftliche Zeugnisse gibt es nicht, da die frühen Menschen keine Schrift kannten.

Die Zeitabschnitte der Vorgeschichte nennen wir nach den Materialien, aus denen die Menschen ihre Werkzeuge herstellten, **Stein-**
10 **zeit** oder **Metallzeit**. Bei der Steinzeit unterscheiden wir ↦ Altsteinzeit und ↦ Jungsteinzeit, bei der Metallzeit unterscheiden wir ↦ Bronzezeit und Eisenzeit.

Die steinzeitlichen Menschen waren viel stärker von der Natur abhängig als wir es heute sind. In der **Altsteinzeit** lebten sie als
15 ↦ **Wildbeuter** und ↦ **Nomaden**. Schutz suchten sie unter Felsüberhängen, in Höhleneingängen, in sehr einfachen Zelten oder Hütten aus Ästen und anderen natürlichen Materialien. Schon vor etwa 300 000 Jahren waren die Menschen in der Lage, einfache Waffen herzustellen und gemeinsam zu jagen. Später entstandene
20 **Höhlenmalereien** sowie einfache Figuren aus Kalkstein oder Elfenbein, die auf der ganzen Welt entdeckt wurden, weisen daraufhin, dass die Menschen religiöse Vorstellungen hatten.

Vor gut 11 000 Jahren begannen Menschen im Nahen Osten, Getreide anzubauen und Tiere zu züchten. Sie entschieden sich
25 für ein ↦ **sesshaftes** Leben. Diese Lebensweise breitete sich ab etwa 5 000 v. Chr. in Mitteleuropa aus. Diese Veränderungen der Lebensweise bezeichnen wir mit dem Begriff **Neolithische Revo-lution**, den Zeitraum als **Jungsteinzeit** (lateinisch: Neolithikum).

Die sesshaften Menschen entwickelten neue Techniken wie Acker-
30 bau, Töpfern, Weben, Werkzeugbau, Hausbau und begannen, Vorräte anzulegen. Ihre Siedlungen wuchsen zu ersten Städten an. Hier entstanden durch ↦ **Arbeitsteilung** Berufe. Menschen konnten sich so spezialisieren, dass sie herausfanden, wie man Metall gewinnt und bearbeitet. Es entstand ein großes Handelsnetz.

ZEITTAFEL

> **vor etwa 2 Millionen Jahren**
Erste Menschen leben in Ostafrika.

> **vor etwa 300 000 Jahren**
Menschen sind in der Lage, Waffen zu bauen und gemeinsam zu jagen.

> **vor etwa 200 000 Jahren**
In Afrika entwickelt sich der Homo Sapiens (Jetztmensch).

> **vor gut 11 000 Jahren**
Im südöstlichen Mittelmeerraum beginnen Menschen, Getreide anzubauen und Wildtiere zu zähmen. Sie werden sesshaft. Damit beginnt die Jungsteinzeit.

> **vor etwa 7 000 Jahren**
Die jungsteinzeitliche Lebensweise verbreitet sich in Europa.

> **vor etwa 4 000 Jahren**
Aus Kupfererz und Zinn stellen die Menschen Bronze her. Nach diesem Material wird der folgende Zeitabschnitt als »Bronzezeit« bezeichnet.

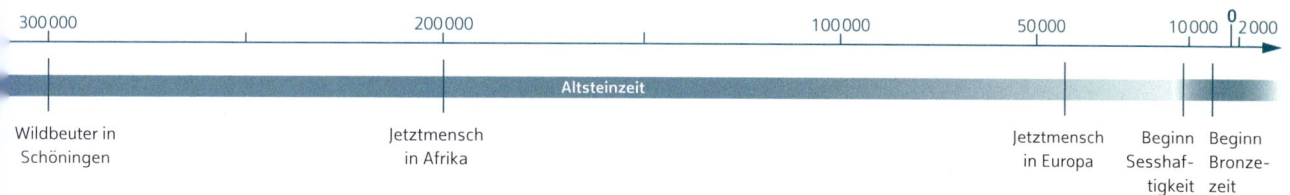

300 000	200 000	100 000	50 000	10 000	0 2 000

Altsteinzeit

Wildbeuter in Schöningen | Jetztmensch in Afrika | Jetztmensch in Europa | Beginn Sesshaftigkeit | Beginn Bronzezeit

Die ägyptische Hochkultur

v. Chr.									n. Chr.
3000	2500	2000	1500	1000	500	0	500		1000

Ägyptische Hochkultur

Griechische Antike

Römische Antike

Die Pyramiden von Gizeh mit dem Sphinx, einem riesigen Löwenkörper aus Stein mit einem Königskopf

Nofretete lebte im 14. Jahrhundert v. Chr. und war die Ehefrau eines mächtigen ägyptischen Herrschers. Als ihre Skulptur 1924 einen Platz in einem Berliner Museum bekam, begeisterte ihre Schönheit das Publikum. Noch heute fasziniert Nofretete, wie dieses Foto zeigt.

(unten) Die etwa 4 500 Jahre alte Skulptur aus bemaltem Kalkstein stellt einen Schreiber dar – im alten Ägypten ein sehr angesehener Beruf!

Auf den folgenden Seiten erfährst du,

– wie am Nil ein mächtiges und prächtiges Reich entstehen konnte.
– welche Bedeutung die Erfindung der Schrift für das Zusammenleben der Menschen hatte.
– warum der Pharao allein über alle Menschen herrschen konnte.
– aus welchem Grund die Menschen Pyramiden bauten und Tote in Mumien verwandelten.

Außerdem übst du,

– ägyptischen Grabmalereien Informationen über das Zusammenleben der Menschen zu entnehmen.
– ein Schaubild zu verstehen, das dir den Aufbau der ägyptischen ↦ Gesellschaft verdeutlicht.
– aus Schriftstücken herauszufinden, wie man im alten Ägypten über verschiedene Berufe dachte und wie die Menschen regiert wurden.

Ägypten – das Land am Nil

M1 Blick auf ein heutiges Dorf im Niltal

---

1. Betrachte das Foto M1 und benenne die drei Zonen, die hier zu erkennen sind.

2. Setzt euch zu zweit mit der »Zeitreise« auseinander. Ermittelt zuerst getrennt:
– Was erhoffen sich die Menschen vom Nil?
– Was befürchten sie von ihm?
Tauscht euch anschließend darüber aus, was ihr über den Nil erfahren habt.

ZEITREISE ››› Warten auf die Nilflut

»Wo nur das Wasser bleibt!« Sorgenvoll blicken die Bauern auf den Nil, der so gemächlich durch sein Flussbett strömt. »Warum schenkt uns der Nil in diesem Jahr kein Hochwasser?«, klagt die Bäuerin Neferet, »wo sollen wir jetzt unser Getreide anbauen?« – »Vielleicht haben sich die Priester geirrt und es ist noch gar nicht Zeit für die Nilflut?«, schlägt Samut vor, ein junger Bauer. »Unsinn«, herrscht der Dorfvorsteher Marduk ihn an, »die Priester irren nie. Außerdem habe ich selbst gesehen, wie die Göttin Sothis[1] kurz vor Sonnenaufgang hell am Himmel geleuchtet hat.
5 Sie hat das Zeichen gegeben! Bald wird der Nil über die Ufer treten.«

Neferet und Samut wagen keinen Widerspruch, doch sie fürchten ein mageres Jahr. In dem trockenen Sandboden zu beiden Seiten des Nils wächst ja nichts! Aber wenn der Nil die Ufergebiete überschwemmt und danach das Hochwasser wieder verdunstet, bleibt eine dicke Schlammschicht
10 voller Nährstoffe zurück. Sie macht den Boden fruchtbar. Für Neferet, Samut und die anderen Bauern wird dann eine arbeitsreiche Zeit beginnen: Sie werden die Schlammwüste aufteilen, Felder anlegen und bestellen müssen. ‹‹‹

1 Göttin Sothis
Gemeint ist der Stern Sirius, der von den Ägyptern als Göttin Sothis verehrt wurde.

WES-117710-014

Der Nil, eine Lebensader

Der Nil ist mit etwa 6 700 km der längste Fluss der Erde – das ist mehr als die Entfernung zwischen Berlin und New York! Er entspringt in Ostafrika, fließt über eine Länge
5 von 3 000 km durch die Wüste Sahara und mündet schließlich ins Mittelmeer. Einen so großen Fluss bezeichnet man als Strom.

Auf dem langen Weg des Nils durch die Wüste verdunstet sehr viel Wasser. Doch
10 der Strom hat gleich zwei Quellflüsse, die ihn mit Wasser versorgen. Im Sommer, wenn am Äquator heftiger Regen fällt, kommt es sogar zu Hochwasser, der **Nilflut**. Das Wasser tritt über die Ufer und
15 verwandelt das Land dahinter zu einer bis zu 20 km breiten fruchtbaren Ebene mit einer reichen Natur.

Am Nildelta teilt sich der Strom in viele Arme und fließt ins Meer. Dort wurden
20 schon vor 10 000 Jahren viele Menschen ↦**sesshaft**. Dank der fruchtbaren Felder an den Ufern konnte aber auch weiter im Landesinneren Getreide, Obst und Gemüse angebaut und Vieh gezüchtet werden.
25 Entlang des Nils entstand allmählich ein zusammenhängendes Reich: Ägypten.

---

3. Betrachte die Karte M 2.
   a) Benutze die Legende, um die Symbole in der Karte zu entschlüsseln.
   b) Beschreibe nun die Karte: Gib an, was zu sehen ist, und benenne die Lage und Verteilung der Orte.

   Formuliere z.B. so:
   – *Das fruchtbare Land der alten Ägypter liegt …*
   – *Alle Städte befinden sich …*
   – *Die Steinbrüche liegen vor allem …*

   c) Überlegt gemeinsam, warum die Ägypter so viele Steinbrüche am Nil hatten.
   d) Fasst nun zusammen, welche Bedeutung der Nil für die Entwicklung des ägyptischen Reiches hatte.

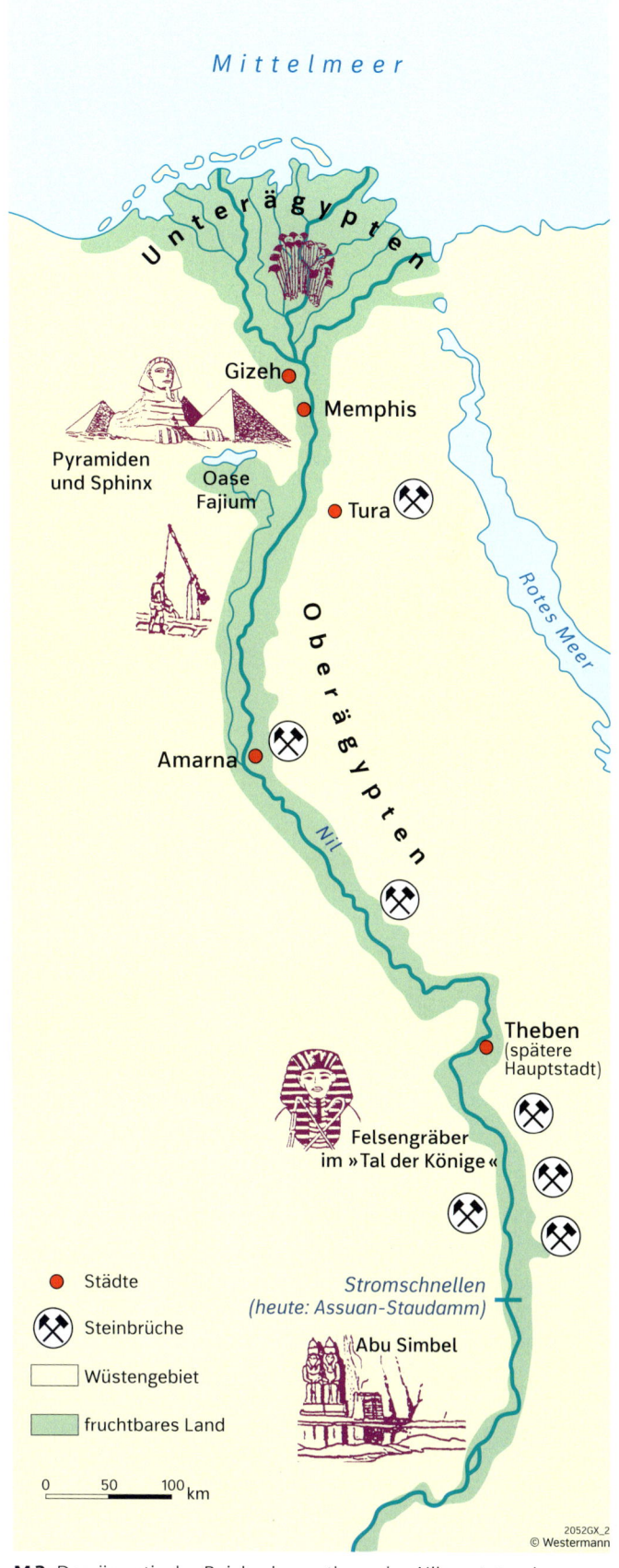

M 2 Das ägyptische Reich, das entlang des Nils entstand

Der Nil – die Lebensgrundlage der Menschen

M 1 Das Bewässerungssystem am Nil

M 2 Ein Bauer bedient ein Schöpfgerät.

---

1. Betrachte M 1 und M 2. Beschreibe, mit welchen Mitteln Bauern in dem trockenen Klima Landwirtschaft betrieben.

Flutzeit, Pflanzzeit, Erntezeit

Die Menschen in Ägypten glaubten, dass der Nil mit seiner Schlamm bringenden Flut ein Geschenk der Götter sei, denn er sorgte für Leben in der Wüste. An dem Wohlstand, ⁵den der Fluss brachte, hatten aber auch die Menschen selbst großen Anteil.

Sie hatten festgestellt, dass das Hochwasser regelmäßig einsetzte. Um gut darauf vorbereitet zu sein und die **Nilflut** ¹⁰so intensiv wie möglich nutzen zu können, entwickelten sie einen ↦ **Kalender**. Er umfasste 12 Monate zu je 30 Tagen. Nach ihm begann das Jahr, wenn der Stern Sirius am Himmel zu erkennen war – im ¹⁵Juni. Nun setzte die Nilflut ein und damit die erste Jahreszeit: die Flutzeit. Wenn sich der Nil Ende September in sein Flussbett zurückzog, begann die zweite Jahreszeit, die Pflanzzeit. Die Bauern pflügten den ²⁰Nilschlamm als Ackerboden und brachten die Saat aus. Im Februar schließlich kam die Erntezeit. Sie war die dritte Jahreszeit.

Wie reich die Ernte ausfiel, hing davon ab, wie weit der Nil über die Ufer getre-²⁰ten war und wie viel fruchtbaren Schlamm er hinterlassen hatte. Nicht nur zu wenig, sondern auch zu viel Schlamm bedrohte die Aussaat der Bauern. Um die Schlamm- und Wassermassen des Nils zu bewälti-²⁵gen, bauten die Menschen Dämme und Bewässerungskanäle (M 1). In den Kanälen blieb nach der Nilflut das Wasser zurück, sodass auch in der Trockenzeit – zwischen Februar und Juni – die Felder bewässert ³⁰werden konnten. Dazu nutzen die Bauern Schöpfgeräte, die Schadufs.

1 vergoren (von gären): Wenn Obst oder Getreide auf eine bestimmte Art gelagert wird, zersetzt es sich. Dabei bildet sich Alkohol. Das nennt man »gären«.

WES-117710-015

Der Nil als Nahrungsquelle

Die Menschen im alten Ägypten ernährten sich hauptsächlich von Getreide, das sie auf ihren Feldern anbauten. Aus dem Korn
35 machten sie jedoch nicht nur Mehl, das sie zu Brot verarbeiteten. Wenn Brotgetreide und Gerste vermischt und vergoren[1] wurden, entstand daraus ein nahrhafter Bierbrei. Er wurde in großen Mengen gegessen.
40 Selbst den Toten wurde Bier mit ins Grab gegeben. Das haben Grabfunde gezeigt.

Als besondere Leckerbissen galten Wildvögel. Sie wurden mit Schlingen, Netzen und Wurfhölzern gefangen, dann gemä-
45 stet oder sofort gekocht und gegessen. Aus den Eingeweiden konnten manche Ägypter Medikamente herstellen. Auf Vogeljagd durften jedoch nur reiche Menschen gehen. Die einfachen Bauern aßen
50 Getreide, Gemüse und Fisch. Fleisch gab es für sie nur an Festtagen.

---

2. Zähle die Nahrungsmittel der Ägypter auf. Stelle Vermutungen darüber an, warum nicht alle Menschen die gleichen Speisen essen durften.

3. Mache das Bild M 3 lebendig.
a) Untersuche es mithilfe der Hinweise rechts. Stelle fest, wo die Szene spielt. Finde auch heraus, welche Tiere zu sehen sind und wie sie sich verhalten.
b) Verfasse ausgehend von deinen Notizen eine kurze Geschichte, in der die Bildszene vorkommt. Die Szene kann der Ausgangspunkt oder auch der Höhepunkt deiner Erzählung sein.

+ In Ägypten durften nur reiche Menschen jagen. Wer darf bei uns heute auf die Jagd gehen? Recherchiere auf **klexikon.zum.de**, indem du in das Suchfeld ganz oben »Jäger« eingibst.

M 3 Ausschnitt aus einer Wandmalerei in einem altägyptischen Grab. Sie stammt aus der Zeit um 1390 v. Chr. Mit dem Webcode WES-117710-015 kannst du ins Bild hineinzoomen.

🔍 Ein ägyptisches Bild untersuchen

Bis heute sind viele Wandbilder aus dem alten Ägypten erhalten und dienen Forschenden als ↦ Quellen. Die meisten Wandbilder sind in Gräbern gefunden worden. Sie sollten zeigen, welchen Platz die verstorbene Person in der Welt hatte. Die Ägypter hofften aber auch, durch das Bild dazu beizutragen, dass es den Verstorbenen nach dem Tod gut gehen würde.

Weil die Bilder nach festen Regeln gestaltet wurden, solltest du beim Untersuchen auf Folgendes achten:

– *die Größe einer Figur:* Sie weist auf die Bedeutung der Person hin. Je angesehener jemand war, desto größer ist er dargestellt.
– *die Bekleidung einer Figur:* Erwachsene werden bekleidet gezeigt, Kinder nackt.
– *die Anordnung der Figuren:* Welche Person befindet sich im Mittelpunkt des Bildes? Wer ist in einer Handlung dargestellt, wer als Zuschauer? Auch Körperhaltungen und Gesten können zeigen, in welchem Verhältnis Personen zueinander stehen.
– *die dargestellten Tätigkeiten:* Manche zeigen den Beruf einer Person, andere weisen auf ein Recht oder eine Aufgabe hin. Diese kann auch durch einen Gegenstand verdeutlicht werden, den die Figur hält.

Eine frühe Hochkultur entsteht

M1 Dieses Holzmodell aus einem altägyptischen Grab zeigt einen Getreidespeicher.

---

1. Betrachte die hervorgehobenen Figuren in M1 genau. Was tun sie? Benenne unterschiedliche Tätigkeiten, die du erkennen kannst.

Gemeinsam handeln

Die Ernten im Nilschlamm konnten so reichhaltig ausfallen, dass die Menschen mehr Nahrung erwirtschafteten, als sie für sich selbst brauchten. Das gelang ihnen
5 allerdings nur, wenn sie zusammenarbeiteten. Denn wenn der Nilschlamm auf den Feldern lag, gab es viel zu tun: Bevor die Felder bepflanzt werden konnten, musste das fruchtbare Gebiet neu vermessen und
10 gerecht aufgeteilt werden. Auch Dämme und Bewässerungskanäle konnten nur gebaut werden, wenn sich viele beteiligten und zusammenarbeiteten.

Gemeinsam legten die Menschen auch
15 Vorräte an, um in mageren Jahren genug zu essen zu haben. Jeder musste einen Teil seiner Ernte an die Gemeinschaft abgeben. Die Bauern organisierten die ↦ **Vorratshaltung** innerhalb ihrer Dorfgemeinschaften,
20 die von Dorfvorstehern wie Marduk (S. 44) angeführt wurden.

Ein großes Reich entsteht

Als die Bevölkerung am Nil zunahm, wuchsen einzelne kleine Dörfer zu größeren Siedlungen zusammen. Bald ent-
25 standen auch Städte, die dicht bevölkert

waren. Doch der wachsende Reichtum am Nil führte zu Streit und Krieg. Im Lauf der Zeit unterwarfen mächtige Anführer immer größere Gebiete. Schließlich gab es zwei
30 ausgedehnte Herrschaftsgebiete: Unter- und Oberägypten (S. 45, M 2)

Um 3000 v. Chr. gelang es einem Herrscher, die beiden Reiche zu vereinigen. Von da an regierte er als **Pharao** ein einheitliches
35 ägyptisches Reich mit etwa einer Million Untertanen. Er erließ Gesetze, nach denen sich alle seine Untertanen richten mussten. Um sie überall in seinem Reich durchzu- setzen, verteilte der Pharao Herrschafts-
40 aufgaben an besondere Diener, seine ↦ **Beamten**. Sie organisierten nach seinen Anweisungen die Landwirtschaft im Nilland, die Vorratshaltung und die Versorgung der Menschen. Dafür entwickelten sie Vorschrif-
45 ten, deren Einhaltung sie kontrollierten. So wurde eine ↦ **Verwaltung** geschaffen.

Wie gelang es aber dem Herrscher und seinen Beamten, ihre Vorschriften in dem riesigen Reich am Nil überall bekannt zu
50 machen und durchzusetzen? Sie benutzten eine sensationelle Erfindung: die **Schrift**! Dank der Schrift konnten die Gesetze im ganzen Land verbreitet werden. Auch um Ernteerträge zu erfassen, war die Schrift
55 wichtig. Das zeigt das Holzmodell M 1. So konnten die Beamten mit den gemein- samen Vorräten besser planen. Weil sie lesen und schreiben konnten, wurden die Beamten auch **Schreiber** genannt.

60 Die Menschen in Ägypten
– bauten mehr Nahrung an, als sie selbst brauchten, und legten große Vorräte an.
– teilten sich die Arbeit und spezialisierten sich in Berufen.
65 – entwickelten eine Schrift.
– hatten einen einzigen Herrscher,
– dessen Beamte das Land verwalteten.
Dies bezeichnen wir als Merkmale einer frühen ↦ **Hochkultur**.

M 2 Diese kleine vergoldete Pharao- Statue wurde im Grab des Tutanch- amun entdeckt.
Der Pharao trägt als Herrschafts- zeichen Krone, Krummstab und Geißel. Ursprünglich wurden beide Geräte von Hirten benutzt: Mit der Geißel trieben sie Tiere an, und mit dem Krummstab fingen sie sie ein.

2. a) Arbeite aus dem Text heraus, welche Vorteile die Men- schen davon hatten, dass sie ihre Arbeit in Dorfgemein- schaften und schließlich in einem Staat organisierten.
b) Überlege, ob sich für die Untertanen des Pharaos auch Nachteile ergaben.

3. a) Notiere für jedes Merkmal einer »frühen Hochkultur«, das im Text genannt wird, einen Begriff auf einem Kärtchen.
b) Ordne die Kärtchen den Abbildungen auf dieser Doppel- seite zu: Welche Person oder Personengruppe steht für welches Merkmal?
c) Stellt eure Zuordnung in der Klasse vor und begründet sie.

+ Bearbeite am Tablet die Übung »Der Nil und die ägyptische Hochkultur«. Webcode: WES-117710-016.

4. Ergänze in deiner Tabelle zum Leben der Menschen in der Alt- und Jungsteinzeit eine Spalte für Ägypten.
Überlegt zu zweit, ob eine neue Zeile mit einem neuen Oberbegriff angelegt werden muss, um alles in die Tabelle einzutragen, was ihr bisher über Ägypten erfahren habt.
↦ **Tipp:** S. 176

Die ägyptische Schrift

M1 Eine Palette und Schreibbinsen, das Werkzeug der Schreiber im alten Ägypten

M2 (rechts oben) Ausschnitt aus einem altägyptischen Papyrus mit Hieroglyphen

1. a) Erstelle ein Cluster – eine Stichwortsammlung (↦ S. 174) – zum Thema Schrift. Gehe z. B. darauf ein, welche Vorteile es hat, Dinge aufschreiben zu können, welche Schreibmaterialien und welche Textsorten du kennst.

Kugelschreiber
...   *Schreibgeräte*   **Schrift**   *...*
      Vorteile   *Textsorten*
      ...

b) Überlegt gemeinsam, welche Dinge schriftlich festgehalten werden müssen, damit viele Menschen friedlich zusammenleben können.

Viele, aber nützliche Zeichen

Schriftzeichen hatten für die Entwicklung der ↦ Hochkultur am Nil eine überragende Bedeutung: Sie gaben den Ägyptern die Möglichkeit, Regeln, Pläne oder Naturbeobachtungen festzuhalten. So konnten
5 sie z. B. die Landverteilung und die Vorratshaltung besser planen und Naturereignisse wie die Nilflut erforschen.

Um als Schreiber arbeiten zu dürfen, brauchte man eine lange Ausbildung.
10 Man musste lernen, mit Schreibbinsen, den »Stiften«, umzugehen – und etwa 700 Zeichen auswendig schreiben können! Im Alltag war eine Art Schreibschrift gebräuchlich, die sich zum schnellen Auf-
15 schreiben eignete. Geschrieben wurde auf Papyrus. Dieser Schreibgrund wurde aus Schilfgras hergestellt, das am Nil wuchs. Papyrus war leicht und haltbar – also ideal, um Geschriebenes aufzubewahren.

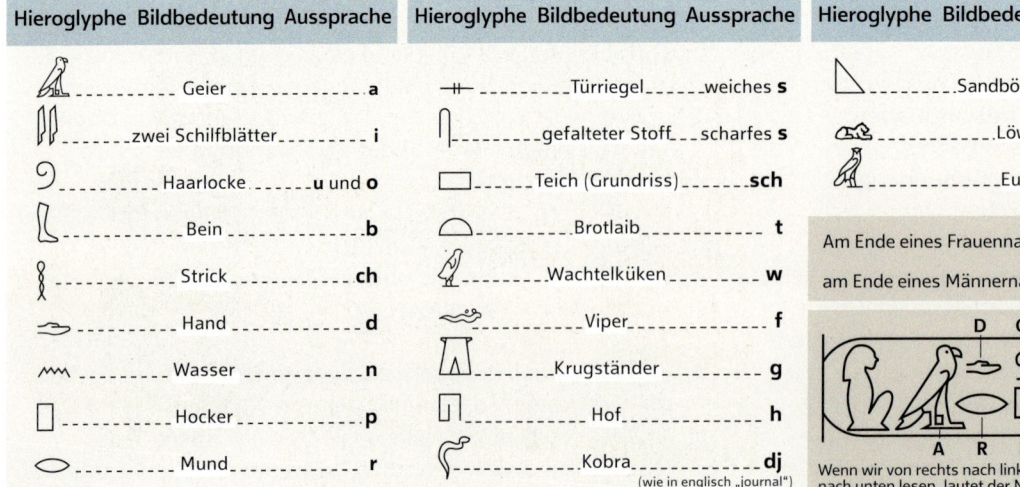

Hieroglyphe	Bildbedeutung	Aussprache
	Geier	a
	zwei Schilfblätter	i
	Haarlocke	u und o
	Bein	b
	Strick	ch
	Hand	d
	Wasser	n
	Hocker	p
	Mund	r

Hieroglyphe	Bildbedeutung	Aussprache
	Türriegel	weiches s
	gefalteter Stoff	scharfes s
	Teich (Grundriss)	sch
	Brotlaib	t
	Wachtelküken	w
	Viper	f
	Krugständer	g
	Hof	h
	Kobra	dj (wie in englisch „journal")

Hieroglyphe	Bildbedeutung	Aussprache
	Sandböschung	k
	Löwe	l
	Eule	m

Am Ende eines Frauennamens steht ein , am Ende eines Männernamens ein .

D O K

Kartusche = Umrandung von Herrschernamen

A R P L

Wenn wir von rechts nach links und von oben nach unten lesen, lautet der Name:
KL(E) *OP(A) *DRA. *Das E und A müssen wir ergänzen.

M3 Einige Hieroglyphen und ihre Bedeutung

Hieroglyphen – die Schrift der Götter?

20 Neben ihrer »Alltagsschrift« entwickelten die Ägypter eine weitere Schrift, die für besondere Texte verwendet wurde und bis heute an Tempeln oder in Gräbern erhalten ist. Die Griechen haben dafür den Begriff
25 Hieroglyphen geprägt, von »hieros«: heilig und »glyphein«: eingravieren. Denn die Hieroglyphen galten den Ägyptern als heilig und wurden als ein Geschenk von Thot, dem Gott der Bildung und Schreib-
30 kunst (S. 63), betrachtet.

Die Grundlage der Hieroglyphen-Schrift sind Bildzeichen. Ursprünglich stellte beispielsweise das Bild eines Esels auch den Begriff »Esel« dar. Dieses System wurde
35 weiterentwickelt, indem Bildzeichen kombiniert wurden. Darüber hinaus gab es Hieroglyphen, die Laute bedeuteten. Die Schrift verlief von rechts nach links.

Der »Stein von Rosette«

Für die Nachwelt waren die Hieroglyphen
40 allerdings lange Zeit ein Rätsel. Denn nachdem sie nicht mehr benutzt wurden, geriet ihre Bedeutung allmählich in Vergessenheit. Erst im 19. Jahrhundert gelang es Forschern, die
45 geheimnisvollen Zeichen zu entschlüsseln: Im Nildelta hatte man einen Steinblock gefunden, den »Stein von Rosette«, mit einer griechischen Inschrift, aber auch
50 mit Hieroglyphen. Die Forscher ordneten sie den griechischen Worten zu, sodass sie nach und nach die Bedeutung vieler Hieroglyphen erkennen konnten.

2. Erkläre mithilfe des Textes, wie der »Stein von Rosette« (M 4) den Forschenden half, die ägyptischen Hieroglyphen zu entschlüsseln.

3. Versuche, deinen eigenen Namen mit Hieroglyphen zu schreiben. Abbildung M 3 hilft dabei.

4. Die alten Ägypter glaubten an die magische Kraft von Schrift: Was geschrieben stand, galt als Wahrheit. Deshalb gingen sie z. B. im Krankheitsfall zu einem Schreiber und ließen sich »gesundschreiben«. Welche »magischen« Texte kennen wir heute?

M 4 (unten) Der »Stein von Rosette« mit einem Text in drei verschiedenen Schriften, zwei ägyptischen und der altgriechischen. Weil Forschende die griechische Schrift lesen konnten, gelang es ihnen, auch die anderen beiden zu entziffern.

ägyptische Hieroglyphen

griechische Schrift

Medien im Lauf der Zeit

M1 Ausschnitt aus einem ägyptischen Relief mit Hieroglyphen

Nach dem Aufwachen gleich am Smart-phone checken, was es für Neuigkeiten gibt – beginnt so auch dein Tag? Gucken, was die anderen im Klassenchat schreiben
5 ... Oha! Glatt den Englisch-Test verschwitzt! Also schnell auf die Grammatik-App geklickt und die Formen wiederholt. – Mit der gan-zen Klasse kommuniziert und Verbformen nachgeschlagen, das hast du heute Morgen
10 schon erledigt, und dabei bist du noch nicht einmal aufgestanden!

Etwa die Hälfte der Menschheit nutzt ein Smartphone, um sich mit anderen auszu-tauschen und Informationen einzuholen.
15 Viele können sich ein Leben ohne Smart-phone gar nicht mehr vorstellen. Weltweit haben sogar mehr Menschen Zugang zu einem Mobiltelefon als zu einer richtigen Toilette! Und allen eröffnet das Smartphone
20 Wissen, das vor der Erfindung des Inter-nets nur in Bibliotheken zugänglich war.

Das Smartphone ist ein kleiner Computer, der Kommunikation und Bildung ermöglicht – wie alle **Medien**. Schon mehrfach hat
25 die Erfindung von Medien **Revolutionen** ausgelöst, also alles verändernde Umge-staltungen. Seit die Menschen ↦ sesshaft geworden sind, gab es drei große Medien-Erfindungen: die Schrift, den Buchdruck
30 und eben den Computer.

ab 4. Jahrtausend v. Chr. →

Die erste Revolution: Die Schrift

Die ersten Schriften, die vor Jahrtau-senden entwickelt wurden, waren Bil-derschriften wie z. B. Hieroglyphen. Aus einer Bilderschrift entwickelte sich auch unser Buchstabensystem.

Die Phönizier, die an der Mittelmeer-küste lebten, kamen um 1000 v. Chr. auf die Idee, Bildzeichen nicht mehr ganzen Begriffen zuzuordnen, sondern Lau-ten. Das Zeichen des Tierkopfes etwa – es bedeutete in ihrer Sprache »Alep« (Stier) – ordneten sie dem Laut »A« zu. Am Ende gelang es ihnen, mit nur 22 Zeichen der Sprache eine leicht zu erler-nende Schriftform zu geben.

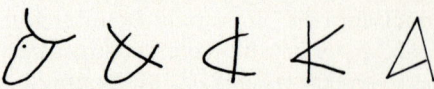

A – Vom Bildzeichen zum Buchstaben

Die Phönizier trieben Handel mit anderen Völkern und machten dabei ihr Schrift-system im ganzen Mittelmeerraum bekannt. Überall wurde es ein wenig ver-ändert und weiterentwickelt. Aber auch andere Schriftsysteme haben sich entwi-ckelt, etwa das arabische. Für lange Zeit konnten jedoch nur wenige Menschen schreiben. Deshalb genossen Schriftkun-dige häufig ein hohes Ansehen.

1. Bildet Dreiergruppen und informiert euch über die drei Revo-lutionen. Teilt die Texte untereinander auf.

2. Stellt euch gegenseitig »eure« Revolution vor und schreibt gemeinsam auf, welchen Nutzen die Erfindungen für die Menschen hatten. Bedenkt dabei den Nutzen für einzelne Personen, aber auch für die ganze Gesellschaft.

3. Tauscht euch über mögliche Gefahren von Smartphones und Internet aus.

M 2 In einem Museum wird vorgeführt, wie die ersten Bücher gedruckt wurden.

M 3 Darstellung der heutigen vernetzten Welt in einer Computergrafik

15. Jahrhundert ⟶

Die zweite Revolution: Der Buchdruck

Wenn heute ein Buch gedruckt wird, stellt man mit großen Maschinen gleich eine hohe Auflage her, oft mehrere Tausend Stück. Bis vor etwa 600 Jahren musste alles – Buchstabe für Buchstabe – abgeschrieben werden. Es dauerte Monate, bis ein ganzes Buch fertig war. Das änderte sich erst um 1450, als Johannes Gutenberg in Mainz eine geniale Erfindung gelang: Nach chinesischen Vorbildern entwickelte er ein Verfahren, mit dem kleine, besonders haltbare Metallbuchstaben gegossen werden konnten. Sie wurden dann zu Wörtern und Sätzen, ja ganzen Buchseiten zusammengesetzt – und zwar immer wieder neu. Mit diesem System wurde es möglich, Druckvorlagen zu erstellen und so oft zu drucken, wie man wollte.

Was Gutenberg bewirkte? Es konnten nun viele Texte und Bücher verbreitet werden. Allerdings hatten nur zunächst nur wenige Menschen etwas davon: diejenigen, die lesen konnten!

20. Jahrhundert ⟶

Die dritte Revolution: Computer und Internet

Die allerersten Computer gab es schon in den 1940er-Jahren. Ein Erfinder, der Voraussetzungen dafür schuf, war der Deutsche Konrad Zuse. Im Wohnzimmer seiner Eltern baute er 1941 seine erste Rechenmaschine. Bis in die 1970er-Jahre konnten aber nur Spezialisten mit Computern umgehen. Es waren große Maschinen, die ganze Räume füllten. Erst seit den 1990er-Jahren wurde der Computer ein Gebrauchsgegenstand für alle.

Was aber die menschliche Kommunikation grundlegend verändert hat, ist die Erfindung des Internets, also eine weltweite Vernetzung der Computer. Sie begann zwar schon in den 1960er-Jahren, wurde aber erst seit den 1990er-Jahren für die Masse der Weltbevölkerung zugänglich.

Heute kann man gleichzeitig mit verschiedenen Menschen in aller Welt in Verbindung treten, Texte, Bilder, Filme und Musik abrufen, Waren einkaufen oder Bankgeschäfte erledigen. Dadurch ist das Internet ein Begegnungsort geworden, der zwar nicht auf der Erde vorhanden ist, in dem die Begegnungen und ihre Auswirkungen aber ganz real sind. Hier entstehen auch Gefahren wie Cybermobbing und Cyberkriminalität, die sich für die Betroffenen genau so echt anfühlen wie Mobbing und Kriminalität auf der Straße oder im Klassenzimmer.

Die ägyptische Gesellschaft

M 1 Lehmhäuser in einem heutigen Dorf am Nil. Sie wurden in traditioneller Bauweise mit luftgetrockneten Lehmziegeln errichtet. Ähnlich wurde schon im alten Ägypten gebaut.

Die Lebensbedingungen der Menschen

1 Steuern: Abgaben der Bevölkerung an die ↦ Verwaltung. In der Regel handelt es sich um Geldzahlungen.

Die meisten Menschen im alten Ägypten lebten als Bauernfamilien unter sehr einfachen Bedingungen: in schlichten Hütten aus getrockneten Lehmziegeln und
5 mit Schilfdächern – zusammen mit ihrem Vieh. Möbel hatten sie kaum.

Ihr Arbeitstag begann bei Sonnenaufgang und endete erst mit Sonnenuntergang. Wenn die Bäuerinnen und Bauern nicht
10 die Felder bestellten, ihr Vieh versorgten oder die Ernte einbrachten und verarbeiteten, bauten sie Dämme und Kanäle am Nil. Nur an den Tagen der großen Gemeinschaftsfeste ruhten die Ägypter aus. Dann
15 »machten sie sich einen schönen Tag«, wie man das in ihrer Sprache ausdrückte, mit besonderen Speisen, alkoholischen Getränken und vielen Spielen für Kinder und Erwachsene.

Berufe im alten Ägypten

20 Außer den vielen, die von der Landwirtschaft lebten, gab es aber auch Menschen, die anderen Arbeiten nachgingen: Händler vertrieben über die große Wasserstraße Nil ihre Waren, und auch Handwerksberufe
25 gab es. Die Auffächerung der Arbeiten der Menschen in verschiedene Berufe nennt man ↦ **Arbeitsteilung**. Auch sie ist ein Merkmal von ↦ Hochkulturen.

M 2 Holzmodell aus einem ägyptischen Grab

Wähhlen konnten die Ägypter ihren Beruf
30 allerdings nicht: Es war selbstverständlich,
dass ein Sohn den Beruf des Vaters fort-
führte und eine Tochter einen Mann heiratete, der denselben Beruf hatte. So lebten
die Menschen in den Gesellschaftsschich-
35 ten, in die sie hineingeboren wurden.

Beruf und Ansehen

Obwohl jeder Einzelne mit seinem Beruf
zum Wohl des Staates beitrug, war nicht
jede Tätigkeit gleich angesehen. Ein besonderes Ansehen genossen die höheren
40 ↦ Beamten. Sie galten als besonders gebildet und hatten verantwortungsvolle Aufgaben, zudem waren sie reich und mächtig.
Mit eigenen Schreibern und Landvermes-
sern verwalteten sie das Land, indem sie
45 die Bewässerung und Bebauung der Felder
überwachten, die Erträge der Ernte aufli-
steten und vor allem die Steuern[1] eintrie-
ben. An ihrer Spitze stand der Wesir, der
50 die Oberaufsicht über alle Beamten hatte.

M 3 Schaubild zum Aufbau der ägyptischen Gesellschaft.
Die Figuren stehen für: Bauern – Kaufleute – Beamte – Wesir –
Schreiber – Handwerker – Soldaten – Pharao.

---

1. a) Betrachte das Holzmodell M 2 und
benenne, was die Figuren tun.
b) Erkläre, wozu das Modell wohl
diente.
↦ **Tipp:** S. 176

2. a) Ergänze die vergleichende Tabelle
zu den Lebensumständen (S. 49) in
Hinblick auf die Arbeitsteilung.
b) Schreibe auf, welche Vor- und
Nachteile sich für die Menschen aus
der Arbeitsteilung ergaben.
↦ **Tipp:** S. 176

3. Erläutere das Schaubild zum Aufbau
der ägyptischen ↦ Gesellschaft (M3)
schriftlich. Nutze die Hinweise rechts.

+ Bearbeite die interaktive Übung zur
ägyptischen Gesellschaft (↦ Webcode WES-117710-017). Stelle deine
Lösung in der Klasse vor.

WES-117710-017

🔍 Ein Schaubild erläutern

*Ein Schaubild soll einen Sachverhalt, z. B. den Aufbau einer
Gesellschaft, auf einfache und klare Art darstellen. Das Schaubild M 3 zeigt vereinfacht, wie ↦ Historikerinnen und Historiker
sich die **Gesellschaftsordnung** der Menschen im alten Ägypten
vorstellen. Es soll verdeutlichen, wie bedeutend die einzelnen
Gruppen waren und welche Rollen sie für die anderen spielten.
Wer konnte Befehle erteilen, wer musste Anweisungen gehorchen? Wie groß war die Gruppe der Herrschenden? Mit den folgenden Arbeitsschritten kannst du das Schaubild entschlüsseln:*

1. *Schreibe auf, welche Gruppen du erkennen kannst, und
notiere dazu, wie diese Gruppen lebten und arbeiteten. Der
Darstellungstext auf dieser Doppelseite hilft dir.*

2. *Untersuche die Beziehungen der Gruppen zueinander: Wer
befiehlt, wer gehorcht? Welche Gegenleistungen bekommen
die Unterworfenen für ihre Arbeit wohl von den Befehlsge-
benden?*

3. *Finde eine Erklärung dafür, dass die gesellschaftlichen
Gruppen in mehreren Ebenen übereinander gezeichnet sind.*

M4 Feldarbeit in Ägypten, Wandmalerei aus dem Grab des Beamten Menena, um 1400 v. Chr.

A *Das reife Getreide wird geschnitten und in Körben abtransportiert. Aber anscheinend wurde nicht immer nur gearbeitet: Ein Bauer scheint ein kleines Nickerchen zu halten und zwei Mädchen streiten sich.*

B *Das geerntete Getreide wird gedroschen: Ochsen quetschen mit ihren Hufen das Korn aus seiner Hülle.*

Eine Textquelle verstehen

In Texten aus der Vergangenheit werden manchmal Ausdrücke verwendet, die uns ungewöhnlich erscheinen. Deshalb müssen wir uns zuerst bemühen, sie zu verstehen.

1. *Achte zuerst auf die Überschrift und die Einführung in die Quelle. Sie erklären das Thema.*

2. *Lies den Text Satz für Satz durch und mache dir jeweils den Inhalt klar. Falls dir Begriffe unklar sind, frage deine Lehrerin oder deinen Lehrer oder suche in einem Lexikon oder im Internet nach Erklärungen.*
Finde nun für jeden Absatz Stichworte, die den Inhalt wiedergeben, z. B.:
Z. 1–3: Schreiber müssen nicht körperlich arbeiten.

3. *Füge die Stichwörter zu einem Text zusammen. Nutze dafür deine eigenen Worte. So kannst du sicher sein, alles verstanden zu haben.*

WES-117710-018

M5 Berufe im alten Ägypten

Der folgende Text ist ein Ausschnitt aus einer altägyptischen Schullektüre. Sie heißt »Lehre des Dua-Cheti«. Darin ermahnt ein Vater seinen Sohn, den er zur Schreiber-Ausbildung schickt.

Wenn du dich mit dem Schreiberberuf beschäftigst, wirst du dich vor körperlicher Arbeit gerettet sehen! […]

5 Der Gärtner trägt Wasser mit der Tragestange und jede seiner Schultern hat Schwielen. Eine große Geschwulst ist auf seinem Nacken, und die eitert. […]

Der Weber in der Webstube, der ist ärmer dran als eine Frau in den Wehen. 10 Seine Knie drücken gegen seinen Magen, und er kann keine Luft atmen. Wenn er einen Tag vertut, ohne zu weben, dann wird er mit 50 Hieben geschlagen. […]

Ich will dir auch noch den Fischer nennen, 15 der ist schlechter dran als jeder andere, der arbeitet. Im Fluss findet seine Arbeit statt, der nur so wimmelt von Krokodilen. So hat ihn die Furcht blind gemacht. Wenn er wohlbehalten aus dem Wasser 20 kommt, so ist es wie ein Machterweis Gottes. […]

Siehe, es gibt keinen Beruf, der frei wäre von einem Vorgesetzten, außer dem des Schreibers; der ist der Vorgesetzte.
Zitiert nach: Wolfgang Helck: Die Lehre des Dw-Htji (Dua-Cheti). Klassische Ägyptische Texte, Wiesbaden: Harrassowitz 1970, Teil 1 (bearbeitet)

C Feldarbeiter, die zum Schutz Kopftücher tragen, werfen Hülsen und Körner in die Luft. Der Wind trennt dann die leichtere Spreu vom schwereren Korn und es fällt zu Boden, wo es eingesammelt werden kann.

D Landvermesser mit Schnüren sind auf die Felder gekommen, um festzusetzen, wie hoch die Abgaben sein müssen. Um sie freundlich zu stimmen, bringen ihnen die Bauern Erfrischungen und Geschenke.

M6 Über den Wesir

Der folgende Text ist Teil der Grabinschrift eines Wesirs. Als oberster Beamter war der Wesir dem Pharao direkt unterstellt.

Er schickt Boten der ↦Verwaltung zu Stadt- und Dorfvorstehern aus […]

Er zieht die Truppen zusammen, die zur Begleitung des Herrschers stromauf und
5 stromab mitgehen. Er bestimmt den Rest der Truppen, der in der südlichen Hauptstadt und Residenz stationiert bleibt […]

Er schickt zum Bäumefällen aus. Er sendet Männer aus, um im ganzen Land
10 Kanäle zu graben.

Er sendet die Soldaten und Schreiber aus, damit sie die Anweisungen des Herrschers ausführen.

In seiner Halle sollten die Akten des
15 Stadtbezirkes sein, damit man über jedes Feld Verhör abhalten kann.

Er setzt die Grenzen jedes Stadtbezirkes, jedes Weidelandes, jedes Tempelgutes und überhaupt die Grenze jedes
20 durch eine gesiegelte Urkunde festgelegten Grundstücks fest.

Er legt die Liste aller Rinder an. Die Stadt- und Dorfvorsteher und alle Einwohner melden ihm ihre Abgaben.
25 Man meldet ihm […] das Steigen des Nils. Man meldet ihm jeden Regen.

Zitiert nach: Wolfgang Lautemann u. a. (Hg.): Geschichte in Quellen, Bd. 1. Bearbeitet von Walter Arend. München: BSV 1975, S. 34 f. (bearbeitet)

4. a) Betrachte M4 und lies die Erklärungen A bis D. Ordne sie den Abbildungen 1 bis 4 zu.
b) Erläutere mithilfe des Schaubilds M3, in welcher Beziehung die abgebildeten Menschen zueinander stehen.

5. a) Bearbeite M5 mithilfe des Kompetenztrainings links.
Oder:
Bearbeite M5 mithilfe der Übung, die du unter dem Webcode WES-117710-018 abrufen kannst.

b) Fasse am Ende zusammen, welche Berufe der Verfasser für empfehlenswert hält und welche nicht.
c) Besprecht in der Klasse, was ägyptischen Schülern durch den Text vermittelt werden sollte.

6. a) Arbeite aus M6 heraus, welche Aufgaben der Wesir hatte. Lege eine Tabelle mit zwei Spalten an. Liste die Aufgaben in der linken Spalte auf.
b) Arbeitet zu zweit heraus, welche Berufsgruppen den Anweisungen des Wesirs gehorchen mussten. Notiert sie in der rechten Spalte.

Aufgaben des Wesirs	betroffene Bevölkerungsgruppe
Boten der Verwaltung entsenden	Beamte, Einwohner

c) Klärt gemeinsam, wer in unserer Gesellschaft die Aufgaben des Wesirs übernimmt.

Alltagsleben im alten Ägypten

1. Beschreibe mithilfe der Abbildungen und Texte das Alltagsleben in Ägypten.

+ Gestalte ein A4-Blatt mit entsprechenden Bildern aus unserem heutigen Alltagsleben.

2. Diskutiert, ob die Ägypter so ganz anders lebten als wir. Geht auf Gemeinsamkeiten und Unterschiede ein.

M 1 Ein Haarpflege-Rezept

Was das Wachsenlassen der Haare einer Frau durch die Rhizinuspflanze betrifft: Die Früchte werden zerkleinert, es werde eine einheitliche Masse daraus gemacht, es werde darauf Öl gegeben. Dann soll die Frau ihren Kopf damit salben.

Zitiert nach: Alessia Fassone/Enrico Ferraris: Ägypten. Hochkultur am Nil. Übersetzt v. Franziska Kristen. Berlin: Parthas 2007, S. 299 (bearbeitet)

M 2 Zu Festen schmückte man sich z. B. mit Salbkegeln, die Parfümöl enthielten. Die Kegel schmolzen allmählich und cremten den Körper mit dem duftenden Salböl ein. Diese Wandmalerei wurde um 1400 v. Chr. angefertigt und im Grab des ↦ Beamten Nakht und seiner Frau Taui entdeckt.

M 3 Skulptur eines Ehepaares. Geheiratet wurde im alten Ägypten früh: Jungen waren bei der Hochzeit in der Regel 15 Jahre alt, Mädchen 13. Ehen wurden von den Eltern abgesprochen.

M 4 Ein Gedicht

Wie pocht mein Herz so schnell,
denke ich an meine Liebe zu ihm!
Es lässt mich nicht wie ein Mensch gehen,
es hüpft an seinem Platz. [...]
Begeh mir, mein Herz, keine Dummheiten.
Weshalb willst du mir Kummer machen?

Zitiert nach: François Trassard: Leben im alten Ägypten. Übersetzt von Isa Odenhardt-Donvez. Stuttgart: Theiss 2005, S. 22 (bearbeitet)

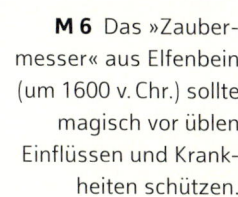

M 6 Das »Zauber-messer« aus Elfenbein (um 1600 v. Chr.) sollte magisch vor üblen Einflüssen und Krankheiten schützen.

M 5 Tonscherbe aus Deir-el-Medina, um 1300 v. Chr. Bei Feiern waren Musik, Gesang und Tanz weit verbreitet. Je nach Anlass wurden Lieder gesungen und Tänze aufgeführt. Sie dienten aber nicht nur der Unterhaltung. Oft fanden Feiern als religiöse Zeremonien statt. Auch ernste Themen wie der Tod standen hier im Mittelpunkt.

M 7 Ein Rezept gegen Zahnschmerzen

Eine medizinische Handschrift aus der Zeit um 1500 v. Chr. überliefert Rezepte und Verordnungen gegen Krankheiten, Erkenntnisse über den menschlichen Körper, aber auch magische Sprüche:
Ein Teil angeritzte Sykomorenfrüchte, ein Teil Honig, ein Teil Bohnen, ein Teil Malachit [grünes Gestein] und ein Teil Ocker [Erde] werden zerrieben. Daraus werde ein Pulver gemacht und an den Zahn gegeben.
Zitiert nach: Regina Schulz/Matthias Seidel: Das alte Ägypten, Mannheim: Meyers Lexikonverlag 1999, S. 110 (bearbeitet)

M 8 Nefertari, die Ehefrau des Pharaos Ramses II., ist hier an einem Spielbrett gezeigt. Das Bild ist ein bemaltes Relief aus ihrer Grabkammer, um 1255 v. Chr. Nefertari spielt Senet, ein im alten Ägypten beliebtes Brettspiel.

Mensch und Gott zugleich: der Pharao

M1 Doppelbildnis des Pharaos Horemheb mit dem Gott Horus. Der Pharao Horemheb regierte von 1333 bis 1306 v. Chr.

1. Überlegt: Warum wurde der Pharao neben dem Gott dargestellt?

Herrscher auf Erden

Die mächtigste Person im alten Ägypten war der **Pharao**[1]. Die Ägypter hielten ihn aber nicht für einen einfachen Menschen, sondern für die Verkörperung des Gottes
5 Horus, den Sohn des Sonnengottes. Deshalb galt der Pharao als unfehlbar[2]. Er war der oberste Priester des Landes, entschied über alle Gesetze und über Krieg und Frieden. Um seinen Untertanen zu beweisen,
10 dass er kräftig genug für die wichtigen Herrschaftsaufgaben war, feierte er in regelmäßigen Abständen das Sethfest[3]. Da zeigte er durch einen Wettlauf und andere sportliche Übungen, dass er über jugend-
15 liche Kraft verfügte. Dieser Lauf wurde für die Pharaonen zu einem religiösen Brauch.

1 Die Mehrzahl von »Pharao« ist »Pharaonen«.

2 unfehlbar sein: sich nie irren, keine Fehler machen

3 Sethfest: Fest zu Ehren des Gottes Seth. Er war der Gott der Wüste.

Mittler zwischen Göttern und Menschen

In den Augen seiner Untertanen hatte der Pharao vor allem die Aufgabe, das Wohlwollen der Götter für die Menschen zu
20 erbitten. Die Ägypter fürchteten, dass die göttliche Ordnung zusammenbrechen und die Welt ins Chaos stürzen würde, wenn der Pharao nicht zwischen Menschen und Göttern vermitteln würde. Daher brachte
25 der Pharao den Hauptgöttern täglich Opfer dar oder ließ es seine Priester tun. Regelmäßig reiste er zu den großen Tempeln überall im Reich und gab Feste für die Götter. Für die teure Instandhaltung ihrer
30 Tempel unterhielt er eigene Werkstätten, in denen Künstler, Handwerker und Arbeiter beschäftigt waren.

Die Königin begleitete ihren Ehemann bei religiösen Zeremonien und besuchte mit ihm
35 überall im Land Städte und Heiligtümer. Es kam jedoch nur selten vor, dass Ehefrauen oder Töchter von Pharaonen das Land allein regierten. Ein berühmtes Beispiel ist Hatschepsut, die nach dem Tod ihres Eheman-
40 nes stellvertretend für dessen minderjährigen Sohn die Herrschaft übernahm. In der Regel wurde die Macht an einen männlichen Nachfolger aus der Familie vererbt.

Der Herrscher wird verehrt

Wegen seiner engen Verbindung zu den
45 Göttern wurde der Pharao selbst wie ein Gott verehrt. Seine ↦ Beamten und Diener durften sich ihm nur gebeugt nähern, um seine Anweisungen zu empfangen. Vor politischen Entscheidungen beriet sich der Pha-
50 rao mit ausgewählten hohen Beamten. Sie durften ihm Vorschläge unterbreiten, doch der Pharao traf seine Entscheidungen allein, weil er die Götter auf seiner Seite hatte. Auf seine Ansprachen antworteten die Beamten
55 mit Lobliedern auf seine Weisheit.

M 2 Der Pharao Ramses II. empfängt Gesandte eines eroberten Gebietes. Bemaltes Wandrelief aus einem Tempel, um 1220 v. Chr. Ausländische Gesandte mussten sich vor dem Pharao siebenmal auf den Bauch und siebenmal auf den Rücken werfen. Er behandelte sie stets mit Herablassung.

M 3 Ein Lobgesang auf Ramses II.

Ramses II. herrschte von 1279 bis zu seinem Tod im Jahr 1213 v. Chr. als Pharao über Ägypten. Alle Beratungen, die er mit seinen höchsten Beamten abhielt – z. B. über den Bau von Brunnen oder Straßen –, folgten einem festgelegten Ablauf. Dazu gehörte auch, dass die Beamten den Pharao mit einem feierlichen Gesang ehrten, bevor er seine Entscheidungen verkündete. Hier sind einige Verse aus einem solchen Lobgesang wiedergegeben:

Du bist wie der höchste Gott in allem, was du tust.
Was dein Herz wünscht, das geschieht.
Wenn du in der Nacht einen Wunsch planst –
  am Morgen ist er bereits verwirklicht.
5 Wir betrachten die Fülle deiner Wundertaten,
  seit du erschienen bist als Herrscher Ägyptens. [...]
Gibt es ein fernes Land, das du nicht kennst?
Wer ist so kundig wie du?
Wo ist der Ort, den du nicht gesehen hast?
10 Kein Fremdland, das du nicht betreten hast.
Alle Angelegenheiten kommen dir zu Ohren,
  seit du dieses Land verwaltest.

Zitiert nach: Manfred Clauss: Der Pharao,. Stuttgart: Kohlhammer 2012, S. 152 (bearbeitet)

2. a) Gib in deinen Worten wieder, welche Eigenschaften die Beamten in M 3 dem Pharao zusprechen. Beachte die Hinweise zum Umgang mit Textquellen (S. 56).
b) Erkläre mithilfe des Darstellungstextes, warum der Pharao mit solchen Lobgesängen geehrt wurde.

3. Stellt den Empfang beim Pharao (M 2) nach.
Oder:
Was könnten einzelne Personen – ausländische Gesandte, ägyptische Diener, der Pharao – denken oder sagen? Verfasse Denk- und Sprechblasen und lege sie auf das Bild.

4. Entwerft zu zweit ein Streitgespräch zwischen zwei Gesandten, die von Ramses II. empfangen werden: Einer ist beeindruckt von der Pracht seiner Herrschaft, der andere lehnt die Vergötterung des Pharaos durch seine Untertanen ab.

Von Gottheiten und Tieren

WES-117710-019

Unter diesem Webcode kannst du dir den Text anhören.

Die Ägypter glaubten an eine sehr große Zahl von Göttinnen und Göttern. Mit ihnen erklärten sie sich den Ursprung der Welt. Ihre Vorstellungen von den Gottheiten
5 veränderten sich im Lauf der langen Geschichte des alten Ägyptens allerdings immer wieder. Daher sind sie für uns heute nicht einfach zu verstehen. Im folgenden Abschnitt beantwortet eine Expertin Fragen
10 zur altägyptischen Religion.

Wie stellten sich die Ägypter ihre Göttinnen und Götter vor?

Die Ägypter brachten ihre Gottheiten in Verbindung mit Tieren. Sie stellten sie sich in Tiergestalt vor – oder in Menschengestalt mit Tierkopf. Darin zeigt sich ein besonderes Verhältnis der Ägypter zur Tierwelt. Im Niltal lebten Menschen und Tiere schließlich auf engstem Raum zusammen. Sicher bewunderten die Ägypter manche Eigenschaften dieser Tiere oder sie fürchteten sich vor ihnen. Der Falke z. B. gilt als schnellster Greifvogel. Zudem fliegt er sehr hoch, sodass er dem Himmel sehr nah erscheint. Bei den Ägyptern hieß es, dass sein Anblick andere
30 Vögel lähmt wie das Angesicht des Pharao dessen Feinde lähmt.

Aber glaubten die Ägypter denn wirklich, dass zum Beispiel Horus wie ein Falke aussah?

35 Nein, die Ägypter hielten die Gottheiten für unsichtbar. Göttinnen und Götter lebten für sie in allem, was sie sehen, fühlen und riechen konnten, nur nicht in den Menschen selbst – also z. B. eben in Falken, Schaka-
40 len oder Ibissen[1]. Die Gestalt ist als Zeichen für die Eigenschaften zu sehen. Wenn wir sagen, jemand sei ein Angsthase, dann meinen wir ja auch nicht, dass er wie ein Hase aussieht.

M1 Re, der höchste Gott der Ägypter, auf einem Wandbild in einem Grab. Das Symbol »Ankh« bedeutet »Leben«.

Der unter diesem Webcode abrufbare Film zeigt das Wandbild:

WES-117710-020

Waren denn alle Gottheiten gleich wichtig?

45 Nein, das sieht man an ihrer Verbreitung. Es gab Hauptgöttinnen und -götter, die überall im ägyptischen Reich anerkannt
50 waren. Andere Gottheiten dagegen wurden nur in bestimmten Regionen verehrt.

Re beispielsweise kannte man in ganz Ägypten. Ihn sah man in der Sonne selbst. Als Sonnengott spendete er Licht
55 und Wärme und war für die Schöpfung der Menschen und der Tiere sowie für die Fruchtbarkeit des Bodens verantwortlich.

Gab es auch besondere Göttinnen?

Ja! Eine weitere sehr wichtige Gottheit war
60 **Maat**, die Tochter des Re. Von ihr glaubte man, dass sie der Welt eine vollkommene und gerechte Ordnung gegeben hatte, in der jedes Wesen seinen Platz und seine Bestimmung hat. Sie nannten diese Ord-
65 nung nach der Göttin: Maat. Allerdings glaubten die Menschen auch, dass die Ordnung bedroht sei, z. B. durch Lügen. Deswegen sollte der Pharao als göttlicher König dafür sorgen, sie zu erhalten.

70 ### Wie konnte der Pharao die Maat schützen?

Zu seinen wichtigsten Aufgaben gehörte es, durch Opferfeste und Gebete das Wohlwollen der Götter zu erbitten. Aber nicht nur das: Im Namen des Pharaos wurden im
75 ganzen Land große Tempelanlagen erbaut, in denen Priester und Tempeldiener Gottesdienste abhielten. Nur sie durften die Tempel betreten.

Bedeutet das, dass die einfachen Menschen mit Religion nichts zu tun hatten?

80 Im Gegenteil: Sie übten ihren Glauben täglich aus. Die Götter waren fester Bestandteil ihres Alltagslebens. Jede Familie verehrte in ihrem Wohnhaus die Haus- und
85 Ortsgottheiten. Die Menschen beteten und trugen Amulette[2], die sie beschützen sollten.

M 2 Sieben Gottheiten in Malereien und Plastiken aus dem alten Ägypten

Kleines Lexikon der ägyptischen Gottheiten

Anubis *hat den Kopf eines Schakals, eines wolfsähnlichen Tieres. Er ist der Wächter der Grabstätten.*

Horus *trägt wie Re einen Falkenkopf. Er gilt als Himmels- und als Kriegsgott. Zeitweise wird er mit dem Pharao gleichgesetzt.*

Isis *mit einem Thron und/oder Kuhhörnern als Erkennungszeichen ist die Ehefrau des Osiris. Sie wurde als Göttin der Geburt und der Mutterschaft verehrt.*

Maat, *die Göttin der Wahrheit und Gerechtigkeit, erkennt man an ihrem Kopfschmuck, einer Feder.*

Osiris *ist der Gott der Unterwelt und wird umwickelt wie eine Mumie dargestellt. Er richtet darüber, ob die Toten ins Jenseits kommen. Seine Zeichen sind Geißel und Krummstab.*

Re, *der Sonnengott, wird mit dem Kopf eines Falken und Sonnenscheibe dargestellt. Er ist Weltenlenker und höchster Gott.*

Seth, *Gott der Wüste, ist an der langen, gebogenen Schnauze zu erkennen. Er bringt Chaos, beschützt aber auch die Oasen.*

Thot *hat einen Ibiskopf. Er ist der Gott der Zeitrechnung, der Schreiber und der Gelehrten.*

1. Erkläre mithilfe des Interviews, warum und wie die Ägypter ihre Gottheiten mit Tieren in Verbindung brachten.

2. Wer ist wer? Findet in Partnerarbeit die passenden Erklärungen zu den Abbildungen in M 2.

3. Stelle die Bereiche zusammen, für welche die abgebildeten Gottheiten zuständig waren. Welche Verbindungen zum Alltagsleben der Ägypter stellst du fest?
   ↦ **Tipp:** S. 176

1 Ibis: großer Schreitvogel, dem Storch ähnlich

2 Amulett: ein Kettenanhänger, dem magische Fähigkeiten zugesprochen werden

Pyramiden – Bauwerke mit Geheimnissen

M1 Zwei Fotos von altägyptischen Pyramiden. Das große Foto zeigt die Pyramiden von Gizeh, das kleine die Stufenpyramide in Sakkara.

Das Gewaltigste und Rätselhafteste, was uns die alten Ägypter hinterlassen haben, sind sicherlich die **Pyramiden**. Die bekannteste unter ihnen, die Cheopspy-
5 ramide von Gizeh, gehört zu den größten Steinbauten der Menschheit. Schon in der ↦ Antike waren die Menschen so faszi-niert von ihr, dass sie sie zu den sieben Weltwundern zählten.

1. Erstelle ein Cluster zum Thema »Pyra-miden«. Beachte die Hinweise zum Cluster auf S. 174.
   Notiere alles, was du über das Thema bereits weißt. Lies dann den Darstel-lungstext und ergänze anschließend, was du Neues über Pyramiden erfah-ren hast.

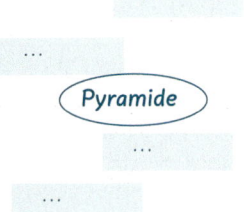

Beispiel für ein Cluster

Die Stufenpyramide von Sakkara

10 Jede Pyramide ist eine Grabstätte, die ein Pharao für sich errichten ließ: Die Stein-berge sollten seine Mumie schützen und seinen Übergang ins Totenreich erleichtern.

Die erste Steinpyramide ließ der Pharao
15 Djoser um 2680 v.Chr. in Sakkara für sich errichten. Religiöse Texte sprechen davon, dass der tote Pharao auf einer Leiter zum Himmel aufsteigt. Möglicherweise sollte die Stufenform der Pyramide diese Leiter dar-
20 stellen. Die Pyramide war Mittelpunkt einer Grabanlage, die von einer Mauer umfasst wurde. Zu ihr gehörte ein großer Hof. Hier unternahm der Pharao seinen religiösen Wettlauf beim Sethfest (S. 60). Der Lauf
25 machte diesen Hof zur ersten Sportarena der Welt.

Die Pyramide des Cheops

Etwa 100 Jahre später wurde bei Gizeh die Pyramide für den Pharao Cheops errichtet. Mit einer Höhe von 146 m ist sie so hoch
30 wie ein 50-stöckiger Wolkenkratzer. Neben ihr wurden zwei Pyramiden für Cheops' Nachfolger gebaut sowie kleinere für die Ehefrauen und Kinder der Pharaonen. Auch hohe ↦ Beamte wurden hier begra-
35 ben. Außerdem legte man für jede Pyramide Tempel an, in denen der Totenkult begangen wurde.

Im Inneren der Pyramiden befinden sich mehrere Grabkammern. Sie waren prächtig
40 ausgestaltet. In weiteren Kammern könnten wertvolle Grabbeigaben gelegen haben, die dem verstorbenen Pharao ein luxuriöses Leben auch im Jenseits ermöglichen sollten. Doch heute sind die Kammern leer.
45 Trotz der Bemühungen der Baumeister, die heiligen Stätten durch Irrgänge und falsche Schächte vor Grabräubern zu schützen, war schon um das Jahr 1000 v. Chr. jede bekannte Pyramide geplündert. Danach
50 konnten Forschende nur noch finden, was die Diebe übersehen hatten.

Belastung, aber auch Hoffnung

Der Bau einer einzigen Pyramide konnte bis zu 20 Jahre in Anspruch nehmen und an die 25 000 Menschen beschäftigen: Planungs-
55 spezialisten, Bauhandwerker und einfache Arbeiter. Man schätzt, dass auf der Baustelle der Cheopspyramide etwa 20 000 Menschen ständig tätig waren. Weitere Tausende von Arbeitern kamen während
60 des Nilhochwassers dazu. Diese vielen Menschen mussten von den übrigen miternährt werden. Von einem Teil der Steuern wurden daher die Arbeiter entlohnt. Die Arbeit an den Pyramiden galt aber auch
65 als eine Art »Gottesdienst«, für die man im Jenseits belohnt werde.

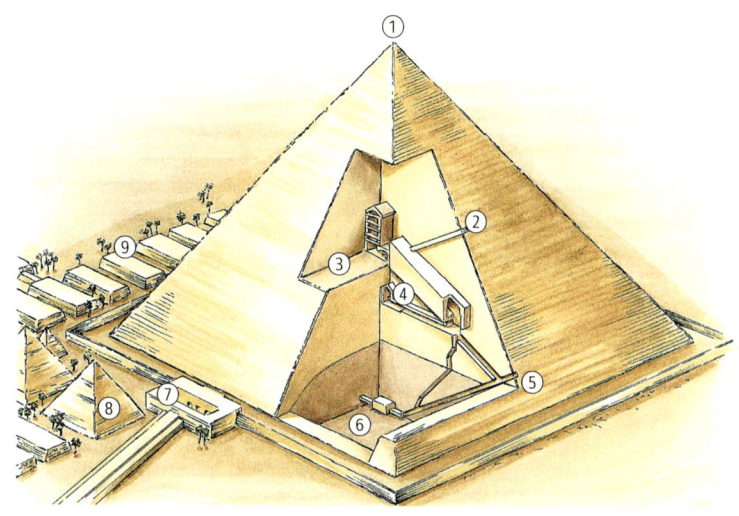

M 2 Schnitt durch die Cheops-Pyramide:
① vergoldete Spitze, ② Luftschacht, ③ Grabkammer des Pharao,
④ »Große Galerie«, die zur Grabkammer des Pharaos führt,
⑤ Eingang, ⑥ ursprüngliche Grabkammer (unterirdisch),
⑦ Tempel, ⑧ Nebenpyramiden für Familienangehörige,
⑨ Gräber für hohe Beamte

IN DER GRUPPE
ein Thema erschließen und ein Plakat gestalten

Auf den folgenden Seiten erfahrt ihr mehr über den Bau und die Nutzung der Pyramiden. Werdet Expertinnen und Experten! Teilt euch dafür in vier etwa gleich große Gruppen auf. Jede Gruppe wählt eines der Themen.

1. Erarbeitet euer Thema anhand der Aufgaben.

2. Notiert außerdem:
   – Welchen Bereich des ägyptischen Totenkults berührt euer Thema (z. B.: Begräbnis, Grabstätte, Bestattung, Religion)?
   – Welche Bevölkerungsgruppen sind betroffen?
   – Welche Vorstellungen der Ägypter vom Leben im Jenseits werden deutlich?

3. Erklärt euer Thema auf einem **Plakat** (↦ S. 174). Unter dem Webcode WES-117710-021 findet ihr Abbildungen, die ihr dazu verwenden könnt.

4. Präsentiert euer Plakat. Übt die Präsentation vorher ein: Alle in der Gruppe müssen das Thema vorstellen können!

5. Fotografiert die einzelnen Plakate und ladet die Fotos in euren Klassenordner hoch.

WES-117710-021

Planung und Bau einer Pyramide

M 1 Werkzeuge der Ägypter: Kupfermeißel und Holzschlegel

Weil die Ägypter glaubten, dass das Totenreich im Westen liegt, dort, wo die Sonne untergeht, wurden die Pyramiden am Westufer des Nils gebaut. Die Flussnähe war 5 aus einem baupraktischen Grund wichtig: Blöcke aus Kalkstein, Sandstein und Granit mussten aus zum Teil weit entfernten Steinbrüchen angeliefert werden (M 2, S. 45). Die Bauplätze mussten allerdings erhöht liegen, damit sie nicht überschwemmt wurden, wenn der Nil über seine Ufer trat.

Sehr schwer und sehr genau

M 2 Die Benutzung von Werkzeugen beim Pyramidenbau, Rekonstruktionszeichnung

Das Brechen der Steine, die durchschnittlich 2,5 Tonnen wogen, und ihr Transport

15 zu den Bauplätzen war eine Schinderei. Die Steinblöcke wurden bewegt, indem man sie auf eine Art Schlitten verfrachtete und diese dann über runde Holzstämme zog. Am Fuß der Pyramide wurden die Steine so 20 behauen, dass sie fugenlos aneinanderpassten. Dafür benutzten die Arbeiter ganz einfache Werkzeuge wie den Holzhammer, den Steinbohrer und Meißel aus Kupfer und Bronze. Bis heute staunen wir darüber, wie 25 exakt die Riesengräber gelangen. Selbst mit modernen, lasergestützten Messgeräten ist es schwierig, so genau zu bauen, wie die alten Ägypter es taten.

Noch heute rätseln ↦ Historikerinnen 30 und Historiker darüber, wie es die Menschen vor fast 4 500 Jahren schafften, die massigen Steinquader ohne moderne Kräne aufeinanderzutürmen. Unterlagen über den Bau gibt es nicht. For- 35 schende vermuten, dass die Ägypter Rampen anlegten, um die Steinblöcke auf die wachsende Pyramide zu wuchten. Diese wuchsen möglicherweise direkt an der Außenwand der Pyramiden mit – 40 entweder innerhalb oder außerhalb des Bauwerks.

1. Stellt in einer Liste die Tätigkeiten zusammen, die für Planung und Bau einer Pyramide erforderlich waren.

2. Beim Pyramidenbau kam es häufig zu Unfällen.
   a) Schreibt auf, welche Arbeiten besonders gefährlich waren. Begründet.
   b) Erklärt, warum die Arbeiter trotz der hohen Gefahr die Arbeit an den Pyramiden auf sich nahmen.
   ↦ **Tipp:** S. 176

+ Was für Rampen könnten für den Transport benutzt worden sein? Erstellt Skizzen.

Der Pharao und das Jenseits

In den Grabkammern der Pyramiden finden sich Inschriften. Sie wurden angebracht, um die verstorbenen Pharaonen auf ihren Wegen ins Jenseits zu schützen und vor
5 Bösem zu bewahren. Häufig beziehen sich die Texte auf Göttergeschichten, an die die Menschen glaubten, sogenannte ↦ Mythen (Einzahl: Mythos). Ein Beispiel dafür ist der Mythos von Osiris, dem Gott
10 des Totenreichs.

Der Mythos erzählt, dass Osiris als weiser König über Ägypten herrschte, doch sein Bruder Seth gönnte ihm die Königswürde nicht. Eines Tages tötete er Osiris. Isis,
15 die Ehefrau des Osiris, trauerte sehr und wollte die Leiche ihres Mannes bestatten. Da zerfetzte Seth den toten Körper wutentbrannt in 14 Teile und warf sie in den Nil, damit Osiris im Totenreich nicht wie-
20 der auferweckt werden konnte. Doch Isis zog durch das Land und sammelte alle Teile des verstorbenen Osiris zusammen. Dank ihrer magischen Kräfte gelang es ihr, die Leichenteile wieder zusammenfügen.
25 Daher konnte Osiris im Totenreich wieder auferstehen. Seitdem ist er der Herrscher über das Reich der Toten. Sein Bruder Seth dagegen wurde zur Strafe für seine Untaten in die Wüste verbannt.

M1 Erhebe dich!

Der Pharao Unas regierte etwa von 2380 bis 2350 v. Chr. Seine Pyramide steht nahe bei der Pyramide des Djoser (S. 64). Hier sind Auszüge aus der Inschrift in seiner Grabkammer wiedergegeben:

a) Erhebe dich, du König [...]
Sammle deine Knochen zusammen
Raffe dir deine Gliedmaßen zusammen
Schüttle die Erde ab von deinem Fleisch
Nimm dir dein Brot, das nicht schimmeln kann
Nimm dein Bier entgegen, das nicht sauer werden kann
[...]
Erhebe dich, du König
Du kannst doch nicht tot sein

b) Du steigst empor zu deiner Mutter, der Himmelsgöttin
Sie packt deine Hand
Sie gibt dir den Weg frei zum Horizont,
       zu dem Ort, wo sich Sonnengott Re aufhält
Geöffnet sind für dich die Tore des Himmels [...]

c) Du findest Sonnengott Re
Er steht da, erwartungsvoll winkt er dir entgegen
Er packt für sich deine Hand
Er geleitet dich in die Paläste des Himmels
Er setzt dich auf den Thron des Osiris

Zitiert nach: Wolfgang Kosack: Die altägyptischen Pyramidentexte in neuer deutscher Übersetzung. Berlin: Brunner 2012, Sprüche a) 373, b) 421, c) 422 (bearbeitet)

---

1. Lest den Osiris-Mythos (ab Zeile 11) und gebt ihn in eigenen Worten wieder.

2. a) Erarbeitet den Inhalt von M1. Nutzt dazu die Hinweise zum Verständnis von Textquellen (S. 56).
↦ **Tipp**: S. 176
b) Vergleicht die Pyramidensprüche in M1 mit dem Osiris-Mythos.

Erklärt, welche Elemente des Mythos ihr in den Sprüchen erkennen könnt.
↦ **Tipp:** S. 176

3. Schreibt auf oder zeichnet, wie die Ägypter sich die Auferstehung eines Pharaos nach dessen Tod vorstellten.

Mumien – Körper für die Ewigkeit

M 1 Eine ägyptische Mumie im Sarg. Die Maske trägt die Gesichtszüge des Toten

Nicht nur in den Grabkammern der Pyramiden, sondern auch in anderen Grabstätten wurden kunstfertig haltbar gemachte Leichname bestattet: Wer es sich im alten
5 Ägypten leisten konnte, ließ seine Verstorbenen mumifizieren.

Die Menschen im alten Ägypten glaubten daran, dass die Seele den Körper beim Tod verlässt und sich erst nach dem Begräbnis
10 wieder mit ihm vereint. Damit dies geschehen konnte, so glaubten sie, musste der Leichnam haltbar gemacht werden – als Mumie. Wenn die Mumie fertig war, wurden religiöse Zeremonien durchgeführt.
15 So sollten Verstorbene ihre Lebenskraft zurückerlangen. Besonders wichtig war die Mundöffnung, damit die Toten im Jenseits sprechen, essen und trinken konnten. Deshalb wurden ihnen auch Lebensmittel mit
20 ins Grab gegeben.

Die Mumie wurde in ihrem Sarkophag in einer Totenbarke über die Kanäle bis zu ihrer Grabstätte transportiert. Begleitet wurde sie von den Wehklagen und
25 Abschiedsworten der Frauen des Hauses und von – bezahlten – Klageweibern, die laut jammerten und sich die Haare rauften. In die Pyramiden wurde sie von Prie-
30 stern gebracht.

M 2 Ein Modell der Totenbarke des Cheops. Sie wurde als Bausatz in einer Kammer der Cheopspyramide gefunden.

M 3 Das Mumifizieren

Der griechische Geschichtsschreiber Herodot berichtete etwa 2 000 Jahre nach der Zeit der Pyramiden von der Mumifizierung. Auf einer Reise durch Ägypten war ihm das Verfahren erklärt worden. Herodot schrieb: Es gibt Leute, die genau dafür zuständig sind und dies als ihren Beruf ausüben. [...]
    Zunächst ziehen sie mit einem gebogenen Eisen durch die Nasenlöcher das
5 Gehirn heraus [...]. Danach machen sie mit einem scharfen Stein einen Schnitt entlang der Bauchhöhle und nehmen die ganzen Eingeweide heraus. Sie reinigen sie und spülen sie mit Palmwein [...] durch. Danach
10 füllen sie die Bauchhöhle mit reiner, geriebener Myrrhe, Zimt und anderen Gewürzen [...] und nähen sie wieder zu. Wenn sie das getan haben, legen sie die Leiche siebzig Tage in Natronlauge ein [...]. Danach
15 waschen sie sie und umwickeln den ganzen Körper mit Leinenbinden und bestreichen diese mit Gummi [...].
    Nun nehmen die Angehörigen die Leiche in Empfang, lassen eine hölzerne Form in
20 Menschengestalt anfertigen [und legen die Leiche hinein]. Und wenn sie sie auf diese Weise eingeschlossen haben, bewahren sie sie in einer Grabkammer auf, wobei sie sie aufrecht gegen die Wand stellen.
Herodot: Historien. Neu übersetzt und herausgegeben von Heinz-Günther Nesselrath. Stuttgart: Kröner 2017, S. 154 f. (Buch 2, Kapitel 86, 1; bearbeitet)

---

1. Schreibt nach den Angaben in M 3 eine Anleitung für eine Mumifizierung.

2. Betrachtet M 1 und besprecht, warum Mumien Masken trugen, die wie die Gesichter der Verstorbenen aussahen.

3. Erklärt, warum dem Toten eine Barke (M 2) mitgegeben wurde. Welche Vorstellung über das Jenseits verbirgt sich dahinter?

Das Totengericht

M 1 Die Prüfung des Wiedererweckten im Totengericht. Abbildung aus dem »Papyrus des Hunefer«, um 1290 v. Chr.

Die Menschen im alten Ägypten glaubten daran, dass der mumifizierte Körper eines Verstorbenen im Jenseits weiterleben kann. Anfangs stellten sie sich vor, der Pharao
5 werde nach seinem Tod in den Himmel aufsteigen. Später setzte sich aber der Glaube an ein Totenreich in der Unterwelt durch, in dem alle Verstorbenen weiterleben können, aber nur, wenn sie sich dem Totengericht
10 gestellt und über ihr Leben im Diesseits Rechenschaft abgelegt hätten.

M 1 zeigt das Totengericht aus dem Papyrus des Schreibers Hunefer. Der Papyrus war dem Verstorbenen als Totenbuch ins
15 Grab gelegt worden. In einem solchen Buch wurde nicht nur gezeigt, was den Toten im Jenseits erwartete. Hier standen auch die Antworten, die er dem Totengericht geben musste, um das ewige Leben zu erlangen.

Hunefer vor den Göttern

20 Der wiedererweckte Hunefer ist auf dem Bild M 1 in drei Szenen zu sehen:
① In der ersten Szene muss Hunefer vor dem Gericht seine Unschuld beteuern.
② Dann wird er von dem Gott Anubis zur
25 Waage geführt. Dort liegt links die Seele des Verstorbenen. Nur wenn er keine Sünden begangen hat, ist sie so leicht wie die Feder der Göttin Maat, die auf der rechten Waagschale liegt. Hätte der Ver
30 storbene eine zu schwere Seele, würde das krokodilköpfige Monster unter der Waage zuschnappen und den Toten für immer verschlingen. Der Gott Thot notiert das Ergebnis.
35 ③ Hunefer darf weitergehen: Von Horus wird er zu Osiris geführt, dem Gott der Unterwelt.

---

1. a) Beschreibt M 1. Findet die folgenden Motive: Osiris – die Feder – Hunefer (der Verstorbene) – Horus – die Seele – Anubis – Thot – die Seelenfresserin.
   b) Ordnet die im Text beschriebenen Szenen der Abbildung M 1 zu.

2. Der alte Schreiber Seneb stellt sich vor, wie es sein wird, wenn er vor das Totengericht treten muss. Was würde man ihn fragen? Welche Auskünfte könnte er über sein Leben geben? Schreibt mögliche Fragen und Antworten auf.
   ↪ **Tipp:** S. 176

3. Nennt Ähnlichkeiten zwischen der Vorstellung vom Totengericht im alten Ägypten und einem Leben nach dem Tod in Religionen, die ihr kennt.

Ägypten – eine Kultur begeistert

1824: Die Hieroglyphen werden mithilfe des »Steins von Rosette« entziffert. Der Stein wurde bei einem französischen Feldzug in Ägypten gefunden.

M1 Nofretete im Neuen Museum, Berlin

1930er-Jahre: Der ägyptische Schönheitskult wurde Vorbild für edle Stoffe und Gerüche in der europäischen Mode.

Wie kommen altägyptische Figuren eigentlich in deutsche Museen? Das hat mit der großen Ägyptenbegeisterung zu tun, die im 19. Jahrhundert Europa erfasste. Auslöser
5 dafür war die Entzifferung der Hieroglyphen durch den französischen ↪ Archäologen Jean-François Champollion (S. 51).

Wer es sich leisten konnte, fuhr nun zu den Pyramiden und kaufte auf den ägyptischen
10 Basaren Grabbeigaben. Zum Partyvergnügen der besseren Kreise in Europa gehörte bald das Auswickeln einer Mumie. Sogar auf der Weltausstellung 1867 in Paris wurde unter der Leitung eines französischen Ägyp-
15 tologen eine solche Attraktion geboten.

Weil im 19. Jahrhundert die meisten archäologischen Grabungen unter der Leitung von Europäern durchgeführt wurden, war es damals für viele selbstverständlich,
20 dass die kostbarsten Funde nach Europa kamen. Heute wird dies kritisch gesehen, denn Mumien, Grabbeigaben oder ganze Wandgestaltungen aus Grabanlagen sind wichtige ägyptische Kulturgüter. Deshalb
25 fordert der ägyptische Staat die Rückgabe besonderer Funde. Dazu zählt auch die Skulptur der Nofretete aus dem Neuen Museum in Berlin.

Seit 2000: Im Hildesheimer Roemer- und Pelizaeus-Museum kann der Nachbau der Grabkammer des Sennefer begangen werden. Sennefer war um 1430 v. Chr. der höchste ↪ Beamte der Stadt Theben.

(rechts) **Gegenwart:** Auch im Onlinespiel kann man das historische Ägypten besuchen. Die Spielumgebungen orientieren sich oft eng an wissenschaftlichen Erkenntnissen. Das abgebildete Beispiel zeigt die berühmte Bibliothek von Alexandria (gebaut im 3. Jahrhundert v. Chr.).

1895: Europäische Ägypten-Reisende erklimmen eine Pyramide.

Um 1900: Blick in die »Ägyptische Sammlung« eines Museums. Auch der Hildesheimer Bankier Wilhelm Pelizaeus, der rund 40 Jahre in Kairo gelebt hatte, war ein begeisterter Sammler gewesen. 1907 schenkte er seine Sammlung der Stadt Hildesheim, die 1911 das »Roemer- und Pelizaeus-Museum« eröffnete.

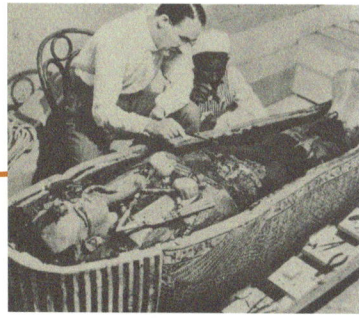

1922: Die Öffnung des Grabs von Tutanchamun gab der Ägyptenbegeisterung noch einmal neuen Schwung. Sie löste eine neue Vergnügungswelle im ägyptischen Prachtstil aus.

1917: Ein ewiger Star der Ägyptenverehrung ist die letzte ägyptische Pharaonin Kleopatra. Schon in der Anfangszeit des Kinos machte man sie zur Hauptfigur eines Stummfilms. Bis heute wurde ihr Leben immer wieder verfilmt.

1. Ordne die Bilder verschiedenen Bereichen zu, in denen die Ägyptenbegeisterung zum Ausdruck kommt: Bildung, Freizeitgestaltung, Mode und Unterhaltung.

2. Stelle mithilfe deines Vorwissens über das alte Ägypten Vermutungen über die Gründe für die Ägyptenbegeisterung der Europäer an.

3. Im Roemer- und Pelizaeus-Museum in Hildesheim kann man auch ein Festtagsprogramm mieten. Würdest du gerne dort Geburtstag feiern? Begründe deine Meinung!

Wenn du die vorangegangenen Seiten bearbeitet hast, solltest du folgende Aufgaben lösen können. Ob du richtigliegst, kannst du mithilfe der Lösungen und Hinweise auf Seite 170 überprüfen.

M1 Szene aus einer Wandmalerei im Grab eines hohen ↦Beamten, der Pharao Thutmosis IV. diente. Dieser regierte Ägypten um 1390 v. Chr.

1. Erkläre die Bedeutung des Nils für das Leben der Ägypter.

2. Betrachte M1.
   a) Beschreibe die Abbildung. Entnimm der Legende, um was für eine Art Bild es sich handelt.
   b) Benenne die Tätigkeiten der Menschen und folgere daraus, welchem Beruf sie nachgehen.
   c) Erläutere die Bedeutung ihres Berufes für die ägyptische ↦Gesellschaft.
   d) Stelle abschließend dar, zu welchem Zweck das Bild angefertigt wurde.

3. Begründe, warum Ägypten als eine frühe Hochkultur bezeichnet werden kann.

4. Bringe die folgenden Begriffe in einen erklärenden Zusammenhang:
   Totengericht – Pyramiden – Mumien – Leben im Jenseits – Totenkult – Pharaonen – Isis und Osiris

Die ägyptische Hochkultur

Während die Menschen in Mitteleuropa noch als ↦ jungsteinzeitliche Bauern ohne Schrift, Städte oder ↦ Verwaltungen lebten,
entstanden in einigen Regionen der Erde bereits neue Formen
des Zusammenlebens.

5 Um 3000 v. Chr. entwickelte sich in Nordafrika – an den Ufern des
Flusses Nil – die ägyptische ↦ **Hochkultur**. Eine andere Hochkultur
entstand z. B. in Mesopotamien, dem sogenannten Zweistromland
zwischen den Flüssen Euphrat und Tigris im heutigen Irak. Die
meisten Hochkulturen haben gemeinsame Kennzeichen: Es gab
10 Städte und einen Staat mit Verwaltung und Gesetzgebung. Die
Menschen benutzten die Schrift und setzten einen ↦ Kalender
ein, um das Jahr zu gliedern. Das Handwerk war aufgrund von
↦ Arbeitsteilung hoch entwickelt.

In Ägypten regierte der **Pharao**. Er wurde als Gottkönig verehrt.
15 ↦ **Beamte** setzten die Befehle des Pharaos im ganzen Reich durch.

Die **Bevölkerung** des alten Ägypten war streng in Schichten geteilt.
Die Zugehörigkeit einer Familie zu einer Schicht ergab sich durch
den Beruf, den der Familienvater ausübte. Die Menschen lebten
in der Vorstellung, dass jeder seinen Platz in der von den Göttern
20 gegebenen Weltordnung hatte, die sie **Maat** nannten.

Damit angesehene Ägypter nach dem Tod weiterleben konnten,
wurden sie mumifiziert und mit Grabbeigaben bestattet, die ein
Alltagsleben im Jenseits ermöglichen sollten. Den frühen Pharaonen dienten die weithin sichtbaren **Pyramiden** als Grabstätten.

ZEITTAFEL

› **um 3000 v. Chr.**
In Mitteleuropa leben die Menschen als jungsteinzeitliche
Bauern in kleinen Siedlungen. Am
Nil hat sich der ägyptische Staat
entwickelt; die Hieroglyphen sind
erfunden.

› **um 2540 v. Chr.**
Die Cheopspyramide bei Gizeh
ist erbaut worden. Sie diente als
Grabstätte des Pharaos Cheops.

› **um 1500 v. Chr.**
Es beginnt eine Hochphase des
Alten Ägypten, die Phase des
»Neuen Reiches«. Ein wichtiger
Pharao des »Neuen Reiches« war
Ramses II.

M1 Bäuerliche Arbeit auf einer altägyptischen Grabmalerei

Eine Hochkultur am Indus

M 1 Der im heutigen Indien gefundene Wagen aus Bronze wurde um 2000 v. Chr. hergestellt.

Vor etwa 4 500 Jahren entstand die sogenannte **Indus-Kultur**. Sie breitete sich über
ein Gebiet aus, das mehr als dreimal so
groß war wie Deutschland. Lebten die Men-
5 schen dort wohl ähnlich wie die Menschen
in Ägypten? In vielem vermutlich schon.
Forscherinnen und Forscher fanden aber
heraus, dass es wohl auch große Unterschiede gab!

Tonwaren gegen Bronze

10 Das Gebiet, in dem der Indus fließt, war
in der Zeit um 2500 v. Chr. nicht trocken
wie heute, sondern feucht und sumpfig.
Die Menschen nutzten den lehmigen
Boden, um daraus Ziegel zu formen, die
15 sie an der Luft trockneten. Sie verwendeten
sie für den Hausbau. Zudem stellten sie
Gebrauchsgegenstände aus gebranntem
Ton her. Diese waren anscheinend bekannt
und berühmt, denn sie wurden weit über
20 das Gebiet der Indus-Kultur hinaus verkauft.

Als Markenzeichen hängte man Siegel
aus Ton an die Waren. Diese Siegel wurden auch im Gebiet des heutigen Irak, dem
25 früheren Mesopotamien, gefunden. Mehr
als 2 500 km legten Händler mit den Waren
also zurück! Auf dem Rückweg transportierten sie Metalle für die Herstellung von
Bronze, denn am Indus gab es sie nicht.

30 Das sehr harte Material Bronze entsteht,
wenn man das Metall Kupfer mit einem kleinen Anteil des Metalls Zinn in geschmol-
zenem Zustand verbindet. Das hatten die
Menschen etwa um 3000 v. Chr. entdeckt.

M 2 Das Tonsiegel (links) und die dazugehö-
rende Gussform (rechts) wurden in Harappa
am Indus gefunden. Heute werden sie im
British Museum (London) aufbewahrt.

35 Seitdem wurde Bronze vor allem für die
Herstellung von Werkzeugen und Waffen
verwendet – auch in Ägypten und Europa.
Sie waren dadurch viel haltbarer geworden.
Die Zeit bis etwa 800 v. Chr. wird entspre-
40 chend ↦ **Bronzezeit** genannt.

Städtisches Leben am Indus

Schon um 2500 v. Chr. waren die Menschen
im Industal fähig, zweistöckige Häuser zu
bauen. Bei ↦ archäologischen Ausgrabungen wurden Überreste vieler Gebäude
45 gefunden, die in einer Schachbrett-Struktur
angeordnet waren. Die Menschen müssen
ihre Städte also genau geplant haben.

Die Städte der Indus-Kultur, so schätzt
man, hatten bis zu 40 000 Bewohnerinnen
50 und Bewohner. Viele von ihnen verdienten
ihren Lebensunterhalt mit einem Handwerk.
Die Menschen im Industal kannten das Rad
und die Töpferscheibe – wie in Europa.
Anders als in Europa hatten sie sogar eine
55 Schrift. Allerdings ist sie noch nicht entziffert worden.

Wenn so viele Menschen an einem Ort
leben, müssen sie ihr Zusammenleben
organisieren. In den Städten am Indus
60 entdeckte man Kornspeicher, in denen
die Menschen Getreidevorräte anlegten.
Außerdem mauerten sie Abwasserkanäle,
um Schmutzwasser und Unrat entsorgen zu
können. Auch öffentliche Bäder gab es. Das
65 zeigt: Hygiene spielte für die Menschen eine
große Rolle, eine viel größere als bei zeit-
gleichen ↦ Kulturen wie der ägyptischen.

Keine Herrscher, keine Kriege?

Bemerkenswert ist, dass es keine Hinweise
auf mächtige Herrscher oder Könige im
70 Industal gibt. In anderen Kulturen kann
man an den reichen und aufwendigen
Gräbern, wie an den Pyramiden in Ägypten, erkennen, dass es Menschen gab, die
mächtiger waren als andere. In der Indus-
75 Kultur fehlen solche Bauwerke vollkommen.
Auch Paläste hat man nicht gefunden, wohl
aber große öffentliche Bauten (z. B. Bäder)
und Tempel.

M 3 Das Foto zeigt die ausgegrabene Stadt Mohenjo-Daro, die im
heutigen Pakistan liegt. Vorn ist das große öffentliche Bad zu sehen.

Erstaunlich ist, dass alle Anzeichen für
80 Militär und Kriege fehlen. Weder sind
Schwerter, Rüstungen, Helme oder Schilde
gefunden worden, noch gibt es Bilder, die
den Krieg oder Krieger zeigen. Forschende
gehen davon aus, dass es sich um eine
85 ausgesprochen friedliche ↦ Gesellschaft
gehandelt hat.

Ihre Blütezeit hatte diese Kultur etwa von
2500 – 1750 v. Chr. Dann kam es zu einem
Niedergang. Die Menschen zogen aus
90 den großen Städten weg. Wahrscheinlich
waren die Umweltbedingungen schlechter geworden: das Holz knapp, die Böden
ausgelaugt, die Ernte geringer. Ohne es zu
wissen, hatten sich die Menschen im Indus-
95 tal durch die Nutzung ihrer Umwelt vermutlich selbst die Lebensgrundlagen genommen.

ZUM NACHDENKEN

Hältst du es für möglich, dass Menschen
zusammenleben können, ohne eine
Armee zu haben? Oder denkst du, dass
irgendwann Hinweise auf Militär auch
in der Indus-Kultur gefunden werden?
Begründe deine Meinung.

Die Welt der Griechen

Ägyptische Hochkultur

Griechische Antike

Römische Antike

(3)

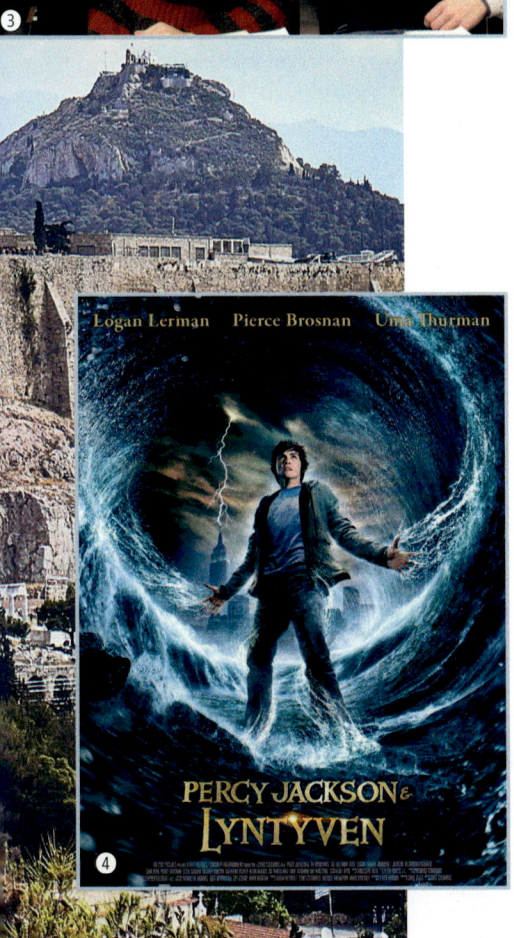

(4)

Die Collage zeigt:

① einen Blick auf die Akropolis in Athen.
② eine Schultheateraufführung. Gespielt wird ein Stück des griechischen Dichters Euripides, der im 5. Jahrhundert v. Chr. lebte.
③ Jugendliche bei einer Abstimmung nach einer Diskussionsrunde im Niedersächsischen Landtag, 2013.
④ ein Filmplakat aus dem Jahr 2010.
⑤ Medaillen, die für die Olympischen Spiele in Athen 2004 gestaltet wurden.
⑥ ein Regierungsgebäude in der österreichischen Hauptstadt Wien.

Auf den folgenden Seiten erfährst du,

– welche Götter die Griechen verehrten.
– warum die Menschen Olympische Spiele veranstaltet haben.
– was die Griechen dazu brachte, ihre Heimat zu verlassen und woanders ihr Glück zu suchen.
– warum man von Griechenland als »Wiege der europäischen ↦ Demokratie« spricht.
– wie die Menschen im 5. Jahrhundert v. Chr. in Athen gelebt haben und was Athen zum kulturellen Zentrum gemacht hat.

Außerdem übst du,

– aus einem Text die Meinung eines Autors herauszuarbeiten.
– Rekonstruktionszeichnungen unter die Lupe zu nehmen und auszuwerten.
– in einer Gruppe zu arbeiten und Expertin oder Experte für ein Thema zu werden.
– Bezüge von der Geschichte zur Gegenwart herzustellen.
– eine Präsentation zu erstellen.

Griechische Helden – noch heute bekannt?

M1 Dieses Bild wurde um 800 v. Chr. am Hals eines großen Tongefäßes angebracht. Es ist ein Relief[1].

---

1. Beschreibe das Relief. Weißt du, welches Pferd hier dargestellt ist?

Das Pferd, das auf dem Tongefäß dargestellt wurde, kommt in einer berühmten Erzählung vor, die Menschen schon vor etwa 3 000 Jahren kannten. Sie dreht sich
5 um die Belagerung der Stadt Troja durch griechische Krieger. Es heißt, die Griechen hätten zehn Jahre lang erfolglos versucht, Troja zu erobern. Als die meisten nicht mehr daran glaubten, dass sie es je schaf-
10 fen könnten, hätte einer ihrer Anführer, Odysseus, einen ganz besonderen Plan geschmiedet. Der folgende Text erzählt von seiner Idee:

NACHERZÄHLT ››› Die List des Odysseus

»Lasst uns ein Pferd zimmern, ein riesengroßes Pferd aus Holz. In seinem Bauch müssen sich unsere besten Helden verbergen. Die Übrigen aber, das ganze Heer, sollen sich zum Schiff zurückziehen. Dann werden die Trojaner aus ihrer Stadt hervorkommen, weil sie glauben, die Griechen wären in ihre Heimat abgezogen«, schlug Odysseus vor.

Ein Grieche fragte: »Schon gut, aber was nützt uns das? Wozu das Pferd?«

»Nun, wir lassen einen unbekannten, aber mutigen Mann zurück. Er wird den Trojanern erzählen, das hölzerne Pferd sei eine Opfergabe für die Göttin Athene. Er sagt ihnen, dass die Griechen befürchten, Athene werde zornig, weil sie aufgegeben hätten. Das Pferd aber solle Athene besänftigen, damit sie dafür sorgt, dass die Griechen sicher nach Hause kommen«, antwortete Odysseus.

Weiter erklärte er: »Unser Mann muss das Vertrauen der Trojaner gewinnen. Nur so kann er sie dazu bringen, das hölzerne Pferd in ihre Stadt zu holen. Schafft er das, so haben wir gewonnen. In der Nacht, wenn alles schläft, kommen die Helden aus dem Bauch des Pferdes hervor, legen Feuer in der Stadt und geben uns mit der Fackel ein Zeichen, dass wir herbeisegeln und die Stadt erstürmen!«

Da bekam der listige Odysseus viel Beifall. Nach drei Tagen stand das riesengroße hölzerne Pferd fertig da. Und tatsächlich holten die Trojaner das Pferd in ihre Stadt. Mit Gesang und Tanz feierten sie die halbe Nacht den Abzug ihrer Feinde als einen großen Sieg. Doch alles kam, wie Odysseus es geplant hatte. Troja ging im Flammenmeer unter. ‹‹‹

Erzählt nach: Günter Sachse: Wie Troja fiel. In: Die schönsten Sagen der Griechen. München: cbj/Omnibus 1999, S. 177 ff. (bearbeitet)

1 Relief: Bild, das auf einer Fläche geformt wurde

WES-117710-022

Unter diesem Webcode kannst du dir die Geschichte anhören.

Eine alte Überlieferung

Noch heute steht die Geschichte des Trojanischen Pferdes für einen heimtücki-
schen Überfall. Immer wieder wird sie neu
nacherzählt und in Büchern veröffentlicht.
Auch im Hollywoodfilm hat sie einen Platz
gefunden (M 2). Ursprünglich geht die
Geschichte auf Homer (sprich: »Homehr«)
zurück, dem ältesten bekannten Dichter
Griechenlands und zugleich Europas. Er
hat die Erzählungen seiner Zeit, die über
Generationen mündlich weitergegeben
worden waren, aufgeschrieben. Solche
überlieferten Erzählungen werden als
»Mythen« bezeichnet; die Einzahl des
Begriffs ist ↦**Mythos**.

Der Mythos vom Trojanischen Pferd ent-
stammt Homers Buch »Ilias«, in dem er
von heldenhaften griechischen Kämpfern
erzählt, die gegen die Truppen von Pria-
mos, dem Herrscher von Troja, in den Krieg
zogen. Die Helden, die Homer beschreibt,
nennt er im Griechischen »aristoi«: die
Besten, Edelsten. Mit ihrem Mut und ihrem
guten Charakter verkörperten die Helden
die damalige Vorstellung von Vollkommen-
heit. Ihnen sollten die Zuhörer der Mythen
nacheifern.

Die Kriegsparteien seien sogar von Gottheiten unterstützt worden, erzählt Homer:
Die Menschen glaubten daran, dass
Göttinnen und Götter in mensch-
liches Handeln eingreifen – und
dabei sogar untereinander in
Streit geraten. Im Krieg um Troja
beispielsweise stehen das Ober-
haupt der Götter, Zeus, und sein
Sohn Apollon auf der Seite der
Trojaner. Athene, die Tochter
des Zeus, unterstützt dagegen
die Griechen!

M 2 Dies ist ein Szenenbild aus dem Spielfilm »Troja« (USA,
2004). Das hölzerne Film-Pferd steht heute in der türkischen
Stadt Çannakale, der Partnerstadt von Osnabrück. Ganz in
der Nähe von Çannakale soll das alte Troja gelegen haben.

2. Suche Troja auf der Karte M 2, S. 87.

3. Findet euch zu zweit zusammen und übernehmt je
eine Rolle: heimkehrender Grieche oder überleben-
der Trojaner. Berichtet euch gegenseitig vom Ende
des Trojanischen Krieges.

4. Stelle Vermutungen an, warum griechische Mythen
heute noch so beliebt sind.

M 3 Eine Szene der Ilias:
Der griechische Kämpfer
Achill verbindet einen Ver-
wundeten. Malerei auf dem
Boden einer Schale, die um
500 v. Chr. angefertigt wurde

Die griechische Götterwelt

M1 Malerei auf einer griechischen Schale, 5. Jahrhundert v. Chr.

Versammlungen betete man zu den Göttinnen und Göttern, und sogar Sportveranstaltungen wurden ihnen gewidmet.

In vielen Geschichten, die von griechischen
10 Gottheiten überliefert sind, spielen Liebe und Streit eine Rolle. Denn die Menschen glaubten, dass Göttinnen und Götter zwar unsterblich sind und nicht altern, aber auch menschliche Eigenschaften besitzen.
15 Angeblich lebten die meisten von ihnen weit entfernt von den Menschen: auf dem Olymp, dem höchsten Berg Griechenlands. Von dort kämen sie aber manchmal herab und mischten sich unter die Menschen.

1. An dem Kampf in M1 sind nicht nur Menschen, sondern auch Gottheiten beteiligt. Aber wer ist hier Gott, wer Mensch? Begründe deine Zuordnung.

»Alles ist voll von Göttern!«

Das behauptete ein griechischer Gelehrter der ↦**Antike**[1]. Für die Griechen war das gesamte Leben eng mit Gottheiten verknüpft: die Landwirtschaft und die Ernte,
5 aber auch Katastrophen. Vor politischen

Verschiedene Ursprünge?

20 Seit dem 2. Jahrtausend v. Chr. waren Menschen aus verschiedenen Gebieten nach Griechenland eingewandert und hatten sich dort angesiedelt. In der historischen Forschung wird vermutet, dass dabei Gruppen
25 zusammentrafen, die verschiedene Gottheiten anbeteten. Die ↦**Mythen**, die sich die Menschen über sie erzählten, seien nach und nach zusammengeführt worden. So hätte sich die Vorstellung entwickelt,
30 dass die Gottheiten zusammengehören – wie eine große Familie.

---

1 **Antike:** Bezeichnung für den Zeitabschnitt der griechischen und römischen Geschichte von etwa 1200 v. Chr. bis etwa 500 n. Chr.

WES-117710-023

2. a) Lies die Texte auf den Kärtchen und finde heraus, welche der genannten Gottheiten in M2 (rechts) gezeigt sind. Begründe deine Entscheidungen.
↦ **Tipp:** S. 177
b) Stelle in einer Tabelle zusammen, für welche Bereiche des menschlichen Lebens welche Gottheiten zuständig waren.

3. Vergleiche die griechischen Gottheiten mit Menschen: Was unterscheidet und was verbindet sie?

4. Unter dem Webcode WES-117710-023 findest du Beispiele dafür, wie Namen griechischer Gottheiten für heutige Produkte verwendet werden. Warum wurden wohl gerade sie gewählt? Findet zu zweit mögliche Begründungen dafür und stellt eure Überlegungen in der Klasse vor.

+ Stelle Gemeinsamkeiten und Unterschiede zu ägyptischen Gottheiten heraus (S. 63). Gehe dabei auf ihre Gestalten und Zuständigkeiten ein.

Aphrodite *gilt als schönste Tochter des Zeus. Sie wird als Göttin der Liebe und der Fruchtbarkeit verehrt. Ihr Ehemann,* Hephaistos, *hat mit seiner untreuen Frau viel Ärger! Als Gott des Feuers und der Schmiede ist Hephaistos unter anderem für die Herstellung von Waffen zuständig. Seine Werkstatt liegt unter einem Vulkan.*

Zeus' Sohn Apollon *spielt die Leier so schön, dass er zum Gott der Musik und der Dichtung wurde. Vor allem junge Männer verehren ihn. Mit seinen Pfeilen kann er Krankheiten bringen, aber auch heilen. Seine Zwillingsschwester* Artemis *ist die Göttin der Jagd, der Tiere und der Natur.*

Als höchster Gott herrscht Zeus *über das Wetter und die Natur und ist Richter über Leben und Tod. Seine Erkennungszeichen sind ein Blitzbündel und ein Adler. Zeus' Ehefrau,* Hera, *wird als Beschützerin von Ehe und Familie verehrt. Neben ihr hat Zeus aber noch andere Frauen.*

M 2 Einige griechische Gottheiten in Illustrationen und Texten

Hestia *und* Demeter *sind die Schwestern des höchsten griechischen Gottes. Während Demeter für das Wachstum der Pflanzen, die die Menschen ernähren, zuständig ist, sorgt Hestia dafür, dass das Herdfeuer im Haus nicht erlischt.*

Hermes *heißt der Sohn des Zeus, der als Bote seines Vaters Nachrichten überbringt. Darüber hinaus gilt er als Beschützer der Reisenden, der Kaufleute, aber auch der Diebe. Auf Bildern trägt er oft einen Helm oder Schuhe mit Flügeln.*

Hades *und* Poseidon *sind Brüder des Zeus. Als strenger Herrscher über die Unterwelt wacht Hades mit seinem dreiköpfigen Hund Zerberus über die Toten und lässt keine Rückkehr in die Welt der Lebenden zu. Poseidon, der Gott der Meere, lebt in einem Palast auf dem Meeresgrund. Mit seinem Dreizack bewegt er die Wogen, entfacht Stürme und lässt die Erde beben.*

Zeus' Tochter Athene *ist die Göttin der Weisheit, des Handwerks und des gerechten Kampfes. Klug steht sie Kämpfenden bei. Angeblich entsprang sie – bewaffnet mit Helm, Schild und Lanze – dem Kopf des Zeus.*
Auch ihr Bruder Ares *trägt diese Waffen; er ist der Gott des Krieges und des Schlachtengetümmels.*

Die Olympischen Spiele

M1 Der Ort, an dem die Olympischen Spiele der ↦Antike stattfanden: Olympia (Rekonstruktionszeichnung):

① Zeustempel
② Aschenaltar
③ Stadion für Läufe
④ Schatzhäuser für Opfer an Zeus
⑤ Brunnenanlage (»Nymphäum«)
⑥ Tempel für Hera
⑦ Sitz der Spielleitung
⑧ Ringkampf-Arena (»Palästra«)
⑨ Gästehaus (»Leonidaion«)
⑩ Rathaus (»Bouleuterion«)

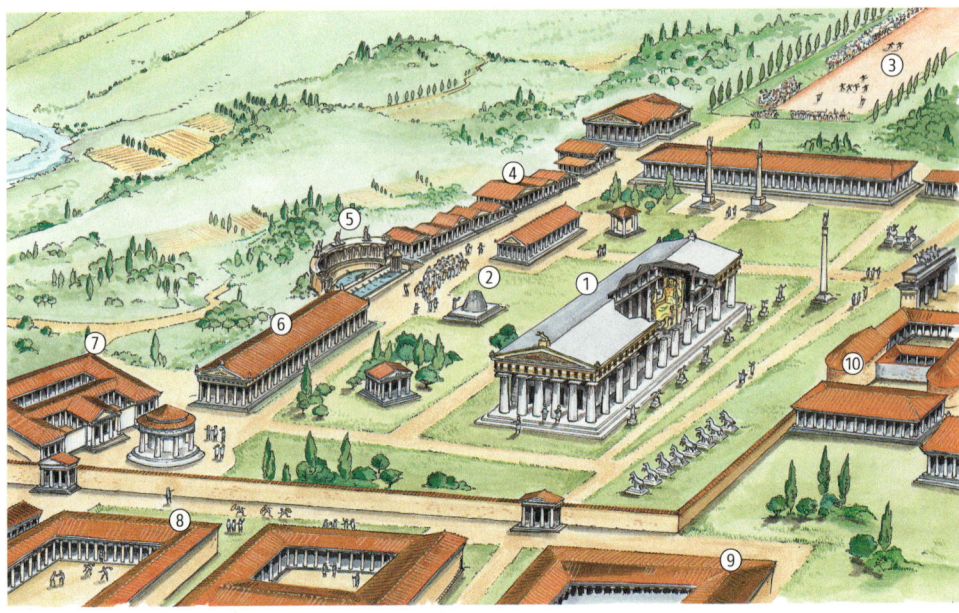

1. Betrachte M1 und lies die Erläuterungen. Formuliere Fragen dazu.

Anregende Funde in Olympia

Um 1880 fanden ↦Archäologen bei Ausgrabungen im südwestlichen Griechenland Überreste von Sportstätten, Gebäuden und Statuen. Aus schriftlichen ↦Quellen
5 wusste man bereits, dass es auf griechischem Gebiet seit 776 v. Chr. große Veranstaltungen von Wettkämpfen gegeben hatte, an denen Menschen aus dem gesamten griechischen Siedlungsbereich
10 beteiligt waren: die **Olympischen Spiele**. Sie fanden alle vier Jahre statt, ein Zeitraum, den die Griechen als »Olympiade« bezeichneten. Auch wenn dort Teilnehmende und Zuschauende aus verfeindeten
15 Orten zusammentrafen, waren sie während der Spiele in friedlichem Wettbewerb vereint; es galt der »Olympische Friede«.

Als der Franzose Pierre de Coubertin von den Entdeckungen hörte, hatte er eine Idee:
20 Wie wäre es, die Olympischen Spiele aufleben zu lassen? Menschen aus aller Welt würden zusammenkommen, sich in sportlichen Wettkämpfen messen und Rekorde erringen. So würden sie einander besser
25 kennenlernen und in Zukunft sicher auch friedlicher miteinander leben, meinte er. Zielstrebig setzte er sich für seine Idee ein, bis 1896 in Athen die ersten Olympischen Spiele der Neuzeit veranstaltet wurden.

M2 (rechte Spalte) Bei Olympischen Spielen unserer Zeit brennt das »Olympische Feuer« vor der Flagge.

Worum ging es in Olympia?

30 Die Funde der Forschenden zeigten Erstaunliches: Nicht ein Stadion war der Mittelpunkt der olympischen Anlagen, sondern ein riesiger Tempel mit einer über zwölf Meter hohen Zeus-Statue: Sie war
35 ursprünglich ganz mit Gold, Elfenbein und Ebenholz verkleidet. Zu Zeus als Vater der Götter beteten die Menschen, die in Olympia zusammenkamen. Ihm zu Ehren brachten sie Opfer, sangen, tanzten und trieben
40 Sport. Daraus gingen nach und nach Wettbewerbe zu Ehren des Zeus hervor – nicht nur auf sportlichem Gebiet, sondern auch im Chorgesang und Instrumentenspiel, in Tanz, Dichtung und Theater.

Das Ziel: Siegen

45 An den Olympischen Spielen nahmen ausschließlich Männer teil; Frauen waren nicht zugelassen. Für sie gab es eigene Kultspiele, die »Heraien«. Sie fanden alle fünf Jahre zu Ehren der Göttin Hera, der Ehefrau
50 des Zeus, statt.

Für den olympischen Wettkampf trainierten die Athleten hart, denn es zählte nur der Sieg: Wer in seiner Disziplin gewann, erhielt einen Zweig vom heiligen
55 Ölbaum, der in der Nähe des Zeustempels wuchs. In ihren Heimatgemeinden überhäufte man die Sieger aber geradezu mit Geschenken und Ehrungen: Lebenslang wurden sie versorgt.

60 Historische Forschungen haben gezeigt, dass bis zu 40 000 Besucher die tagelange beschwerliche Anreise auf sich nahmen, um die Spiele zu sehen – auch hier waren Frauen ausgeschlossen. Wer kam, den
65 erwartete ein mehrtägiges Festprogramm in Olympia.

Herzlich willkommen in Olympia!

Hier erfahren Sie das Wichtigste zum Ablauf der Spiele:

1. Tag: Vor dem Altar des Zeus versprechen die Teilnehmer, fair zu kämpfen. Die Kampfrichter geloben, gerecht zu urteilen. Kämpferlisten werden aufgestellt, Gegner ausgelost. Dann beginnen die Wettkämpfe.

2. Tag: Zuerst findet der Wettbewerb der Fanfarenbläser statt, dann folgt das Wagenrennen. Ein weiterer Höhepunkt ist der Fünfkampf: Die Athleten messen sich im Weitsprung, im Speer- und Diskuswerfen, im Stadionlauf und schließlich im Ringkampf. Der Tag wird mit einer Feier zu Ehren des Königs Pelops beendet, des sagenhaften Gründers der Spiele.

3. Tag: Dieser Tag ist für kultische Handlungen vorgesehen. Wettkämpfer, Abgesandte der teilnehmenden Städte, Kampfrichter und Priester ziehen zum Altar des Zeus und opfern dort Ochsen. Zu Ehren des Gottes finden ein Dichterwettstreit und ein Festmahl statt.

4. Tag: Vormittags finden die Laufwettbewerbe statt, nachmittags stehen Kampfsportarten auf dem Programm, darunter Ringen, Boxen, Waffenlauf.

5. Tag: Alle Sieger kommen zur Ehrung in den Zeustempel. Dabei werden ihre Namen, die Namen ihrer Väter und ihres Heimatortes verkündet. Sie opfern und werden in einem Festzug zum Rathaus geleitet, wo sie ein feierliches Mahl einnehmen. Dazu treten Musiker und Dichter auf.

M3 So hätte eine Programmankündigung aussehen können.

---

2. a) Beantworte deine Fragen aus Aufgabe 1 mithilfe des Darstellungstextes.
b) Untersuche M1 genauer. Schreibe in eine Tabelle, welche Gebäude und Bereiche für den Sport und welche für religiöse Handlungen gedacht waren.

3. Arbeite aus M3 vier sportliche und vier religiöse Handlungen heraus.

M4 Fünf Sport-arten der antiken Olympischen Spiele

① ② ③

🔍 Die Meinung eines Autors erkennen

Isokrates war kein Geschichtsschreiber, sondern ein Redner. Mit seinem Text (M5) gab er seine Meinung über die Olympischen Spiele wieder. Wenn du ihn genau liest, erfährst du, welche Meinung Isokrates hatte und wie er sie begründete.

1. Entnimm dem Einführungstext
   – die Angaben zum Verfasser (wer?),
   – die Zeit der Textentstehung (wann?),
   – die Art des Textes (welche Textart?),
   – das Thema des Textes (worüber?),
   – und an wen der Text gerichtet ist (an wen?).

   Schreibe nun zu jedem Punkt einen Satz:
   – Wer? Der Verfasser Isokrates leitete eine Rednerschule in Athen.
   – Welche Textart? ...

2. Arbeite heraus, zu welcher Bewertung der Verfasser kommt. Gib seine Meinung in eigenen Worten wieder.
   – Frage: Wie bewertet Isokrates die Olympischen Spiele?
   – Antwort: ...
   Achte auch auf die Gründe, die der Verfasser für seine Überzeugung anführt. Notiere sie.

Wer? Wann? Welche Textart? Worüber? An wen?

M5 Eine Rede auf die Spiele

Isokrates leitete eine Rednerschule in Athen. Im Jahr 380 v. Chr. hielt er eine Rede auf die Olympischen Spiele. In ihr richtete er sich an alle Griechen und forderte sie nach einem langen Krieg zwischen den Städten Sparta und Athen auf, zusammenzuhalten und sich an Gemeinsamkeiten zu erinnern:

Es ist ganz richtig, dass wir diejenigen loben, die solche Festspiele eingeführt haben. Sie haben uns nämlich folgenden Brauch überliefert: Erst schließen wir mit
5 unseren Gegnern einen Waffenstillstand und beenden unsere Feindseligkeiten, und dann kommen wir an einem Ort zusammen. Wir beten und opfern zusammen und werden uns dabei unserer Gemeinsamkeiten
10 bewusst. [...] Wir können alte Freundschaften erneuern und neue schließen. [...]
Sowohl die Zuschauer als auch die Sportler haben bei den Spielen ihr Vergnügen: Die Athleten zeigen stolz vor den
15 versammelten Griechen ihre Leistungen, die Besucher erfreuen sich am Wettstreit um die Preise. Beide Gruppen finden so etwas, was ihrer Eitelkeit schmeichelt: Die Zuschauer, wenn sie sehen, wie sich die
20 Wettkämpfer ihretwegen anstrengen, die Sportler, wenn sie daran denken, dass alle nur gekommen sind, um ihnen zuzuschauen.

Isokrates: Panegyrikos, Verse 43–44 (eigene Übersetzung)

④

⑤

M6 Aus einem Bericht über Olympia

Der griechische Schriftsteller Pausanias
lebte im 2. Jahrhundert n. Chr. Er bereiste
viele Gebiete, in denen Griechen lebten,
und erzählte über sie. Auch von Skandalen
in Olympia berichtete er:

Auf dem Weg zum Stadion [...] sind Zeus-
statuen aus Bronze aufgestellt. Sie wurden
von Strafgeldern angeschafft, die Athleten
bezahlen mussten, wenn sie gegen Wett-
5 kampfregeln verstoßen hatten.

Die ersten dieser Statuen stammen aus
der 98. Olympiade. Damals hatte der aus
dem Norden Griechenlands stammende
Eupolos mehrere Faustkämpfer bestochen.
10 Dies soll das erste Mal gewesen sein, dass
ein Athlet gegen die Regeln verstieß. Daher
waren Eupolos und diejenigen, die sich von
ihm bestechen ließen, die ersten, die eine
Geldstrafe erhielten. [...]

15 Mehrere der Statuen sind mit Inschriften
versehen. Die eine sagt, dass man einen
olympischen Sieg nicht mit Geld, sondern
mit Schnelligkeit und Kraft erlangt. Eine
andere Inschrift erklärt, dass die Statue
20 zu Ehren des Zeus und zur Abschreckung
frevelnder Athleten errichtet wurde. Eine
weitere lobt die Bestrafung der Faustkämpfer und die letzte erklärt, dass die Statuen
alle Griechen davor warnen sollen, einen
25 olympischen Sieg nicht durch Bestechung
erreichen zu wollen.

*Pausanias: Beschreibung von Griechenland. Hgg. von
H. Reichardt. Stuttgart: Metzlersche Verlagsbuchhand-
lung 1854, S. 594f. (Buch 5/21, bearbeitet)*

4. a) Betrachte M4 und überlege, welche
Sportarten wohl gezeigt sind.
↦ **Tipp:** S. 177
b) Recherchiere im Internet, welche
alten Sportarten noch heute bei Olympischen Spielen ausgeübt werden und
welche neuen dazugekommen sind.

5. Halte einen kurzen Vortrag: »Warum
waren die Olympischen Spiele für
Isokrates bedeutend?«
Untersuche dazu M5 mithilfe des
Kompetenztrainings und erstelle für
deinen Vortrag einen Stichwortzettel.

+ Entwirf einen Werbeslogan für die
Olympischen Spiele der Gegenwart.

6. a) Lies M6 und gib den Inhalt in deinen Worten wieder.
b) Vergleiche, was Isokrates (M5) und
Pausanias (M6) an den Olympischen
Spielen interessierte. Berücksichtige
die Punkte des Kompetenztrainings.
c) Diskutiert: Gibt es auch heute ähnliche Probleme wie in M6?

+ a) Gehe unter WES-117710-024 auf
Videotour durch das antike Olympia.
Notiere dabei mithilfe von M1, an
welchen Gebäuden du vorbeikommst.
b) Nenne mögliche Vorteile eines
virtuellen Rundgangs im Vergleich zu
einer Zeichnung wie M1.

*Warum waren die
Olympischen Spiele für
Isokrates bedeutend?*

*– nicht nur Sport-
ereignis*

– ...

WES-117710-024

Das Land der Griechen

M 1 Sommerliche Landschaft an einer griechischen Küste heute

1. a) Beschreibe das Foto M 1. Wie wirkt die Landschaft auf dich?
b) Erläutere mithilfe der Karte M 2, inwiefern das Foto typisch für die Landschaft Griechenlands ist.

2. Stellt gemeinsam Vermutungen darüber an, welche Auswirkungen die Landschaft auf die Lebensweise der Menschen gehabt haben könnte, z. B. auf ihre Ernährung, ihre Fortbewegung, den Transport von Waren und ihre Berufe.

Die Landschaft prägt das Leben

Würde man von oben auf das griechische Festland und die vielen Inseln hinunterblicken, so würde man gewaltige Bergketten, tiefe Täler, eine gezackte, felsige Küste
5 und das Mittelmeer sehen. In Griechenland regnet es selten, der Boden ist recht steinig und im Sommer sehr trocken.

In den bergigen Landschaften konnten Menschen in früheren Jahrhunderten nur
10 leben, weil es ihnen möglich war, in den Tälern Getreide und Gemüse anzubauen. Im Herbst ernteten sie zudem Weintrauben und Oliven. Die Berghänge dienten ihnen als Weideland für Schafe und Zie-
15 gen. Der Weg von Siedlung zu Siedlung war aber sehr mühselig, sodass sich die Bewohnerinnen und Bewohner jedes Dorfes selbst versorgen mussten. Vor Feinden waren die Menschen in den Ber-
20 gen aber gut geschützt – viel besser als in den Fischerdörfern an den Küsten. Dort sorgte allerdings ein frischer Wind für ein angenehmeres Klima.

Der Hauptgrund, aus dem viele Menschen
25 an der Küste lebten, war aber ein anderer: Von dort konnten sie mit Schiffen leichter zu anderen Siedlungen gelangen und besser Handel treiben als im Hinterland. Für den Schiffbau mussten allerdings
30 viele Bäume abgeholzt werden! Weil der Bewuchs den Boden bald nicht mehr ausreichend schützte, wurden die einst bewaldeten Hügel so karg, wie wir sie heute kennen.

M 2 Das Siedlungsgebiet der Griechen um 800 v. Chr.

Siedlungen mit Gemeinsamkeiten

35 Die von hohen Bergen umgebenen Siedlungen bildeten voneinander getrennte
Gemeinden, in denen sich eigene Formen
des Zusammenlebens und der Regierung entwickelten. Die Griechen nannten
40 eine solche Gemeinde ⤳ **Polis** (Mehrzahl:
Poleis). Jede Polis war eine selbstständige
Gemeinde, eine Art Stadtstaat mit zuge-
hörigem Umland und etwa so vielen Ein-
wohnern wie in einer heutigen Kleinstadt.

45 Insgesamt gab es mehrere Hundert Poleis.
Sie hielten zusammen, wenn sie von außen
bedroht wurden, aber zu einem großen,
langlebigen Reich wie in Ägypten wuchsen sie nicht zusammen. Meist wurden die
50 Poleis von Männern geführt, die erfolgreich
für ihre Siedlung gekämpft oder sich als
Streitschlichter hervorgetan hatten.

Auch wenn die Poleis voneinander getrennt
waren, fühlten sich die dort lebenden Men-
55 schen doch zusammengehörig als »Hellenen«, also Bewohnerinnen und Bewohner
von »Hellas«, wie sie ihr Land nannten.
Zu ihren wichtigsten Gemeinsamkeiten
gehörten die griechische Sprache und
60 Schrift sowie der Glaube an dieselben Götter
und ihre Mythen. Jede Polis hatte ihre eigene
Schutzgottheit, die von den Bewohnerinnen
und Bewohnern verehrt wurde. Schutzgöttin
der größten griechischen Polis, Athen, war
65 die Göttin Athene.

---

3. Stelle die Informationen über die Poleis in einem **Cluster** zusammen (⤳ S. 174).

4. a) Finde die Poleis Athen, Olympia und Troja auf der Karte
M 2. Benenne die heutigen Länder, in denen sich das Siedlungsgebiet der Griechen befindet.
b) Begründe, warum sich die Griechen zu einem Seefahrer-
volk entwickelten.
⤳ **Tipp:** S. 177

Auf zu neuen Siedlungsorten!

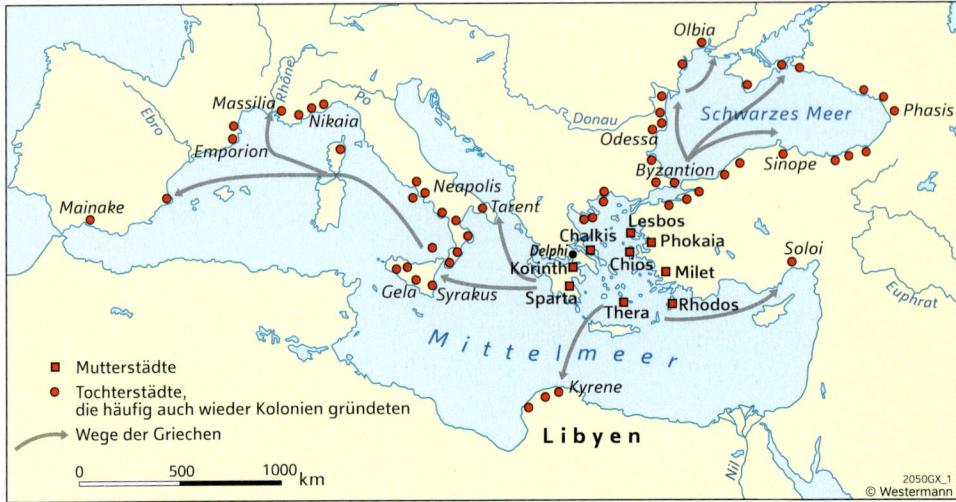

M1 Die griechische Kolonisation, 750–550 v. Chr.

Map labels: Ebro, Massilia, Nikaia, Po, Emporion, Mainake, Neapolis, Tarent, Gela, Syrakus, Sparta, Korinth, Delphi, Chalkis, Lesbos, Phokaia, Chios, Milet, Thera, Rhodos, Soloi, Byzantion, Odessa, Sinope, Donau, Olbia, Schwarzes Meer, Phasis, Euphrat, Kyrene, Rhône, Mittelmeer, Libyen, Nil

■ Mutterstädte
● Tochterstädte, die häufig auch wieder Kolonien gründeten
→ Wege der Griechen

0   500   1000 km

2050GX_1
© Westermann

---

1. »Wir Griechen sitzen um das Mittelmeer wie Frösche um einen Teich.« Das soll der Philosoph Sokrates gesagt haben. Erläutere an M1: Was hat er wohl damit gemeint?

Neue Poleis – neue Lebensräume

Wenn die Bevölkerung einer ↪ Polis wuchs und die Anbauflächen nicht mehr ausreichten oder Dürrezeiten herrschten, gab es oft nicht mehr genug Nahrung für alle.
5 In vielen Poleis entschlossen sich daher Menschen, ihre Heimat zu verlassen und woanders bessere Lebensbedingungen zu suchen. Sie hofften, einen Ort mit fruchtbaren Böden und gesundem Klima zu finden.
10 Auch ein geschützter Hafen war notwendig, ebenso wie die Möglichkeit, die Siedlung gegen Feinde – meist die bisherigen Bewohner der Gegend – zu sichern.

Auswandernde der griechischen Poleis
15 gründeten vom 8. bis zum 6. Jahrhundert v. Chr. an den Küsten des Mittelmeeres »Tochterstädte«, sogenannte ↪ **Kolonien**.

Das Mittelmeer trennte nun diejenigen, die in den Kolonien lebten, von denjeni-
20 gen, die in ihrer »Mutterstadt« geblieben waren. Doch wo sie auch lebten – alle fühlten sich griechisch. Sie sprachen dieselbe Sprache, und Händler konnten sich verständigen, wo immer sie unterwegs waren.
25 Bewohner benachbarter Siedlungen, die nicht Griechisch sprachen, wurden von den Eingewanderten als Barbaren[1] – Fremde – bezeichnet.

Migration – damals und heute

Hunger und Krieg, Not und Unterdrückung
30 treiben Menschen bis heute dazu, ihre Heimat zu verlassen. Überall auf der Welt gibt es Lager, in denen Geflüchtete leben müssen, oft unter erbärmlichen Bedingungen. Andere Menschen versuchen eher aus
35 Abenteuerlust, ihr Leben in der Fremde neu zu beginnen. Einige bleiben und werden heimisch, andere gehen zurück in ihre alte Heimat. Auch in Deutschland leben Menschen, die aus den verschiedensten
40 Ländern eingewandert sind. Im Jahr 2022 hatte mehr als ein Viertel der Deutschen einen »Migrationshintergrund«.

1 Barbaren: Das Wort bedeutete ursprünglich so viel wie »Stammler«. Die Griechen bezeichneten die nicht Griechisch Sprechenden als Barbaren.

88

NACHERZÄHLT ›› **Eine Koloniegründung**

Der Geschichtsschreiber Herodot lebte um 450 v. Chr. In seinem Werk »Historien« berichtete er von einem Ereignis, das sich mehr als 200 Jahre zuvor auf der Insel Thera, heute Santorin, abgespielt haben soll. Hier ist es nacherzählt:

Als der König von Thera eines Tages das Heiligtum des Gottes Apollon in Delphi besuchte, erhielt er einen überraschenden Orakelspruch: Es wurde ihm befohlen, eine Kolonie in Libyen zu gründen. Doch als er mit seinen Begleitern wieder heim-
5 gekehrt war, ließen sie den Orakelspruch auf sich beruhen, zumal sie nicht wussten, wo Libyen liegt. Bald aber brach eine Trockenzeit an. Sieben Jahre lang gab es keinen Regen auf Thera, und die Menschen hungerten. In dieser Notlage wandten sie sich noch einmal an das Orakel. Es erinnerte sie an die
10 alte Anweisung.

Zum Glück fanden die Theraier einen Mann, der Libyen kann-te. Mit ihm erkundeten sie eine vorgelagerte Insel und melde-ten das Ergebnis nach Hause. Dort wurde beschlossen, dass aus allen sieben Gemeinden Theras je einer von zwei Brüdern
15 mit seiner Familie auswandern sollte.

Mit zwei großen Schiffen legten die Auswanderer ab. Sie fanden aber keinen geeigneten Siedlungsort und kamen bald wieder zurück. Doch die auf Thera Gebliebenen schossen auf die Heimkehrenden und ließen sie nicht an Land! Sie muss-
20 ten zurückfahren. Notgedrungen errichteten sie eine kleine Siedlung auf einer Insel vor der libyschen Küste: Platea. Hier lebten sie nun, doch nach zwei Jahren ging es ihnen noch immer nicht gut. Daher beschlossen sie, alle zusammen nach Delphi zu fahren und das Orakel erneut zu befragen. Es sagte:
25 »Wenn ihr, ohne es gesehen zu haben, das herdenreiche Libyen besser als ich kennt, muss ich eure Weisheit bewun-dern.«

Da verließen sie Platea und zogen weiter an die libysche Küs-te. An einem Fluss in der Nähe eines Höhenzuges fanden sie
30 einen geeigneten Ort. Dort lebten sie sechs Jahre. Im siebten Jahr zeigten die Libyer ihnen einen noch schöneren Platz, wo sie Kyrene gründeten. Kyrene wuchs schnell und wurde zu einer bedeutenden antiken Polis. Noch heute ist die Region, in der sie lag, nach ihr benannt: Kyrenaika. ‹‹‹

(Erzählt nach: Herodot: Historien, Buch 4, 150–158)

Unter diesem Web-code kannst du dir den Text anhören.

WES-117710-025

M 2 Ein Mann sucht Rat beim Orakel von Delphi (Bild auf einer Tonschale). In Delphi befand sich der wichtigste Tempelbezirk des Landes. Viele Menschen besuchten ihn, wenn sie vor schwierigen Entscheidungen standen. Sie baten die dortige Priesterin um eine Weissagung, den Orakelspruch. Die Priesterin sprach allerdings oft in Rätseln.

2. a) Beschreibe die Karte M 1.
   b) Finde mithilfe der Karte hinten im Buch die heutigen Namen der Gebiete, in denen die Griechen sich ansiedelten.

3. Arbeite aus dem Text auf Seite 88 (Z. 1–13) die Gründe heraus, aus denen Griechen ihre Heimat verließen.

4. a) Lies den Text »Eine Koloniegrün-dung« oder höre ihn dir an. Suche die Orte Thera, Delphi und Kyrene auf der Karte M 1 und gib wieder, wovon die Erzählung handelt.
   b) Stell dir vor, du wärst selbst bei der Auswanderung dabeigewesen. Ent-wickle mit einer Partnerin oder einem Partner einen Dialog über eure Erwar-tungen und Gefühle.
   ↦ **Tipp:** S. 177

5. Erkundigt euch bei Bekannten oder berichtet aus eigener Erfahrung darüber, wie es ist, die Heimat zu verlassen. Was lassen Auswandernde zurück? Worauf hoffen sie?

Reich und mächtig: die Polis Athen

M1 Athenische Silbermünze. Zu erkennen sind:
– eine Eule (als Symbol für die Weisheit Athenes),
– der Zweig eines Olivenbaums und
– die drei Anfangsbuchstaben des Wortes »Athen«.

Jeden Tag besuchen viele Menschen das alte Zentrum von Athen, die Akropolis, um die Ruinen der ↦ antiken Bauwerke zu bestaunen. Im 5. Jahrhundert v. Chr.
5 wurden sie reich ausgestaltet. Athen galt damals als eine der schönsten, bedeutendsten und reichsten ↦ Poleis im gesamten Mittelmeerraum. In der Stadt lebten auch viele Menschen, die
10 aus anderen Ländern kamen. Die Polis umfasste aber nicht nur den Stadtbereich, sondern auch die umliegende eher ländlich geprägte Landschaft Attika.

Der Aufstieg Athens

Athen war allerdings nicht immer reich
15 gewesen. Es hatte Zeiten großer Armut, Missernten und Unruhen gegeben. Noch um das Jahr 500 v. Chr. waren griechische Poleis, unter ihnen Athen, in einen Krieg mit dem Persischen Großreich geraten. Die
20 Perser waren militärisch weit überlegen.

Doch in einer Seeschlacht nahe Athen gelang es den Griechen, sie zu besiegen. Dazu hatte die starke Flotte der Athener entscheidend beigetragen. Nach dem
25 Sieg über die Perser traten daher viele griechische Poleis einem Bündnis mit Athen bei, dem »Attischen Seebund«. Sie wollten auch in Zukunft den Schutz der starken athenischen Flotte erhalten und
30 waren bereit, dafür Abgaben an Athen zu entrichten.

Diese Abgaben trugen dazu bei, dass Athen sich im 5. Jahrhundert auch zur führenden See- und Handelsmacht ent-
35 wickelte. Über den Seeweg kamen begehrte Waren in die Polis, und wertvolle Produkte wurden ausgeführt. Der Reichtum Athens wurde vor allem an eindrucksvollen Bauwerken deutlich, die ganz unterschied-
40 liche Funktionen hatten. M2 gibt einen Eindruck davon.

M2 (rechts) Rekonstruktion des antiken Athen:
① Die Akropolis ist das alte Stadtzentrum und liegt auf einem Hügel. Bis heute gilt sie als Wahrzeichen Athens.
② Über die große Eingangshalle, die »Propyläen«, kommt man zum heiligen Bezirk.
③ Der Parthenontempel wurde nach dem Sieg über die Perser zu Ehren der Göttin Athene gebaut.
④ Die Agora ist der zentrale Fest-, Versammlungs- und Marktplatz Athens.
⑤ In einer großen Säulenhalle sind viele Geschäfte untergebracht, denn die Agora hat sich zu einer Art »Einkaufszentrum« entwickelt.
⑥ An der Agora steht auch der Tempel für Hephaistos, den Gott der Schmiedekunst.
⑦ Das Dionysos-Theater liegt am Hang der Akropolis. Hier werden Theaterstücke zu Ehren des Gottes Dionysos aufgeführt.
⑧ Stadtmauern sollen Athen vor Überfällen schützen.
⑨ Auf dem Hügel Pnyx nahe der Akropolis liegt ein großer Platz mit Rednertribüne. Hier kommen die männlichen ↦ Bürger Athens regelmäßig in der Volksversammlung zusammen und treffen wichtige Entscheidungen für die Polis.

1. Entwirf in der Rolle einer antiken Stadtführerin oder eines Stadtführers eine Tour zu fünf Orten in Athen, die dir besonders interessant erscheinen.

2. Nenne – ausgehend von M2 – Gemeinsamkeiten und Unterschiede zwischen dem antiken Athen und deiner Heimatstadt.

Wer lebte in Athen?

M1 Ein Markttag auf der Agora in Athen, wie ihn sich der Zeichner vorstellte

ZEITREISE ››› Ein Marktbesuch in Athen

Auf der Agora, dem großen Marktplatz von Athen, wimmelt es von Menschen. Unter ihnen ist Timon. Er kommt von der Insel Andros und ist mit Philemon, dem ↦ Sklaven seines
5 Onkels, hier zu Besuch. Philemon erklärt, dass die meisten Einwohner der attischen Polis in der Stadt Athen leben. Für sie bieten die Bauern aus dem Umland hier auf der Agora ihre Waren an: Feigen und Oliven, Wein und Gemü-
10 se. Händler aus fernen Ländern bringen Gewürze und vor allem Getreide. Aber auch die Töpferwaren beeindrucken Timon. Er staunt. Sind die Athener denn so reich, dass sie das alles kaufen können?

15 Philemon muss lachen. Natürlich sind nicht alle Athener reich. Aber seit den Perserkriegen hat Athen wegen seiner großen Flotte die Vorherrschaft über viele griechische Städte. »Auch über Andros, das weißt du doch. Und
20 deshalb fließt von den verbündeten Inseln viel Geld nach Athen. Ausgegeben wird es auch für die prächtigen Gebäude, wie wir sie hier sehen. Viele spezialisierte Handwerker wie Zimmerleute oder Steinmetze kommen
25 von weit her nach Athen, um an ihnen mitzuarbeiten.«

Die Metöken

Timon überlegt. Er würde auch gern Handwerker in Athen oder gar Besitzer einer großen Werkstatt mit hundert Arbeitern werden.
30 Doch Philemon erklärt ihm, dass so große Werkstätten sehr selten sind. »Schau dich um: Viele Handwerker, die du hier siehst, sind gar keine ↦ Bürger Athens, sondern Metöken, das bedeutet: Mitbewohner. Sie sind aus der Frem-
35 de nach Athen gekommen und haben einen kleinen Betrieb gegründet, aber sie sind nicht reich. Metöken müssen Militärdienst leisten und, anders als die Athener, Steuern zahlen. So ginge es ja auch dir, wenn du nach Athen
40 ziehen würdest. Auch politisch beteiligen oder vor Gericht für dich sprechen dürftest du nicht. Das kann nur ein Bürger tun.« — »Und wenn ich ganz reich werde, kann ich dann Athener Bürger werden?«, fragt Timon. — »Deine Kin-
45 der oder deine Enkel, die können das Bürgerrecht erhalten, aber du sicher nicht.«

WES-117710-026

Unter diesem Webcode kannst du dir den Text anhören.

Die Sklaven

In einer Ecke des Marktes ist ein Stand, wo besonderes Gedränge herrscht und laut gebo-
50 *ten wird. Timon läuft aufgeregt hin, Philemon folgt ihm widerwillig. »Was ist denn da los? Philemon, warum kommst du nicht?« —*
»Hier werden Sklaven verkauft, Timon. Ich er-
innere mich daran, wie ich als Kind nach dem verlorenen Krieg der Perser ebenso verkauft
55 *wurde. Dein Onkel hat mich genommen, da habe ich Glück gehabt. Manche Kriegs-*
gefangene wurden aber an Sklavenpächter verkauft, die ihre Sklaven in Bergwerken ar-
beiten lassen. Solche Sklaven machen Athen
60 *reich und müssen doch selbst hungern.«*

Timon hat nie über Sklaven nachgedacht.
Sie sind doch überall: im Haus, auf den Bau-
stellen, in der Landwirtschaft. Sogar als Ordnungshüter arbeiten sie. Häufig machen
65 *sie die harte Arbeit. Er will trotzdem genau schauen und drängelt sich nach vorn. Am Stand wird gerade eine junge Töpferin ange-*
boten. Sie wird teuer verkauft. Aber ihr neuer Besitzer geht zufrieden mit der jungen Frau
70 *davon, denn Fachkräfte werden gesucht.*
Plötzlich begreift Timon, wie man sich fühlen muss, wenn man als Kind in die Sklaverei ver-
kauft wird! Scheu sieht er Philemon von der Seite an. ‹‹‹

M 2 Arbeiter in einer Tongrube oder einem Bergwerk lösen mit Hacken das abzubauende Material von den Wänden. Für Arbeiten wie diese wurden in der griechischen ↦ Antike meist Sklaven eingesetzt. Tontafel, um 580 v. Chr.

M 3 Dies schrieb der griechische Philosoph Aristoteles im 4. Jahrhundert v. Chr. über die Sklaven*:

So ist jedes Besitzstück ein Werkzeug zum Leben. Der gesamte Besitz ist eine Masse solcher Werkzeuge und der Sklave ein lebendiges Besitz-stück. … Manche Lebewesen zeigen schon bei ihrer Geburt so große Unterschiede, dass die einen zum Dienen, die ande-ren zum Herrschen bestimmt erscheinen. Es gibt viele Arten dienender Wesen, z. B. Tiere und Sklaven. Es ist vorteilhafter, über einen Menschen zu herrschen als über ein Tier, denn er leistet mehr.

---

1. Stelle die Lebenssituationen eines freien Bürgers, eines Metöken und eines Sklaven einander gegenüber. Lege dazu eine Tabelle mit drei Spalten an. Schreibe je eine Aussage auf zu:
   a) ihrer rechtlichen Situation,
   b) ihren Pflichten.

2. Erkläre mithilfe der »Zeitreise« sowie M 2 und M 3 die Bedeutung der Skla-ven für Athen.

+ Mache die Rangordnung der Bürger, Metöken und Sklaven in der Polis Athen mit einem Schaubild deutlich. ↦ **Tipp:** S. 177

3. Gestalte eine Sprechblase, in der du Aristoteles aus heutiger Sicht antwor-test.

* Aristoteles: Politik 1253 b ff. zitiert nach: Wihelm Nestle (Hg.): Aristoteles. Hauptwerke, Stuttgart: Kröner 1977, 6. Auflage, S. 290 f. (bearbeitet)

Wie wurde Athen regiert?

WES-117710-027
Unter diesem Web-
code kannst du dir
den Text anhören.

1 Demokratie:
von griechisch
»demos«: Volk
und »kratein«:
herrschen

2 Tagungsgeld: eine
Zahlung, mit der
die Teilnehmenden
dafür entschädigt
werden, dass sie
kein Geld verdienen
können, während
sie an der Tagung
teilnehmen

3 Rat der 500: Er
beriet die einge-
reichten Anträge,
bevor die Volks-
versammlung
stattfand, und
organisierte deren
Ablauf.

ZEITREISE ››› Bei einer Volksversammlung

Es ist das Jahr 432 v. Chr.: Der Bauer Kallias
kommt im Morgengrauen nach Athen. In der
Nähe der Stadt besitzt er ein kleines Stück
Land, auf dem er Oliven, Feigen und Wein
5 anbaut. Was er oder seine Familie nicht selbst
verbrauchen, verkauft er auf dem Markt in
der Stadt. So kann er sich Getreide dazukau-
fen, damit seine Familie genug Brot hat.

Jedes Mal, wenn Kallias in die Stadt kommt,
10 bewundert er die öffentlichen Gebäude und
Tempel auf der Akropolis, die vor Kurzem gebaut worden sind. Sie machen ihn ein wenig
stolz, ein Athener ↦ Bürger zu sein. Stolz ist
er auch darauf, dass es Bürgern wie ihm mög-
15 lich ist, in Athen politisch mitzuwirken. Das
wird er auch heute tun, denn Kallias ist auf
dem Weg zur Volksversammlung. Er ist sich
bewusst, dass diese Versammlung für die
in Athen geltende Herrschaftsform — die
20 ↦ **Demokratie**[1] — eine wichtige Rolle spielt.

Die Regeln der Volksversammlung

Die Sitzung beginnt bereits im Morgengrauen.
Die Volksversammlung tagt vierzig Mal im Jahr
am Fuß des Hügels Pnyx in der Nähe der Akropolis. Sie berät über Krieg und Frieden, über
25 Gesetze für die Athener, über religiöse Feste
und über öffentliche Theaterveranstaltungen.
Bei wichtigen Fragen müssen 6 000 männliche
Bürger anwesend sein, damit die Abstimmung
gültig ist. Die Tagesordnung ist einige Tage
30 vorher überall in der Stadt ausgehängt worden.
Da Kallias nicht lesen kann, musste sie ihm
vorgelesen werden. In der Volksversammlung
hat er, wie alle Bürger, das Recht zu reden.

Beim Betreten der Versammlung wird erst
35 einmal kontrolliert, ob Kallias Athener Bürger
ist. Anschließend erhält er eine Marke, gegen
die er nach der Sitzung sein Tagungsgeld[2]
bekommt.

Die Sitzung beginnt mit Gebeten und Opfer-
40 handlungen: Es wird still. Alle wollen sich der
Hilfe der Götter versichern. Danach hört Kallias
den vorbereiteten Anträgen des Rates der 500[3]
zu.

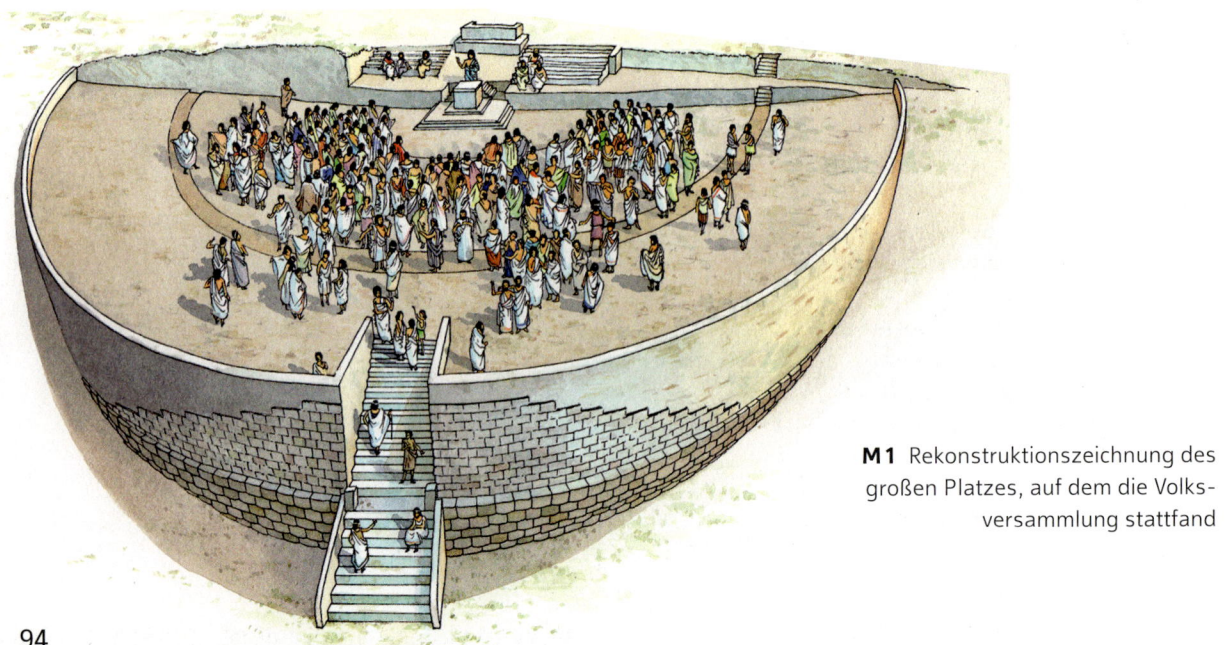

M 1 Rekonstruktionszeichnung des
großen Platzes, auf dem die Volksversammlung stattfand

Die Mitglieder der Volksversammlung können
ihnen entweder zustimmen oder sie ablehnen.
45 Neue Anträge sind in der Volksversammlung
nicht zugelassen, sondern müssen erst im Rat
vorberaten werden.

Kallias' Nachbarn, Bauern wie er, schimpfen
halblaut vor sich hin. Alles sei doch schon
50 vorher entschieden, warum mussten sie
überhaupt in die Stadt kommen? Kallias, der
vor einigen Jahren Mitglied des Rates war,
kann ihnen erklären: »Mitglied des Rates
wird jeder Bürger, <u>wenn ihn das Los trifft</u>. Im
55 Rat sind sowohl Städter als auch Bewohner
des Landes und der Küste vertreten. So lernt
jeder die Probleme der anderen kennen und
jeder kann seine Meinung äußern. Aber wenn
die Tagesordnungspunkte nicht vorher schon
60 besprochen wären, säßen wir heute Abend
noch hier.«

Beraten und entscheiden

Kallias hat auf der Volksversammlung schon
manche heftigen Diskussionen erlebt, z. B. um
die Frage, ob man einen Strategen[4] wieder-
65 wählen sollte: Würde er zu mächtig werden,
wenn er wieder ein Jahr lang den Oberbefehl
über einen Teil des Heeres bekäme? Einmal
musste Kallias sogar mit einer Scherbe (M3)
darüber abstimmen, ob ein Stratege verbannt
70 werden sollte, weil er zu einflussreich geworden war.

Heute gibt es aber keine hitzigen Debatten.
Die Bürger beraten darüber, wie sie die Stadt
mit Getreide versorgen können. In Athen
75 wohnen so viele Menschen, dass die Stadt
auf die Getreidezufuhr von außerhalb ange-
wiesen ist. Der Rat der 500 schlägt vor, mit
Staatsgeldern Getreide hinzuzukaufen, um
Getreideknappheit und einen Preisanstieg zu
80 verhindern. Wie so oft folgt die Mehrheit der
Bürger den Vorschlägen des Rates. ‹‹‹

M2 Mit einer solchen Wasseruhr
wurde die Redezeit gemessen. Jeder
Redner bekam dieselbe Zeit – etwa
sechs Minuten!

M3 Scherbe mit der
Aufschrift »Perikles
[Sohn des] Xanthip-
pos«. Billige Ton-
scherben wurden
beim sogenannten
Scherbengericht
eingesetzt. Mit ihm
konnten unbeliebte
Politiker aus Athen
verbannt werden.

1. Stelle mithilfe des Textes ab Zeile 21
wichtige Regeln zusammen, die für
die Demokratie in Athen galten.
Schreibe heraus, wer was tun darf.
Hebe dabei besonders die Aufgabe
der Volksversammlung hervor.
Orientiere dich an den Unterstrei-
chungen. Beachte auch die Abbildungen.

2. Finde Gründe dafür, dass die Strategen gewählt, die anderen Ämter aber
verlost wurden.
↦ **Tipp:** S. 177

3. Erläutere, wie in Athen sichergestellt
werden sollte, dass viele Bürger an
der Demokratie teilhaben konnten.

4. Diskutiert: Wie trefft ihr Entscheidungen in eurer Klasse?

   Tipp: Berücksichtigt dabei folgende
   Fragen:
   – Welche Rolle spielt der Klassenrat?
   – Vor welchen Herausforderungen
     steht ihr als Klasse?

4 **Stratege:** ein Amt
in Athen. Die Bürger
Athens wählten
zehn Strategen als
militärische Anfüh-
rer der Truppen.

Die athenische Demokratie – ein Vorbild?

M1 Klassenrat in einer 5. Klasse

---

1. Beschreibe M1. Erkennst du einen Zusammenhang zwischen M1 und M1 auf Seite 94?

Mitreden – mitentscheiden – mitgestalten

Als ↦ Bürger von Athen und Mitglied der Volksversammlung konnte Kallias in seiner Heimatstadt politisch mitwirken und mitentscheiden. Auch an der Schule gibt es
5 vielfältige Möglichkeiten für Schülerinnen und Schüler, sich aktiv ins Schulleben einzubringen und Schule mitzugestalten. Sei es
– bei der Planung und Organisation von
10 außerunterrichtlichen Veranstaltungen oder der Durchführung von Projekttagen und Schulfesten,
– als Streitschlichterinnen oder Streitschlichter,
15 – bei der Schülerzeitung,
– bei der Betreuung der Schul-Homepage,
– bei der Entwicklung des Schulprogramms,
– als Ordnungsdienst in der Klasse oder
20 im Klassen- und im Schüler*innenrat.

Als Schülerin oder Schüler kann man aber nicht nur an der eigenen Schule aktiv werden, sondern sich – ganz offiziell – auch mit Schülerinnen und Schülern anderer
25 Schulen über Angelegenheiten austauschen und Beschlüsse fassen, die alle gemeinsam etwas angehen. Denn Beteiligung passiert nicht nur in jeder einzelnen Schule für sich, sondern auch auf der
30 Ebene der Gemeinde bzw. der Stadt und sogar auf der Ebene des Bundeslandes, in dem man zur Schule geht.

① An dieser Versammlung nehmen alle Schülerinnen und Schüler einer Klasse teil. Alle haben die gleichen Rechte und können ihre Meinung sagen.

Gesamtkonferenz/ Schulvorstand

Schülersprecherin/ Schülersprecher

Schüler*innenrat

② Diese Schülerin bzw. dieser Schüler wird von der Klasse gewählt, um die Interessen der Klasse zu vertreten.

Klassensprecherin/ Klassensprecher

Klassenrat

③ Hier kommen Vertreterinnen und Vertreter der Lehrkräfte, der Eltern sowie der Schülerinnen und Schüler zusammen. In diesen Versammlungen entscheiden sie beispielsweise über das Schulprogramm und die Schulordnung.

④ Alle Klassensprecherinnen und -sprecher treffen sich bei dieser Versammlung. Sie haben die gleichen Rechte, diskutieren und entscheiden gemeinsam.
 Aus ihrer Mitte wählen sie auch die Schülersprecherin oder den Schülersprecher der Schule.

⑤ Diese Schülerin bzw. dieser Schüler wird aus der Mitte des Schüler*innenrats gewählt, um die Interessen **aller** Schülerinnen und Schüler der Schule zu vertreten. Das gilt jeweils für ein Schuljahr.

M 2 Möglichkeiten der Mitentscheidung über Schulangelegenheiten

Regeln für das Miteinander

Ob bei Beratungen oder im Alltagsleben: Wo Menschen zusammenkommen, müs-
35 sen sie sich darüber klar sein, wie sie miteinander umgehen sollten. Sie brauchen Regeln. Das war nicht nur im ↦ antiken Athen so, sondern das gilt auch für das Zusammenleben von Schülerinnen und
40 Schülern, Lehrkräften und Eltern an der Schule. Die Regeln, die hier jeweils gelten, sind in der Schulordnung aufgeschrieben. Zusätzlich zu diesen Regeln gibt es aber manchmal auch noch besondere Klas-
45 senregeln. Sie betreffen beispielsweise die Formen, wie miteinander gesprochen und umgegangen werden soll. Denn eine besondere Herausforderung stellt es dar, Themen zu besprechen, bei denen die Teil-
50 nehmenden unterschiedliche Meinungen haben. Gerade in einer Situation, in der gestritten wird, hilft es, wenn vorher allen klar ist, woran sie sich halten müssen.

2. a) Ordne die Begriffe in M 2 den jeweiligen Definitionen auf den blauen Kärtchen zu.
b) Finde Gemeinsamkeiten zwischen der ↦ Demokratie in Athen (S. 94/95) und der Schülervertretung (M 2).
c) Erläutere mithilfe von M 2 die folgende Aussage: »Bei der Schülervertretung lernt man Demokratie.«

+ Sammelt Themen, die ihr gerne im Klassenrat besprechen möchtet.

3. Erstelle eine Liste mit fünf Regeln für den Klassenrat, um auch schwierige Themen, bei denen ihr beispielsweise unterschiedlicher Meinung seid, gut besprechen zu können.

4. Diskutiert: Kann die Demokratie in Athen ein Vorbild für die Schule sein?

5 Regeln für den Klassenrat

Athen – ein kulturelles Zentrum

M1 Angepinnt: Eine Postkarte mit dem Brandenburger Tor in Berlin. Es wurde nach dem Vorbild der Gebäude auf der Akropolis in Athen entworfen.

Im Athen des 5. Jahrhunderts v. Chr. entwickelte sich ein vielfältiges kulturelles Leben. Dazu trugen der Reichtum, aber auch die politische Stabilität der Polis bei. Viele Gebäude, Statuen und Kunstwerke, die damals entstanden, sind bis heute erhalten und gelten als Touristenattraktionen. Für Athenreisende bieten Souvenirläden auch deshalb kleine Nachbildungen der ↦antiken Überreste an – beispielsweise als Kühlschrankmagneten.

IN DER GRUPPE
ein Thema erschließen und ein Plakat gestalten

Die folgenden Seiten geben einen Einblick in unterschiedliche Bereiche der ↦Kultur im antiken Athen. Werdet Expertinnen und Experten für einen von ihnen. Teilt euch dafür in fünf etwa gleich große Gruppen auf und wählt eines der Themen zur Bearbeitung aus.

1. a) Jedes Gruppenmitglied liest den Text und betrachtet die Abbildungen.
   b) Besprecht in eurer Gruppe, was ihr erfahren habt, und notiert dies.
   c) Entscheidet gemeinsam: Was ist wichtig und interessant im Hinblick auf das übergeordnete Thema »Athen – ein kulturelles Zentrum«?

2. Gestaltet ein Plakat zu eurem Thema. Beachtet dazu die Hinweise auf S. 174. Bilder findet ihr unter dem Webcode.

3. Jede Gruppe stellt ihr Plakat vor. Die anderen machen sich Notizen.

4. Wirkt die Kultur Athens bis in unsere Gegenwart? Diskutiert diese Frage und berücksichtigt dabei alle fünf Themen der Gruppenarbeit.
   Oder:
   Erstellt eine Collage mit Bildern aus der heutigen Zeit, die Verbindungen zur Kultur im antiken Athen aufzeigen.

WES-117710-028

Das Theater

M 1 Blick auf das Theater in Epidauros auf der Peloponnes. Heute ist es das am besten erhaltene antike Theater. Es war dem athenischen ähnlich. Hinter der Bühne gab es ein Gebäude, aus dem die Schauspieler auftraten.

M 2 Alle Rollen – auch Frauenrollen – wurden von Männern gespielt. Sie trugen wechselnde Masken wie diese:

Betritt man heute ein griechisches Theater, kann man gut nachempfinden, dass hier große Feste gefeiert wurden. Für die Griechen gehörten sie zum Leben in der Polis.
5 Im Dionysos-Theater in Athen trafen bis zu 14 000 Menschen zusammen, um Aufführungen mit Schauspielern und Chören zu erleben. Der Eintritt war frei, denn wohlhabende Athener bezahlten die Mitwirkenden.
10 Sie hofften, dadurch ihre Beliebtheit in der Polis zu steigern. Zuschauen durften aber nur ↦ Bürger. Frauen waren auf den hinteren Plätzen zugelassen. Was wurde dem Publikum im Theater geboten?

Festspiele zu Ehren eines Gottes

15 Die beeindruckendsten Theatererlebnisse waren sicher die jedes Jahr im Frühling stattfindenden Festspiele zu Ehren von Dionysos, dem Gott des Weines und der Lebensfreude. Drei Tage lang wurden
20 ernste Stücke – Tragödien – aufgeführt. Sie handelten von Menschen, die Unrecht getan hatten und dadurch in großes Elend fielen. Anschließend gab es einen Tag lang Komödien, in denen
25 Alltägliches unterhaltsam und lustig-übertreibend behandelt wurde. Oft wurde dabei über bekannte Persönlichkeiten gespottet. Viele dieser
30 Stücke werden noch heute aufgeführt. Am letzten Tag trug man Gedichte vor. Wie die Tragödien und Komödien sollten auch sie das Publikum zum
35 Nachdenken darüber anregen, wie sich Menschen in schwierigen Situationen verhalten sollten. So war das Theater nicht nur unterhaltsam, sondern zugleich lehrreich und informativ.

40 Am Ende entschieden Preisrichter, wer Sieger sein sollte. Das Publikum konnte aber durch Beifall oder Buhrufe mitbestimmen. Der Gewinner bekam einen Ehrenkranz aus Efeu. Nach einem solchen Sieg war ihm ein
45 hohes Ansehen in der Polis gewiss. – Worin unterscheidet sich das griechische Theater vom heutigen?

Ein großes Fest: die Panathenäen

M1 Ein Schaf wird zum Opferaltar geführt. Er ist rechts zu sehen. Bemalte Holztafel aus dem 6. Jahrhundert v. Chr.

Im Lauf eines Jahres feierten die Athenerinnen und Athener viele Feste. Das prächtigste und größte war das Panathenäen-Fest. Es wurde zu Ehren der Göttin
5 Athene begangen. Als Schutzgöttin der Polis sollte sie nicht nur äußere Feinde Athens abwehren, sondern auch den Frieden zwischen den Menschen in Athen erhalten. Außerdem galt sie als Förderin
10 des Handwerks und der Künste, also wichtiger Wirtschaftszweige der Polis. Daher brachten die Athenerinnen und Athener ihr nun Opfer dar. Alle vier Jahre wurden beim Panathenäen-Fest zudem sportliche und
15 künstlerische Wettkämpfe veranstaltet – ähnlich wie in Olympia.

Der Festumzug als Höhepunkt

Den Höhepunkt der Feierlichkeiten bildete der Festumzug. Bereits in der Nacht davor feierten junge Männer und Frauen mit Lie-
20 dern und Tänzen die Göttin. Im Morgengrauen setzte sich der Zug in Bewegung: An seiner Spitze schritten die höchsten ↦ Beamten der Stadt, hinter ihnen die ↦ Bürger. Ihnen folgten junge Athener in
25 voller Bewaffnung. Mädchen trugen die Opfergeräte. Im Zentrum des Zuges gingen die Frauen. Sie trugen das größte Geschenk für die Göttin: einen neuen Mantel. Diesen hatten sie im zurückliegenden Jahr gemein-
30 sam gewebt. Am Schluss führten ↦ Sklaven die Opfertiere.

Hunderte von Kühen, Schafen und Stieren wurden Athene zu Ehren später geschlachtet! Haut und Knochen wurden auf den
35 Altären verbrannt, aber das Fleisch bekamen die Armen. Der Festumzug endete auf der Akropolis, wo mehrere bunt bemalte Standbilder der Göttin aufgestellt waren. – Welche Bedeutung haben Stadtfeste heute?

M2 Rings um den Hauptraum des Tempels waren Reliefs (↦ S. 78) angebracht, die den Festumzug zeigten. Auf dem Bild links wurde die ursprüngliche Farbigkeit rekonstruiert.

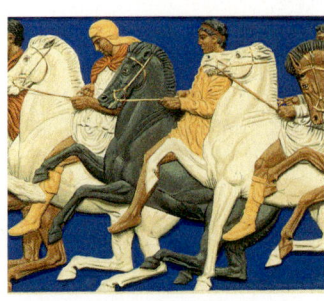

Die Architektur

Während des Krieges gegen die Perser war es den Athenern im Jahr 480 v. Chr. gerade noch rechtzeitig gelungen, einen Großteil der Stadtbevölkerung auf einer nahegele-
5 genen Insel in Sicherheit zu bringen. Kurz darauf verwüsteten und plünderten die Perser die Stadt – auch das alte Zentrum, die Akropolis, blieb nicht verschont. Nach dem Sieg der Griechen über die Perser erholte
10 sich Athen aber bald: Politisch und wirtschaftlich gestärkt entwickelte man Pläne für einen prächtigen Neuaufbau der Polis.

Neben Wohngebäuden, Brunnenanlagen, dem Hafen und der Stadtbefestigung wur-
15 den eindrucksvolle Großbauten geplant. Dazu zählten Theater und vor allem Tempel, denn die Religion einte die Stadtbevölkerung – wie auch in anderen Poleis. Den glanzvollen Mittelpunkt Athens sollte in
20 Zukunft die Akropolis bilden. Das zentrale Gebäude dort war der Parthenontempel, der Athens Schutzgöttin Athene gewidmet war.

Ein Gebäude mit Ausdruck

Wie auch andere griechische Tempel hatte
25 der Parthenontempel eine rechteckige Grundplatte, auf der Säulen standen, die das Dach trugen. Durch die Anordnung und Abstände der Säulen sowie auch durch die Proportionen[1] des Gebäudes
30 ingesamt wollten die Architekten Harmonie und Schönheit zum Ausdruck bringen. Um das zu erreichen, stimmten sie nicht nur die Maße aller Gebäudeteile nach festen Regeln aufeinander ab. Sie veränderten
35 auch die Formen einzelner Elemente, um bestimmte Wirkungen zu erzeugen. So sind die Ecksäulen z. B. dicker als andere, damit sie besonders stabil erscheinen.

Auch für viele öffentliche Gebäude wurde
40 die typische Säulenarchitektur genutzt, nicht nur in der griechischen Antike, sondern später auch in anderen Ländern. – Kennt ihr ähnliche Gebäude in eurer Umgebung?

1 Proportionen: die Verhältnisse von Länge, Breite und Höhe des Bauwerks zueinander

M1 Der Parthenontempel. Computergrafik (Rekonstruktion)

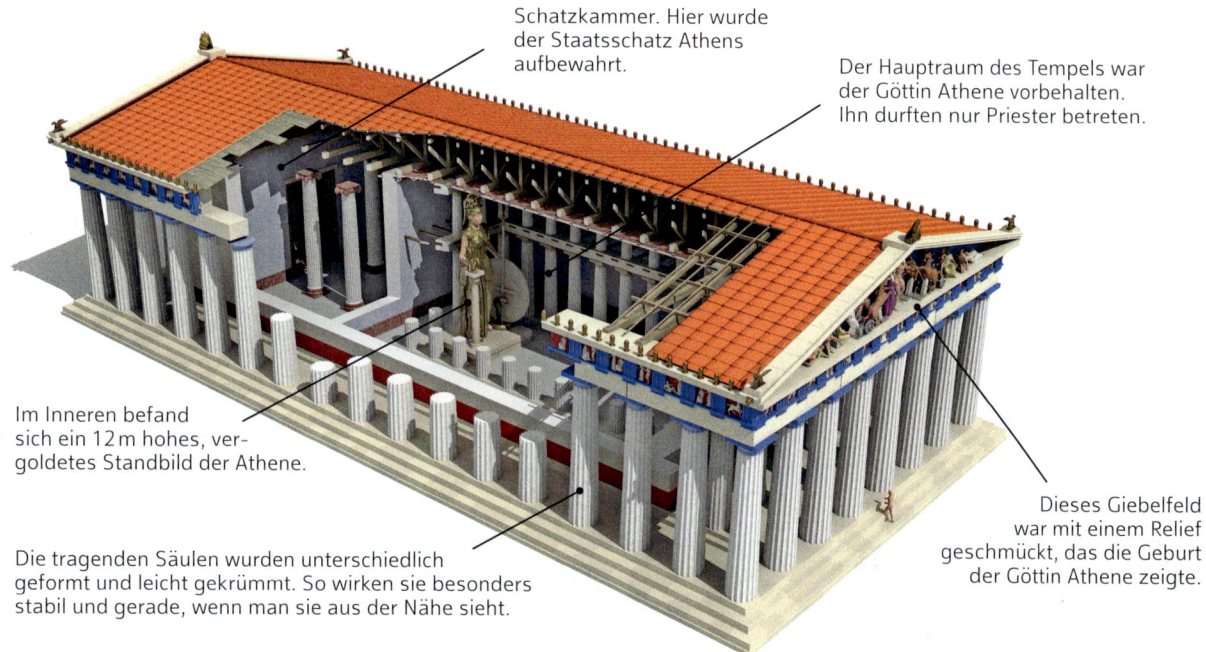

Schatzkammer. Hier wurde der Staatsschatz Athens aufbewahrt.

Der Hauptraum des Tempels war der Göttin Athene vorbehalten. Ihn durften nur Priester betreten.

Im Inneren befand sich ein 12 m hohes, vergoldetes Standbild der Athene.

Die tragenden Säulen wurden unterschiedlich geformt und leicht gekrümmt. So wirken sie besonders stabil und gerade, wenn man sie aus der Nähe sieht.

Dieses Giebelfeld war mit einem Relief geschmückt, das die Geburt der Göttin Athene zeigte.

Griechische Skulpturen

Gestatten, Athene! Allerdings bin ich kein griechisches Original, sondern eine Kopie. Man vermutet, dass ich um 430 v. Chr. von einem Schüler des berühmten Bildhauers Phidias gestaltet wurde. Findet ihr nicht auch, dass er mich besonders menschlich und beweglich wirken ließ? Figuren wie mich schuf man übrigens, um sie in Tempeln aufzustellen.

Wer mich schuf, hat man nicht herausgefunden – aber dies kann ich euch über mich verraten: Ich bin eine Kore – ein Idealbild einer jungen Frau. Bekleidet bin ich mit einem traditionellen Gewand. Um 530 v. Chr. wurde ich aus Marmor gestaltet und auf der Akropolis aufgestellt. »Farblos« war ich aber nicht immer, sondern bunt bemalt wie hier links. Übrigens: Berühmt bin ich für mein rätselhaftes Lächeln.

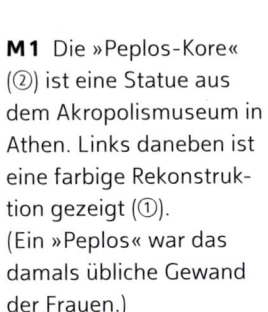

M 1 Die »Peplos-Kore« (②) ist eine Statue aus dem Akropolismuseum in Athen. Links daneben ist eine farbige Rekonstruktion gezeigt (①). (Ein »Peplos« war das damals übliche Gewand der Frauen.)

① ②

M 2 Marmorkopie einer griechischen Athene-Statue. Sie wurde in Rom gefunden.

Noch heute sind Skulpturen[1] aus der Zeit der griechischen Antike erhalten und in unseren Museen zu besichtigen. Viele von ihnen sind aus Marmor. Dieser Stein war 5 besonders hart, sodass Details gut herausgearbeitet werden konnten. Die fertigen Skulpturen wurden mit bunten Farben bemalt – das zeigen feine Farbteilchen, die durch ↦ archäologische Forschungen auf 10 den Fundstücken nachgewiesen wurden.

Bei ihrer Formgebung orientierten sich die Bildhauer in früheren Jahrhunderten an ägyptischen Vorbildern. Erst um das Jahr 500 v. Chr. begannen sie, den mensch- 15 lichen Körper ganz genau zu studieren. In ihren Skulpturen gaben sie ihn seitdem oft in einer Körperhaltung wieder, in der ein Bein als »Standbein« das Gewicht trägt. Das andere Bein ist – als »Spielbein« – 20 dagegen nicht belastet.

Wenn du diese Haltung einmal selbst ausprobierst, merkst du, dass der Körper nun nicht mehr ganz gerade und symmetrisch ist, sondern Hüften und Schultern etwas 25 »kippen«. Wie wirken die abgebildeten Figuren im Vergleich auf euch?

1 Skulpturen: räumliche, also dreidimensionale Bilder

Die Philosophie

»Was ist die Welt und das Universum?«
»Wie sollen wir leben?«
»Was ist der Sinn des Lebens?
»Was ist eine gerechte Regierung?«

5 Fragen wie diese werden immer wieder neu gestellt. Dass sie die Menschen auch im antiken Athen bewegten, zeigen Überlieferungen von Gelehrten, die über gutes Handeln und die richtige Lebensführung nach-
10 dachten. Durch die Philosophie (griech.: »Liebe zur Weisheit«) wollten sie die Welt erklären. Diese Suche nach Erklärungen, die wir mit unserem Verstand begreifen können, ist Grundlage unserer heutigen
15 Wissenschaft.

Sokrates bewegt zum Nachdenken

Vor allem der Philosoph Sokrates, der von 470 bis 399 v. Chr. lebte, beschäftigte sich damit, was gut, richtig und gerecht sei. Er glaubte, dass jeder Mensch mit sei-
20 ner Vernunft zwischen Recht und Unrecht entscheiden könne. Deshalb ging er auf Marktplätze, um mit seinen Mitmenschen zu sprechen und sie zum Nachdenken zu bewegen. Sokrates selbst hat keine schrift-
25 lichen Werke hinterlassen. Seine Schüler haben aber Gespräche, die er führte, aufgeschrieben. Hier sind zwei davon wiedergegeben*. Was könnten die beiden Gesprächspartner wohl erkannt haben?

* Beide Gespräche zitiert nach: Gustav Adolf Süß u. a.: Curriculum Geschichte I. Altertum, Frankfurt: Diesterweg 1975, S. 75

M1 Der junge Philippos trifft Sokrates

Philippos: He, Sokrates!
Sokrates: Guten Tag, Philippos. Wohin gehst du?
Philippos: Zu meinem Lehrer Protagoras! Das ist ein weiser Mann.
5 **Sokrates:** Ein weiser Mann? Warum eigentlich?
Philippos: Hm, er beantwortet alle meine Fragen, Sokrates.
Sokrates: Beantwortet er sie auch richtig?
Philippos: Ja sicher!
10 **Sokrates:** Woher weißt du das?
Philippos: Er selbst sagt es, Sokrates.
Sokrates: Also stimmt es, meinst du!
Philippos: Aber sicher! Oder nicht?
15 **Sokrates:** Ich weiß nicht, Philippos. Lass uns beide darüber nachdenken!

M2 Der Soldat Trasybulos trifft Sokrates

Trasybulos: Guten Morgen, Sokrates!
Sokrates: Guten Morgen, Trasybulos! Gut siehst du aus in deiner Rüstung!
Trasybulos: Ja gewiss, Sokrates. Bin ja auch ein
5 tüchtiger Soldat!
Sokrates: So?
Trasybulos: Na hör mal! Ich habe im Kampf zehn Thebaner totgeschlagen!
Sokrates: Brav, Trasybulos, sehr brav! Denn die
10 Thebaner sind ja doch alle Lumpen!
Trasybulos: Genau das hat unser General auch gesagt, Sokrates.
Sokrates: Und der General der Thebaner hat zu seinen Soldaten gesagt, alle Athener seien
15 Lumpen!
Trasybulos: Aber das stimmt ja nicht! Wir Athener sind keine Lumpen.
Sokrates: Sind denn die Thebaner Lumpen?
Trasybulos: Wie? Meinst du etwa, unser General habe nicht recht?
Sokrates: Ich weiß es nicht. Lass uns das nächste Mal darüber weitersprechen. Ich muss jetzt arbeiten.

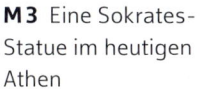

M3 Eine Sokrates-Statue im heutigen Athen

Das Weltreich des Alexander

Ausgerechnet beim Hochzeitsfest seiner Tochter wurde Philipp II., König von Makedonien, ermordet. Sein Sohn Alexander handelte schnell. Er ließ alle Mitbewerber um den Thron umbringen und sich vom Heer und den ↦Adligen – Personen aus vornehmen Familien – zum König ausrufen. Denn in seiner Heimat Makedonien besaßen die Adligen als krie-
5 gerische Anführer großen politischen Einfluss. Demokratisch regierte Poleis gab es hier nicht. Alexander, den man später »den Großen« nannte, führte bald eine große Armee in einen Jahre andauernden Feldzug.

M1 Der Feldzug Alexanders

---

1. Verfolge den Zug Alexanders des Großen auf der Karte M1. Arbeite dabei heraus:
   – Auf welchen Zeitraum bezieht sich die Karte?
   – Welche Entfernungen legte Alexander mit seinen Truppen zurück?
   – Welche heutigen Gebiete sind abgebildet? Suche dazu den Ausschnitt, den M1 zeigt, auf der Karte hinten im Buch.

2. Stelle Vermutungen über Alexander den Großen an.

Herrscher über die Griechen

Schon Alexanders Vater, Philipp II., hatte das makedonische Reich an der Nord-
10 grenze Griechenlands auf Kosten der griechischen Poleis vergrößert. Nachdem es zu Uneinigkeiten zwischen den griechischen Poleis gekommen war, hatte Philipp II. die Gelegenheit genutzt: Mit seinen militärisch
15 geschulten Gefolgsleuten hatte er sich an die Spitze eines griechischen Städtebundes gesetzt. Die meisten der griechischen Poleis erkannten nach seinem Tod Alexander als neuen Herrscher an. Dieser sagte,
20 er wolle die Politik seines Vaters fortsetzen.

Der große Alexanderzug

Mit 18 000 Makedoniern und 14 000 Soldaten aus den griechischen Poleis begann
25 Alexander 334 v. Chr. einen Feldzug gegen
das persische Reich. Er wolle die etwa 150
Jahre zurückliegende Zerstörung Athens
während der Perserkriege rächen, behauptete er. Mit seinem Heer zog er nach
30 Süden. Viele Städte fielen ihm ohne Kampf
zu, sodass die mächtige persische Flotte
am Mittelmeer keine Stützpunkte mehr
besaß. Persische Truppen stellten sich ihm
zum ersten Mal bei Issos entgegen, gaben
35 sich aber bald geschlagen.

Alexander zog weiter nach Süden und ließ
in Ägypten an der Nilmündung eine neue
Stadt erbauen, die er nach sich selbst »Alexandria« nannte. Später gründete er noch
40 dreißig weitere Städte dieses Namens. Die
entscheidende Schlacht schlug Alexander
bei Gaugamela in Mesopotamien. Zwar
waren die Perser zahlenmäßig überlegen,
doch stürzte Alexander sich an der Spitze
45 seiner Reiter ins Kampfgetümmel und riss
seine Soldaten mit. Der persische Großkönig Dareios und seine Truppen gaben auf!
Nun nannte Alexander sich »Großkönig«
und sah sich als Nachfolger des Dareios.

Bis zum Ende

50 Im nächsten Jahr ergänzte Alexander sein
Heer mit Persern und neuen Truppen aus
Griechenland. Dann trieb er seine Soldaten
unter furchtbaren Strapazen und Kämpfen
durch wildes Gelände, Wüsten und Gebirge
55 über 5 000 Kilometer nach Osten bis zum
Fluss Indus. Aber er wollte noch weiter –
zum »Okeanos«, dem Weltmeer und Ende
der damals bekannten Welt.

Seine Soldaten aber zwangen ihn
60 umzukehren. Mit 60 000 Mann
machte er sich auf einen Marsch
durch die Wüste, den am Ende
nur 15 000 Soldaten überlebten.

Alexander selbst starb im
65 Jahr 323 v. Chr. bei den Vor-
bereitungen für die Eroberung
Arabiens an Malaria, einer
gefährlichen Krankheit, die den
Körper durch hohes Fieber und
70 Durchfall schwächt. In der ↦Antike
starben viele Menschen daran –
Alexander mit 33 Jahren. Zu plötzlich war
sein Tod, als dass er einen Nachfolger hätte
bestimmen können. Zunächst bekämpften
75 sich seine Vertrauten und Generäle, bis sie
sich schließlich auf die Gründung dreier
Nachfolgereiche einigten. Diese bestan-
den ungefähr bis 200 v. Chr. In ihnen entwickelte sich eine griechisch geprägte
Lebensweise.

M3 Alexander auf einem Mosaik

> *In kurzer Zeit hat dieser König große Taten vollbracht. Dank seiner eigenen Klugheit und Tapferkeit übertraf er an Größe der Leistungen alle Könige, von denen die Erinnerung weiß. In nur zwölf Jahren hatte er nämlich nicht wenig von Europa und fast ganz Asien unterworfen und damit zu Recht weithin reichenden Ruhm erworben, der ihn den alten Helden und Halbgöttern gleichstellte.*

> *Nicht zufrieden mit dem Zusammenbruch so vieler Städte, die sein Vater Philipp II. besiegt oder gekauft hatte, vernichtet Alexander hier diese, dort jene, und trägt seine Waffen in der ganzen Welt herum. Nirgends macht seine Grausamkeit halt, wie bei wilden Tieren, die mehr zerfleischen, als ihr Hunger verlangt.*

M2 So urteilten der griechische Geschichtsschreiber Diodor (oben) und der römische Philosoph Seneca (unten) später über Alexander.

3. Überprüfe mithilfe des Textes deine
Vermutungen aus Aufgabe 2.

4. a) Vergleiche die beiden Urteile in M 2.
Achte dabei auch auf die Wortwahl.
b) Versuche abschließend, zu einem
eigenen Urteil zu kommen.

+ Mit dem Beinamen »der Große«
wurden anfangs Gottheiten benannt,
z. B. Zeus. Erst später wurde er auf
menschliche Herrscher übertragen.
Diskutiert: Sollte Alexander »der
Große« genannt werden?
↦ **Tipp:** S. 177

* Diodor: Historische
Bibliothek 17, 1, 3 f.
und Seneca: Briefe
94, 62 f. (bearbeitet)

Eine neue »Weltkultur«: der Hellenismus

Die eigene, enge Polis verlassen und in einer von Alexander gegründeten oder eroberten Stadt neu anfangen – diesen Plan fassten um 300 v. Chr. viele Griechen. Durch
5 sie verbreitete sich in den Nachfolgereichen des Alexanderreiches die griechische Sprache und Schrift, denn auch viele Einheimische fingen nun an, Griechisch zu sprechen. Bald prägte die griechische ↦ Kultur
10 die damals bekannte zivilisierte[1] Welt. Weil die Griechen selbst sich »Hellenen« nannten, fand man später für diese Kultur den Namen ↦ **Hellenismus**.

1 zivilisiert: nach herausgebildeten Regeln lebend, auch: gebildet und technisch fortschrittlich, hoch entwickelt

M 1 Rekonstruktionszeichnung des Leuchtturms von Alexandria

Wissenschaftszentrum Alexandria

Alexandria, die von Alexander gegründete
15 Stadt am Nildelta, wurde zur Hauptstadt des Handels zwischen Asien und Europa und zum geistigen Zentrum für die hellenistische Welt. Berühmt war besonders die Bibliothek von Alexandria (S. 70/71):
20 Die größten Gelehrten der damaligen Zeit waren hier versammelt. Sie konnten täglich miteinander diskutieren; sie experimentierten, forschten und unterrichteten. Für ihren Lebensunterhalt sorgte König Ptole-
25 maios, denn sie nützten seinem Ansehen.

Fachleute sammelten dort die Schriften der bekannten Welt und übersetzten sie ins Griechische. Homers Werke sowie auch die athenischen Tragödien und Komödien wur-
30 den aufgeschrieben und auf diese Weise überliefert. Sprachwissenschaftler kommentierten Wortwahl, Grammatik und Stil. Zum ersten Mal legte man ein Verzeichnis der gesammelten Schriften an. Zahlreiche
35 jüdische Gelehrte übersetzten auch das Alte Testament in die neue Weltsprache.

Die Zusammenarbeit der Forschenden förderte auch die Naturwissenschaften: Der Mathematiker und Physiker Archimedes
40 von Syrakus entwickelte neuartige Verteidigungs- und Belagerungsmaschinen sowie ein Schneckengewinde, das in einer Röhre Wasser heben konnte. Eratosthenes von Kyrene errechnete nach langen Sonnen-
45 beobachtungen den Erdumfang und irrte sich dabei um nur 1 Prozent! Heron von Alexandria baute Hebegeräte und experimentierte mit Dampfkraft und Luftdruck (M 2).

i › ‹ **Als Weltwunder** wurde der Leuchtturm bestaunt, der um 290 v. Chr. auf einer Insel vor der Hafeneinfahrt von Alexandria errichtet wurde. »Leuchtturm« heißt auf Griechisch »Pharos«, und die Insel wurde ebenso genannt.
  Der Turm war 140 Meter hoch. Geschickt angeordnete Prismengläser spiegelten eine kleine, im Inneren des Turmes brennende Flamme so, dass sie weithin leuchtete. (Auch in Kaleidoskopen werden Prismen eingesetzt, ↦ kleines Foto.) Im Jahr 1303 zerstörte ein Erdbeben den Turm.

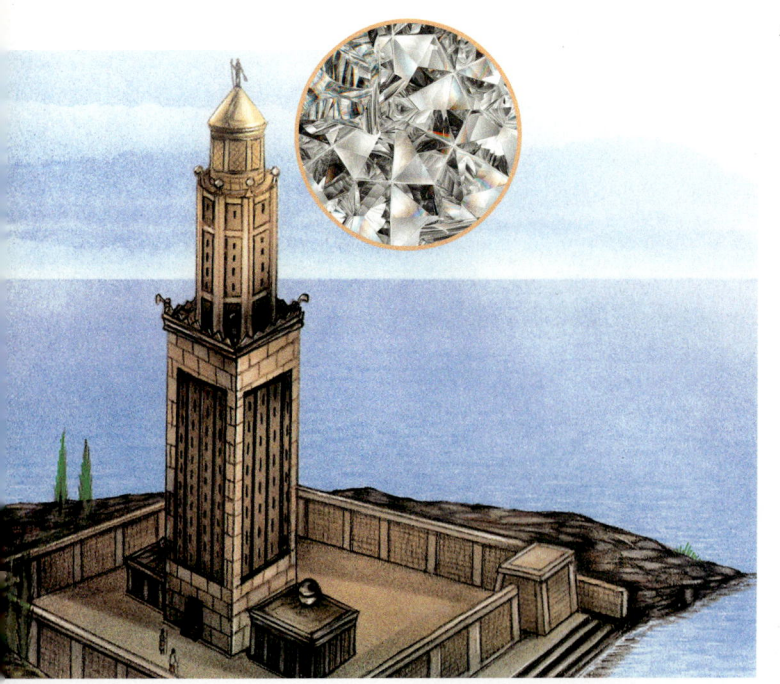

M 2 Der Mathematiker und Mechaniker Heron entwickelte einen Mechanismus, mit dem sich Tempeltüren wie von selbst öffneten. Dafür nutzte er die Entdeckung, dass sich erwärmte Luft ausdehnt und dadurch Druck erzeugt.

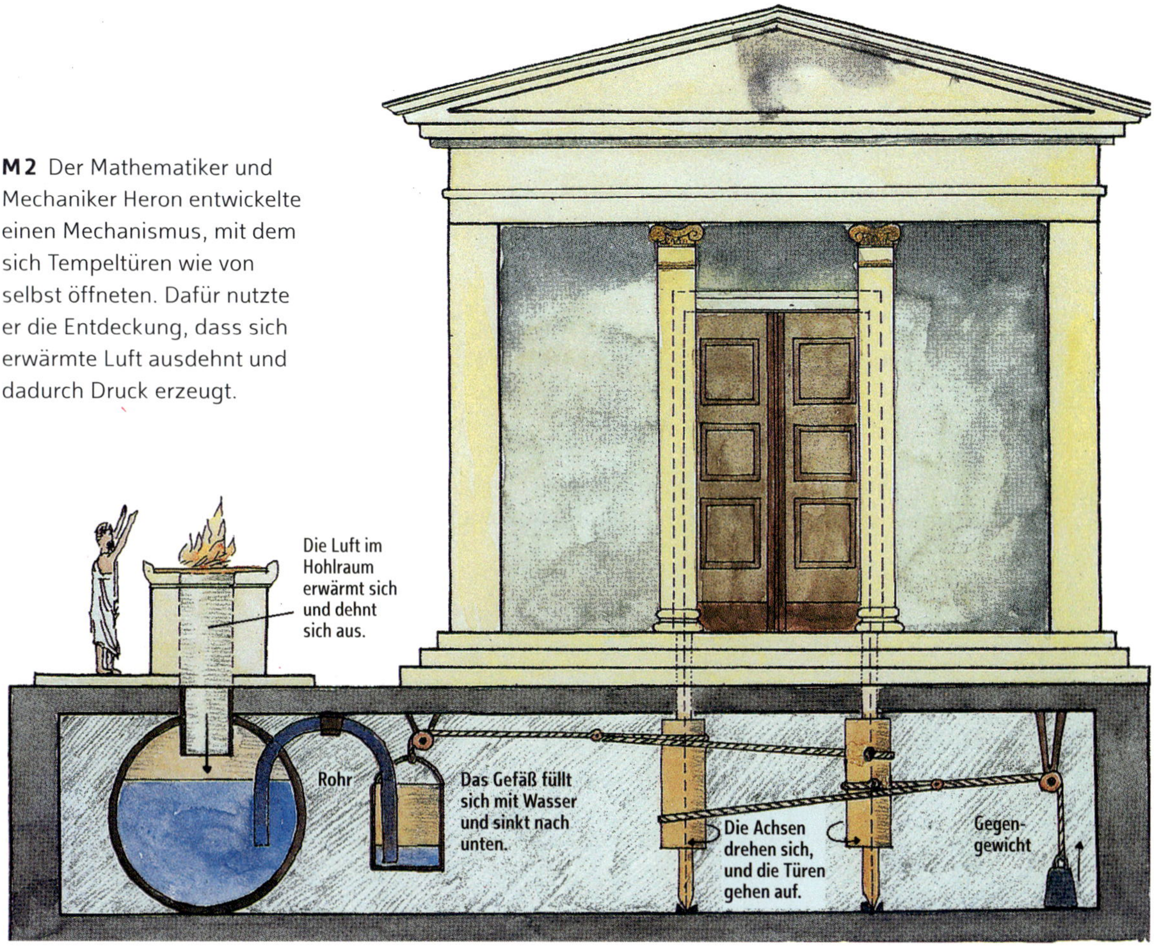

Die Luft im Hohlraum erwärmt sich und dehnt sich aus.

Rohr

Das Gefäß füllt sich mit Wasser und sinkt nach unten.

Die Achsen drehen sich, und die Türen gehen auf.

Gegengewicht

Die Kultur des Hellenismus blieb etwa tau-
50 send Jahre bedeutend – bis ins Mittelalter. Selbst die römischen Eroberungen hatten auf die Lebensweise der Menschen in dem Gebiet wenig Einfluss. Die griechische Sprache blieb hier vorherrschend; von der
55 Sprache der neuen Machthaber, dem Latei-nischen, wurde sie nicht verdrängt.

Erst nachdem das Gebiet im 7. Jahrhundert n. Chr. von arabischen Muslimen erobert worden war, entwickelte sich hier eine neue
60 Kultur, die vom Islam geprägt war.

1. Beschreibe, wie der Türmechanismus (M 2) funktioniert. Überlege, wozu Priester die Maschine nutzen konnten.

+ Erstellt zu zweit einen Kurzvortrag von einer Minute zu einem der drei folgenden Themen:
– »Der Leuchtturm von Pharos«,
– »Der Wissenschaftler Archimedes«,
– »Der Wissenschaftler Eratosthenes«.
Informiert euch unter dem Webcode WES-117710-029.

2. Besprecht in der Klasse die Bedeu-tung der griechischen Sprache in der hellenistischen Welt. Welche Sprachen haben in unserer Zeit eine vergleich-bare Rolle wie das Griechische in der damaligen Zeit?

WES-117710-029

Wenn du die vorangegangenen Seiten bearbeitet hast, solltest du folgende Aufgaben lösen bzw. Fragen beantworten können. Schreibe die Lösungen in dein Heft. Ob du richtigliegst, erfährst du auf Seite 171.

1. Erkläre, was den Griechen ein Gefühl der Zusammengehörigkeit verschaffte, obwohl sie in Siedlungen lebten, die durch Gebirge oder das Meer getrennt waren.

2. Erkläre, um welche Götter es sich bei den beiden in M 1 gezeigten Darstellungen handelt. Begründe deine Entscheidung.

3. Nenne Unterschiede zwischen heutigen und ↦ antiken Olympischen Spielen.

4. Heute ist Athen die Hauptstadt ganz Griechenlands. Beurteile, ob Athen auch in der Antike die griechische Hauptstadt war.

5. Untersuche die Textquelle M 2.
   a) Bestimme die Entstehungszeit des Textes und benenne sein Thema. Wer ist der Verfasser?
   b) Gib jetzt die Meinung des Redners mit eigenen Worten wieder.
   c) Begründe nun, warum ↦ Historikerinnen und Historiker davon ausgehen, dass der Redner von Athen spricht.

M 1 Zwei griechische Gottheiten

M 2 Die ↦ Bürger und die Politik

Der Geschichtsschreiber Thukydides lebte im 5. Jahrhundert v. Chr. Er überlieferte eine Rede, die ein Politiker seiner Zeit gehalten hat. Hier ist ein Auszug wiedergegeben:

In unserer Polis entscheidet nicht die Zugehörigkeit zu einer bestimmten Schicht über politischen Erfolg, sondern nur die persönliche Tüchtigkeit.

5   Armut oder bescheidene Herkunft ist für einen leistungsfähigen Bürger kein Hindernis, um ein politisches Amt zu bekommen. Wir halten uns an die Gesetze und gehorchen der jeweiligen Regierung [...].

10   Wer dem politischen Leben fernsteht, ist für uns nicht ein stiller Bürger, sondern ein schlechter.

Wiedergegeben nach: Thukydides: Peloponnesischer Krieg 2, 37 u. 40 (bearbeitet)

Die Welt der Griechen

Anders als im weitläufigen ägyptischen Nildelta, wo viele Menschen zusammenarbeiteten und eine übergeordnete ↦Verwaltung entstand, entwickelte sich in der zerklüfteten griechischen Landschaft kein einheitliches Reich. Hier bildeten sich viele voneinander
5 unabhängige Stadtstaaten, Poleis (Einzahl: **Polis**), heraus. Eine Polis war nicht größer als eine heutige Kleinstadt und hatte ein Zentrum mit Marktplatz, Regierungsgebäuden, Theatern, Schulen und Tempeln; auch Ackerflächen gehörten dazu. In der Zeit der ↦**Kolonisation** (ca. 750–550 v. Chr.) gründeten Griechen weitere
10 Stadtstaaten an vielen Küsten des Mittelmeeres.

Dennoch einte die Griechen der Glaube an gemeinsame **Gottheiten und Mythen**, wie sie der Dichter Homer beispielsweise in der »Ilias« überliefert hatte. Auch hatten die Griechen eine gemeinsame Sprache und Schrift. Alle vier Jahre feierten Menschen aus allen
15 griechischen Poleis Wettkämpfe und Spiele zu Ehren des höchsten griechischen Gottes Zeus: die **Olympischen Spiele**.

Im 5. Jahrhundert v. Chr. wurde Athen zur mächtigsten und reichsten griechischen Polis: Es beherrschte viele Inseln der Ägäis. In der Stadt entwickelte sich eine besondere ↦**Kultur**. Es
20 entstanden prächtige Bauwerke wie z. B. der Parthenontempel. Handwerker produzierten kunstvolle Vasen, Dichter schrieben Theaterstücke, die noch heute gespielt werden; es entstand die Philosophie. Damals war die Staatsform in Athen die ↦**Demokratie**, die Volksherrschaft. Allerdings durften nur Männer,
25 die ↦Bürger Athens waren, die Stadt mitregieren. Frauen hatten kein Stimmrecht, ebenso wenig die Metöken (»Mitbewohner«, die von außerhalb nach Athen gezogen waren) und ↦Sklaven.

Im Norden Griechenlands liegt Makedonien. Hier gab es keine demokratisch regierten Poleis. Seit 334 v. Chr. gelang es dem
30 makedonischen Herrscher Alexander, genannt »der Große«, das persische Großreich zu unterwerfen. Die griechische Lebensweise breitete sich weit aus. Man spricht von ↦**Hellenismus**.

ZEITTAFEL

› **776 v. Chr.** Textquellen berichten, dass erstmals die Olympischen Spiele stattfanden.

› **um 750 v. Chr.** Der Dichter Homer schreibt Versgedichte über den Kampf um Troja, die „Ilias", und über den Helden Odysseus, die „Odyssee", auf.

› **um 750 – 550 v. Chr.** Die Griechen gründen Poleis an den Küsten des Mittelmeeres.

› **5. Jahrhundert v. Chr.** Das demokratisch regierte Athen wird zur mächtigsten und reichsten griechischen Polis. Wichtige Großbauten, Kunstwerke und Theaterstücke entstehen.

› **seit 334 v. Chr.** Alexander der Große erobert das Perserreich; die griechische Lebensweise verbreitet sich im Mittelmeerraum (Hellenismus).

M1 Malerei auf einer griechischen Trinkschale, 5. Jahrhundert v. Chr.

Der Philosoph Konfuzius

> *Wer lernt, aber nicht denkt, ist verloren.*
> *Wer denkt, aber nicht lernt, ist in Gefahr.*

> *Dummheit ist nicht, wenig zu wissen,*
> *auch nicht, wenig wissen zu wollen,*
> *Dummheit ist glauben, genug zu wissen.*

> *Wahres Wissen bedeutet, das Ausmaß*
> *der eigenen Unwissenheit zu kennen.*

M1 Überlieferte chinesische Weisheiten*

Ziemlich knifflig, diese Aussagen. Kannst du sie in eigenen Worten wiedergeben? Sie stammen von dem chinesischen Philosophen Kong Fuzi. Das bedeutet »Mei-
5 ster Kong«. Weltweit gilt er als einer der großen »Lehrer der Menschheit«. Bei uns sind seine Aussprüche als »Weisheiten des Konfuzius« bekannt. In China haben seine Vorstellungen darüber, wie die Menschen
10 leben und miteinander umgehen sollten, das Denken der Menschen über Jahrhunderte bestimmt und wirken bis heute nach.

M2 Dieses gedruckte Bild des Konfuzius wurde im 9. Jahrhundert in China verbreitet.

Wer war Konfuzius?

Gelebt hat Konfuzius von 551 bis 479 v. Chr., zu einer Zeit, in der es in China viele
15 Kriege und Auseinandersetzungen gab. Verschiedene Völker des Reiches und auch einzelne Heerführer rangen Jahrhunderte hindurch um die Herrschaft.

Wie kann aus einer Situation, in der jeder
20 gegen jeden zu kämpfen scheint, eine neue, stabile Ordnung entstehen? Dieser Frage widmete sich Konfuzius.

Mit seinen Lehren wollte er den Menschen Werte vermitteln, an die sie glauben und an
25 denen sie sich orientieren können, damit ein stabiler Staat entstehen kann. Schon als junger Mann gründete er deshalb eine Schule. Viele Schüler aus allen Schichten der Bevölkerung suchten ihn auf, um seine
30 Lehre kennenzulernen. Später übernahm Konfuzius mehrere hohe politische Ämter, um den Staat mitzugestalten.

Die Lehren des Konfuzius wurden anfangs von seinen Schülern als Redensarten über-

*Weisheiten des Konfuzius, übersetzt wiedergegeben nach: Helena Motoh: The Master Said: Confucius as a Quote, in: Asian Studies 8.23,2, 2019, S. 291

35 liefert und erst etwa 100 Jahre nach seinem Tod aufgeschrieben. Im alten China waren sie bald so bedeutend, dass Gelehrte sie Wort für Wort auswendig kennen mussten.

Die Vorstellungen des Konfuzius

Aus den Texten wird deutlich, dass Kon-
40 fuzius davon ausging, dass die Menschen grundsätzlich gut sind. Sie bleiben gut, wenn man sie gut behandelt, meinte er. Damit Menschen ein gutes Zusammenleben erreichen, forderte er sie auf, mit-
45 menschlich und gerecht zu denken und zu handeln.

Die Grundlage dafür sollte schon in der Familie gelegt werden: Für Kinder sah er die Pflicht, ihre Eltern zu respektieren. Von
50 den Eltern wiederum erwartete er, ihren Kindern gegenüber verantwortungsbewusst zu sein. Dieses Verhalten sollte auf alle Bereiche der ↦ Gesellschaft übertragen werden, z. B. auf das Verhältnis von Vorge-
55 setzten und Untergebenen.

Als wichtiges Element, mit dem das gute Zusammenleben gefestigt werden kann, verstand Konfuzius feierliche Handlungen. Solche Handlungen werden als Riten
60 bezeichnet (Einzahl: Ritus).

Dabei geht es ihm zum einen um öffentliche Riten. Auch wir kennen sie – z. B. die Taufe im Bereich der Religion. Zu den öffentlichen staatlichen Riten, die bei uns
65 gepflegt werden, gehören z. B. Kranzniederlegungen an Gedenktagen. Im alten China hat diese Art der Riten aber eine tiefere Bedeutung: Konfuzius meinte, dass durch sie eine Ordnung zwischen allem,
70 was existiert – Himmel, Natur, Menschen und Dingen –, hergestellt wird. Jede Ausübung der Riten stellt diese Ordnung neu her und macht den Menschen klar, was für sie wichtig ist und woran sie sich orientie-
75 ren sollen. Nach der Vorstellung der alten Chinesen verkörperte der Herrscher diese Ordnung.

Zum anderen sollten Riten aber auch im Verhältnis von Menschen untereinander
80 beachtet werden. Würden wir hier vielleicht von bestimmten Formen der Höflichkeit sprechen?

ZUM NACHDENKEN

– Überlege, wo du heute Riten begegnest wie z. B. die Begrüßung vor dem Unterricht. Bilde dir eine Meinung, ob du sie sinnvoll findest.

– Konfuzius gilt als ein »Lehrer der Menschheit«. Wer gehört noch dazu?

M 3 Schülerinnen und Schüler beten mit ihren Eltern vor einer Konfuzius-Statue in der chinesischen Stadt Nantong. Das Foto wurde kurz vor dem Beginn der nationalen Hochschulzugangsprüfung im Jahr 2016 aufgenommen. Das Abschneiden bei dieser Prüfung hat für Jugendliche in China große Bedeutung.

Das Römische Reich

Ägyptische Hochkultur

Griechische Antike

Römische Antike

Der Hadrianswall: Grenz-
befestigung im Norden der
↦ Provinz Britannien

Der Limes, Grenzbefestigung in der
Provinz Obergermanien (Modell)

Eine römische Wasser-
leitung in Südfrankreich
(Provinz Gallien)

Römisches Relief in Österreich (Provinz Noricum)

Rom

Ruinen des Forum Romanum

Römisches Mosaik
bei Valencia (Provinz
Hispanien)

Wandmalerei in
Pompeji

Römisches Theater in Leptis
Magna (Provinz Africa)

0   500   1000 km

Dieses Foto entstand bei einem »Römer-Festival«. Es zeigt Teile des rekonstruierten Gepäcks eines Soldaten – vom Kochtopf bis zur Sandale. In der historischen Forschung werden die Schuhe der Soldaten als wichtiger Baustein ihrer erfolgreichen Eroberungen gesehen.

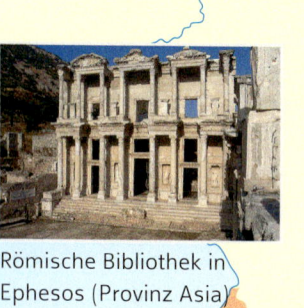

Römische Bibliothek in Ephesos (Provinz Asia)

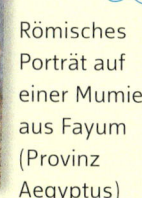

Römisches Porträt auf einer Mumie aus Fayum (Provinz Aegyptus)

Auf den folgenden Seiten erfährst du,

– wie es die zu Anfang unbedeutende Stadt Rom schaffte, ein riesiges Reich zu erobern und zu beherrschen.
– wie sich die Regierungsform in Rom im Lauf von mehreren Jahrhunderten wandelte.
– auf welche Weise die Menschen in der Hauptstadt Rom lebten und ihre Freizeit verbrachten.
– dass die Römer das Leben in den von ihnen eroberten Gebieten auf vielfältige Weise prägten.

Außerdem übst du,

– mithilfe von Mindmaps geschichtliche Informationen aus Texten zu strukturieren.
– in Expertengruppen zu arbeiten und dabei Rückmeldungen zu geben sowie anzunehmen.
– historische Ereignisse in einem Zeitstrahl anzuordnen.
– im Internet mithilfe geeigneter Suchmaschinen nach passenden Informationen zu suchen.
– geschichtliche Vorgänge aus damaliger und heutiger Perspektive zu beurteilen.

Rom – wie fing es an?

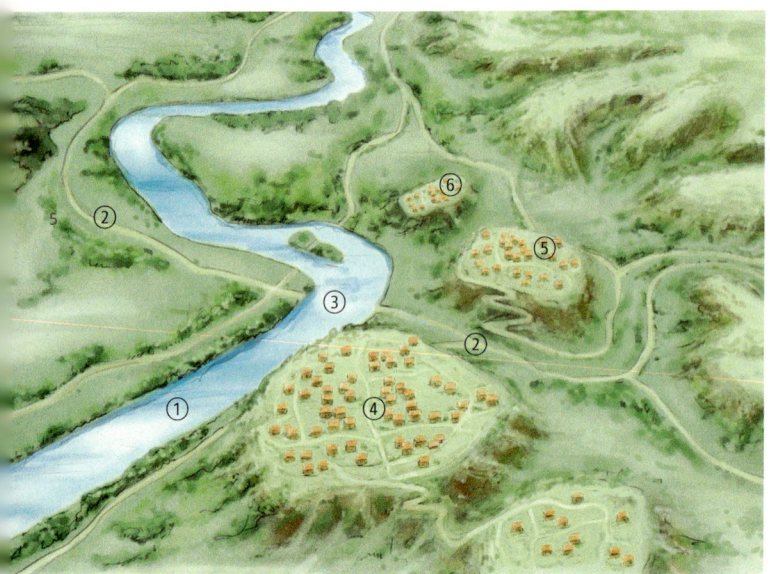

M 1 Rekonstruktionszeichnung der Landschaft, in der Rom entstand ① der Tiber, ② ein wichtiger Handelsweg, ③ eine Furt (eine flache Stelle im Fluss, die man überqueren kann), ④ der Hügel Aventin, ⑤ der Hügel Palatin, ⑥ der Hügel Kapitol

Die Anfänge aus historischer Sicht

Der Fluss war für die dort lebenden Menschen wichtig, denn er konnte für Warentransporte genutzt und an einer Stelle
15 leicht überquert werden. Wohl deshalb eroberten Etrusker, ein Volk, das im Norden viele Städte beherrschte, die Siedlungen. Sie schlossen sie zusammen und nannten den neuen Ort »Ruma« – Rom.

20 Von der etruskischen Lebensweise haben die Menschen in Rom viel übernommen: Sie lernten beispielsweise, wie man Sümpfe entwässert und Frischwasserleitungen
25 baut, wie man aus Bronze Werkzeuge und Kunstwerke herstellt. Und sie übernahmen das etruskische Alphabet. Auch die Götter und Göttinnen, an die die Menschen in Rom glaubten, gehen auf die etruskische Göt-
30 terwelt zurück. Diese war der griechischen sehr ähnlich (S. 81).

Der Herrschaft der etruskischen Könige wollten sich die Römerinnen und Römer
35 aber auf Dauer nicht unterordnen. Etwa um 500 v. Chr. vertrieben sie den letzten etruskischen König.

Was römische Eltern späterer Zeiten ihren Kindern von den Etruskern erzählten, kön-
40 nen wir nicht wissen. Sicher ist aber, dass in römischen Familien eine Sage über die Ursprünge Roms von Generation zu Generation überliefert wurde. Darin spielen vor allem Gottheiten eine wichtige Rolle.

»753 – Rom schlüpft aus dem Ei.« – Hast du diesen Merksatz schon gehört? Allerdings ist er nicht ganz richtig. Denn ↦ archäolo-
5 gische Grabungen haben gezeigt, dass es schon um 1000 v. Chr. eine erste Siedlung auf einem Hügel am Fluss Tiber gab, die später zur Stadt Rom gehörte. Dort müssen Hirten- oder Bauernfamilien gelebt haben.
10 In den folgenden Jahrhunderten entstanden weitere Siedlungen auf Hügeln in der Nähe.

---

1. Erkläre anhand der Rekonstruktionszeichnung M 1, weshalb die dargestellte Gegend für die Entwicklung einer Stadt geeignet war.

2. Die Etrusker werden manchmal als Vorbilder der Römer bezeichnet. Erkläre dies mithilfe des Textes.

3. Lies die Sage oder höre sie dir an.
a) Nenne die Stellen in der Sage, bei denen sich das Mitwirken von Göttinnen und Göttern zeigt.
b) Begründe, warum denen, die diese Sage weitererzählten, die göttliche Herkunft wichtig war.
→ **Tipp:** S. 177

NACHERZÄHLT ››› Die Sage vom Ursprung Roms

Alle Römerinnen und Römer kannten die Sage vom Ursprung ihrer Stadt. Schon Kinder konnten sie erzählen, so oft hatten sie sie von ihren Eltern oder Lehrern gehört:

WES-117710-030

Unter diesem Webcode kannst du dir den Text anhören.

Die ältesten unserer Vorfahren stammen gar nicht aus Italien, sondern aus Troja! Denn als die Griechen Troja eroberten, konnte Aeneas, ein trojanischer Prinz, mit einigen Gefährten
5 fliehen. Dabei half ihm Aphrodite. Es heißt, dass diese Göttin, die bei uns Venus genannt wird, seine Mutter war. Nach langen Irrfahrten landeten die Flüchtenden in Italien an der Mündung unseres Flusses, dem Tiber. Dort er-
10 kämpften sie sich Land und ließen sich nieder. Nachdem sie Frieden mit den Besiegten geschlossen hatten, heiratete Aeneas die Tochter des unterworfenen Königs. Ihre Nachkommen gründeten eine Stadt ganz in unserer Nähe.

15 Viele Generationen später wollte dort der Königssohn Amulius die rechtmäßige Herrschaft seines älteren Bruders nicht hinnehmen. Er vertrieb ihn, tötete dessen Sohn und zwang dessen Tochter Rhea Silvia, Priesterin
20 zu werden. Denn als Priesterin, so meinte er, würde sie keine Kinder haben, die später selbst Könige werden wollten. Aber Rhea Silvia wurde trotzdem schwanger, und zwar von unserem Kriegsgott Mars. Sie bekam
25 Zwillinge, Romulus und Remus.

Amulius wollte die Kleinen von einem Diener im Tiber ertränken lassen, weil sie die rechtmäßigen Thronerben waren. Sein Diener hatte aber Mitleid mit den Kindern und setzte sie
30 in einem Weidenkorb auf dem Fluss aus. Doch wieder kam göttliche Hilfe: Der Korb blieb an der Wurzel eines Feigenbaums hängen, genau unterhalb eines unserer Hügel. Eine Wölfin hörte die Kinder wimmern. Sie brachte sie ans
35 Ufer und ließ sie an sich saugen. Bald darauf entdeckte sie ein Hirte, der sie zu sich nahm und gemeinsam mit seiner Frau aufzog.

Als Erwachsene erfuhren Romulus und Remus von ihrer Herkunft. Daraufhin töteten sie
40 Amulius und setzten ihren Großvater wieder als König ein. Sie selbst gründeten auf einem Hügel am Fluss Tiber eine neue Stadt, in der sie leben wollten. Doch wer von beiden sollte sie regieren? Romulus und Remus vereinbar-
45 ten: Wer mehr Adler in einer bestimmten Zeit erblickte als der andere, sollte König werden. Remus entdeckte sechs, Romulus aber zwölf. Also übernahm er die Herrschaft und nannte die Stadt »Rom«.

50 Als Remus sich eines Tages über Romulus lustig machte, kam es zu einem heftigen Streit. Voller Wut tötete Romulus seinen Bruder. Das bereute er später sehr und stellte neben seinen Thron einen zweiten, der an Remus erinnern
55 sollte.

Romulus wollte, dass die Römer an seinen Entscheidungen mitwirken. Er berief Volksversammlungen ein und holte sich Rat bei den erfahrensten Männern, den Senatoren. Sie und
69 das Volk haben großen Einfluss bei uns. ‹‹‹

M2 Die »Kapitolinische Wölfin«, Rom, Kapitolinisches Museum. Dieses berühmte Bild der Wölfin stammt nicht aus Roms Frühzeit, sondern wurde erst im Mittelalter geschaffen.

Vom Dorf zum Weltreich

M1 Die Entwicklung des Römischen Reiches über ungefähr 900 Jahre

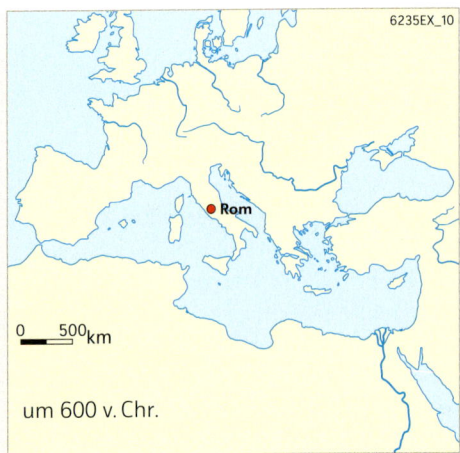

um 600 v. Chr.

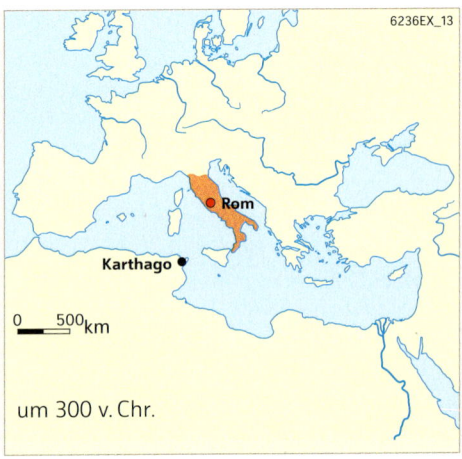

um 300 v. Chr.

1. Sieh dir die in M1 dargestellte Entwicklung an und benenne mithilfe der Karte vorn im Buch, auf welche heutigen Staatsgebiete sich das Gebiet der Römer ausdehnte.

2. Arbeitet aus dem Darstellungstext arbeitsteilig zu zweit heraus,
   – wie es den Römern gelang, ganz Italien zu unterwerfen (»Phase 1«),
   – wie sie zu ihrer ersten ↦ **Provinz**[1] kamen (»Phase 2«).

1 Provinz: von den Römern erobertes Gebiet, das nach der Eroberung von römischen Beamten verwaltet wurde

2 Einen Film über die Sandalen der römischen Soldaten kannst du hier abrufen:

WES-117710-031

Unter diesem Webcode findet ihr Bilder für euer Referat:

WES-117710-032

Phase 1: Herrschaft über Italien

Anfangs war das Gebiet Roms ungefähr so groß wie eine griechische Polis. Es erstreckte sich auf etwa 30 km². Gegen Feinde aus der Umgebung wurde es von
5 gut ausgebildeten Soldaten geschützt. Vor allem ihretwegen war Rom bald bei anderen Städten als Bündnispartner begehrt. In zahlreichen Kriegszügen gelang es römischen Truppen, Gebietsgewinne
10 zu machen. Sie führten dazu, dass Rom immer mächtiger wurde. Im Jahr 272 v. Chr. beherrschte es fast ganz Italien, wo damals etwa drei Millionen Menschen lebten.

Nur wenn die Römer hartnäckigen Widerstand der Besiegten befürchteten, besetz-
15 ten sie die eroberten Gebiete. Mit den meisten besiegten Städten und Volksgruppen schlossen sie dagegen Verträge. In ihnen wurde unter anderem festgelegt, dass die
20 Unterworfenen Rom im Kriegsfall unterstützen mussten – auch mit Soldaten. Dafür durften sie ihre Angelegenheiten aber weiterhin eigenständig regeln.

Phase 2: Der Mittelmeerraum

Als der »Stiefel« römisch geworden war,
25 geriet Rom in einen Konflikt mit Karthago, einer reichen Handelsstadt an der Küste des heutigen Tunesien. Karthago beherrschte als Seemacht das westliche Mittelmeer. Es hatte zahlreiche Toch-
30 terstädte, auch auf Sizilien, das an das Römische Reich angrenzte. Beide – Rom und Karthago – fürchteten, eine zu starke Macht in unmittelbarer Nachbarschaft zu haben.

35 Die Römer bauten nun eine Kriegsflotte auf. Mit ihr wurden auch sie zu einer starken Seemacht, und sie führten zwei Kriege gegen Karthago. Es gelang ihnen, Karthago zu besiegen und Teile des kartha-

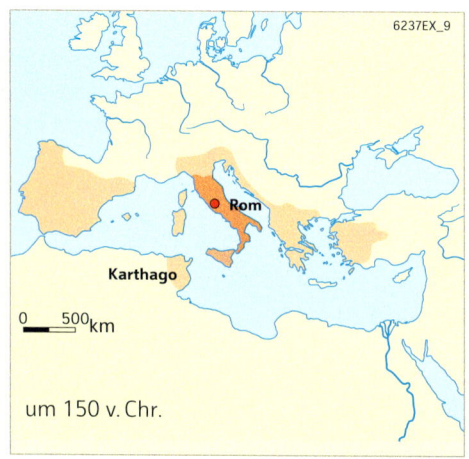

6237EX_9

Rom

Karthago

0 500 km

um 150 v. Chr.

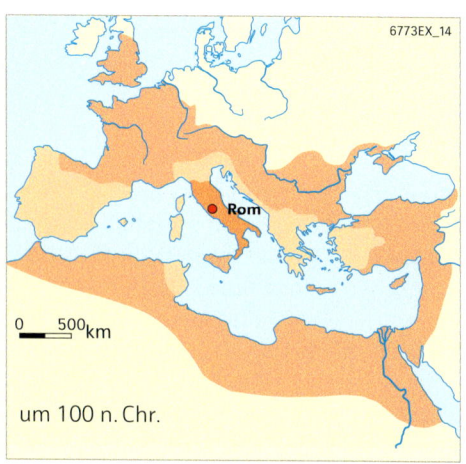

6773EX_14

Rom

0 500 km

um 100 n. Chr.

40 gischen Herrschaftsgebiets zu römischen
Provinzen1 zu machen. Nach und nach eroberten römische Truppen weitere Gebiete
ums Mittelmeer. Um 117 n. Chr. war das
Mittelmeer vom ↦ **Imperium Romanum**,
45 dem Römischen Reich, umschlossen: Es
umfasste fast zu dieser Zeit 60 Provinzen –
vom heutigen England bis Nordafrika.

Wie ist der römische Erfolg zu erklären?

In römischer Zeit glaubten viele, Rom sei
50 deshalb so mächtig, weil die Götter es so
wollten. Heutige ↦ Historikerinnen und
Historiker sehen andere Gründe. Sie fragen
z. B. danach,
– welche Rolle die Ausbildung des Heeres
55 und Kampftaktiken spielten,
– wie es den Römern gelang, die Besiegten
dauerhaft zu unterwerfen und
– welche Rolle technische Leistungen für
den Erfolg gespielt haben könnten.

60 Dabei fanden sie z. B. heraus, dass schon
die Sandalen, mit denen die römischen
Fußtruppen bei ihren Feldzügen riesige
Entfernungen zurücklegen mussten, ein
Wunderwerk der Technik waren.[2]

IN DER GRUPPE
ein Kurzreferat erstellen

Auf den folgenden Seiten erfahrt ihr mehr über Gründe für den Erfolg der Römer. Werdet Expert/innen für eines der nachfolgenden Themen. Teilt euch dazu in sechs etwa gleich große Gruppen auf. Jedes Thema wird von zwei Gruppen bearbeitet.

1. a) Lest den Text und betrachtet die Abbildungen in Einzelarbeit. Macht euch klar, worum es geht.
   b) Besprecht in der Gruppe, was ihr erfahren habt.
   c) Verteilt die Aufgaben 1 und 2 untereinander und findet möglichst viel über euer Thema heraus.
   d) Berichtet den anderen in eurer Gruppe über eure Erkenntnisse. Entscheidet gemeinsam, was wichtig und interessant ist, und schreibt dazu Stichworte auf.
   e) Bearbeitet Aufgabe 3 zusammen.

2. Bereitet mithilfe der Hinweise auf S. 175 ein **Kurzreferat** vor. Bilder zu euren Themen findet ihr unter dem Webcode WES-117710-032.

3. Erstellt am Ende mit der ganzen Klasse eine **Mindmap** (S. 174, M 2) an der Tafel. Jede Gruppe macht Vorschläge für die Begriffe, die auf die einzelnen »Arme« aufgenommen werden.

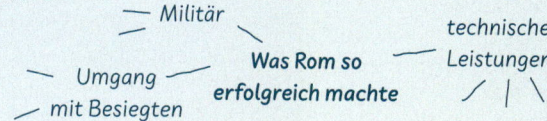

Militär

technische Leistungen

Was Rom so erfolgreich machte

Umgang mit Besiegten

Das römische Militär

Römische Schlachtordnungen

Die römische Armee bestand aus Legionen mit jeweils 4 000 bis 6 000 Soldaten. In der Anfangszeit des Römischen Reiches musste jeder männliche Einwohner des
5 vom 18. bis zum 46. Lebensjahr bei Bedarf Militärdienst leisten. Später wurde aus der römischen Armee eine Berufsarmee. Als das Reich seine größte Ausdehnung hatte, umfasste sie bis zu 30 Legionen.

10 Anfangs kämpften die Soldaten in Formationen, die »Phalanx«, »Walze«, hießen. Die Soldaten marschierten dabei in mehreren langen Reihen hintereinander und versuchten, den Gegner »niederzuwalzen«.

15 Bald aber entwickelten die Feldherren[1] eine andere Schlachtordnung, die sogenannte »Manipularordnung« (M 1): Darin wurden 120 bis 160 Soldaten zu Einheiten zusammengefasst und wie auf einem Schachbrett
20 aufgestellt. Durch die Lücken konnten Soldaten aus den vorderen Reihen, die verwundet waren oder ihre Waffen verloren hatten, zurückweichen. Sie wurden dann von vorrückenden Kämpfern aus den hin-
25 teren Reihen ersetzt. Damit machten es die römischen Truppen dem Gegner unmöglich, größere Lücken in ihre Schlachtreihe zu reißen.

... und römische Disziplin

Sehr wichtig war den Römern die Disziplin
30 ihrer Soldaten. Es gab harte Strafen für das Fehlverhalten von Einzelnen oder ganzen Einheiten. Wer einen Befehl verweigerte, konnte sogar mit dem Tod bestraft werden. Hatte eine Truppeneinheit ihre Aufgaben
35 nicht erfüllt, gab man ihr zur Strafe minderwertiges Essen.

Andere Maßnahmen sollten die Motivation der Legionäre fördern. So lebten sie während der Kriegszüge in Zeltgemeinschaf-
40 ten von jeweils acht bis zehn Soldaten, die auch gemeinsam kämpften.

1 Feldherr: Heerführer, Oberbefehlshaber im Krieg

M 1 Römische Soldaten in Manipularordnung

M2 Kampftaktiken im Vergleich

Der griechische Geschichtsschreiber Polybios beschreibt einen Kampf zwischen Römern und Makedonen, der im Jahr 168 v. Chr. stattgefunden hat:

Was ist nun der Grund, dass die Römer siegen, und was ist es, das die Makedonen, die die Phalanx anwenden, unterliegen lässt? [...]

5 Für die Phalanx gibt es nur eine gute Gelegenheit und nur eine Art von Gelände, in dem sich ihre Vorzüge voll auswirken können. [...] Die Phalanx braucht ebenes Gelände, das außerdem kein Hindernis auf-
10 weist – wie Gräben, Schluchten, Felsspitzen und Wasserläufe. Denn all das kann eine solche Formation durcheinanderbringen und aufreißen. [...]

Die Römer dagegen machen ihre
15 Schlachtreihen nicht gleich stark und setzen nicht alle Truppen einem Frontalangriff der Phalanx aus. Nur ein Teil ihrer Streitkräfte schlägt sich mit dem Feind, während der andere Teil in Reserve bleibt. Wenn nun
20 die Phalanx den ihr gegenüberstehenden Feind durch ihren Ansturm zurückdrängt [...], ist ihre Ordnung zerstört.

Die Römer können dann in die Stellung des Feindes einrücken. Sie brauchen nun
25 nicht mehr von vorn anzugreifen, sondern können durch eine seitliche Bewegung der gegnerischen Phalanx in die Flanke oder in den Rücken fallen.

Polybios: Geschichte Bd. 6, Buch 18, 31 f. Hgg. von Adolf Haakh. Berlin: Langenscheidt 1913 (bearbeitet)

M3 Die Rekonstruktionszeichnung veranschaulicht Erkenntnisse, die über die Ausrüstung der römischen Soldaten gewonnen wurden. Das Gewicht der Ausrüstung, die sie auf ihren langen Fußmärschen trugen, wird auf mehr als 25 kg geschätzt. Dazu gehörten:
- Schutzkleidung: ① Schild, ② Helm, ③ Brustpanzer
- Waffen, hier: ④ Wurfspeere, ⑤ Kurzschwert
- Versorgung: ⑥ Rucksack mit Verpflegung, ⑦ Kochgeschirr, ⑧ Wolldecke
- Werkzeug: ⑨ Hacke
- Schuhwerk: ⑩ Schnürsandalen

---

1. Beschreibt die Mittel, mit denen die Römer die Disziplin ihrer Soldaten zu erreichen versuchten.

2. a) Stellt anhand des Darstellungstextes, M1 und M2 die Unterschiede der beiden beschriebenen Kampftechniken heraus.

b) Begründet die Überlegenheit der römischen Kriegsführung gegenüber derjenigen der Makedonen.

3. Beurteilt: Welche Bedeutung hatten die militärische Disziplin und die Kampftechnik der Römer für die Ausdehnung ihres Reiches?

Die Römer als Sieger

M 1 Wenn eine römische Armee einen großen Sieg errungen hatte, wurde ihr ein Triumphzug durch Rom gewährt. Ihre Kriegsgefangenen führte sie mit sich. Der hier gezeigte Triumphzug wurde von dem Franzosen Albert Uderzo für »Asterix in Spanien« gezeichnet. Im Comic lässt sich sogar der Gefangene von der Begeisterung der Menge mitreißen.

»Gerechte Kriege«?

Die Römer traten häufig als Angreifer und Eroberer auf. Dennoch bemühten sie sich, ihre Kriege als »gerechte Kriege« darzustellen. Über einen Priester ließen sie den Gegnern ihre Forderungen übermitteln.
5 Wurde nicht darauf eingegangen, griffen sie an. Einen Sieg nahmen sie als Beweis dafür, dass sie die Götter auf ihrer Seite hatten und der Krieg daher »gerecht« gewesen sei.

10 So begründeten sie ihre Kriegszüge nicht nur vor sich selbst und gegenüber der eigenen Bevölkerung, sondern auch gegenüber Gegnern und Besiegten sowie anderen benachbarten Volksgruppen. Weil
15 die Römer glaubten, mit Unterstützung der Götter im Krieg zu siegen, waren sie auch überzeugt, frei über die Behandlung der Besiegten entscheiden zu dürfen.

Herrschen mit geringem Aufwand?

Schon um das Jahr 270 v. Chr. hatten rö-
20 mische Truppen Gebiete erobert, in denen mehrere Millionen Menschen lebten. Wie gelang es Rom, über eine so große Zahl Besiegter zu herrschen und Aufstände zu verhindern?

25 Die Herrschaft der Römer ist nicht mit der eines ägyptischen Pharaos zu vergleichen, der mit einer großen ↦ Verwaltung und einheitlichen Gesetzen regierte, die im ganzen Reich galten. Im Gegenteil: Die Römer ver-
30 suchten, ihre Macht über besiegte Städte und Volksgruppen mit möglichst geringem Aufwand zu sichern. Mit den meisten Unterworfenen schlossen sie deshalb Verträge. Diese regelten unter anderem,
35 ob die Unterworfenen ihre alten Gesetze behalten durften. Auch wurde darin festgelegt, dass die Besiegten Rom im Kriegsfall unterstützen mussten – mit Soldaten, aber auch mit Lebensmitteln. So wuchs
40 auch das römische Heer immer weiter an: ↦ Historikerinnen und Historiker schätzen, dass Rom im Jahr 225 v. Chr. über 270 000 eigene Soldaten verfügte. Hinzu kamen noch einmal etwa 500 000 Soldaten aus
45 den besiegten Gebieten.

Nur wenn die Römer von den Unterworfenen Gegenwehr befürchteten, legten sie Militärstützpunkte im eroberten Gebiet an und blieben als Besatzer dort. Doch auch
50 wenn die römischen Truppen die Städte der Besiegten bestehen ließen, plünderten die Soldaten in der Regel die Häuser der Bewohnerinnen und Bewohner und erbeuteten Wertgegenstände. Dies verstanden
55 sie nicht als Unrecht, sondern als Lohn für ihren Kriegseinsatz. Denn bis zum 1. Jahrhundert v. Chr. erhielten die römischen Kämpfer keinen Sold, also keine Bezahlung, die ihren Lebensunterhalt sicherte.

> *Die Römer brachten ihr Reich zur größten Ausdehnung durch die überaus anständige Behandlung der Unterworfenen [...]. Denn während die Besiegten mit der härtesten Bestrafung rechneten, hielten sich die siegreichen Römer ihren früheren Feinden gegenüber zurück und behandelten sie nicht härter als nötig. Ihre große Milde war der Grund, dass sich ganze Völker aus freiem Willen der römischen Herrschaft unterstellten.*

M2 Das war die Meinung des aus Sizilien stammenden griechischen Geschichtsschreibers Diodor im 1. Jahrhundert v. Chr.*

> *Für die Römer gibt es seit eh und je einen einzigen Anlass, mit allen Völkern und Königen Krieg zu führen: ihre unermessliche Gier nach Macht und Reichtum [...]. Sie besitzen nichts, was nicht geraubt wäre: Haus und Frauen, Ländereien und Macht. [...] Mit diesem Verhalten werden sie alles vernichten oder selbst zugrunde gehen.*

M3 Dies schrieb ein von den Römern vertriebener Fürst im 1. Jahrhundert v. Chr. in einem Brief.*

M4 Reliefs mit Triumphzügen wie dieses wurden im Römischen Reich verbreitet und an vielen Häusern angebracht, um die Erfolge der römischen Armee hervorzuheben.

* Quellenangaben
↦ S. 169

1. Arbeitet aus dem Darstellungstext heraus,
   a) womit die Römer begründeten, über die Behandlung Unterworfener bestimmen zu dürfen, und
   b) wie sie als Sieger die Unterworfenen behandelten.

2. Arbeitet aus M2 und M3 heraus, wie die römische Herrschaft jeweils beurteilt wird.

a) Schreibt zunächst wichtige Begriffe aus den Texten heraus:

Diodor	Fürst (nach Sallust)

b) Erklärt, wie die Urteile begründet werden.

3. Beurteilt: Welche Bedeutung hatte der Umgang der Römer mit den Besiegten für die Ausdehnung ihres Reiches und für die Sicherung ihrer Macht?

Technische Leistungen

Fortschritt überall?

In Zeiten, in denen es weder Internet noch Telefon gab, mussten Menschen weit reisen, um ein großes Reich verwalten zu können. Schon früh begannen die Römer
5 daher, befestigte Straßen in ihrem Reich zu bauen. Diese waren mit großen Pflastersteinen bedeckt, sodass man bei gutem Wetter und in flachem Gelände mit einem Reisewagen bis zu 120 km am Tag zurück-
10 legen konnte. Forschungen haben gezeigt, dass die von den Römern angelegten Straßen eine Gesamtlänge von etwa 80 000 km haben. Zum Vergleich: Der Weg einmal um die Erde ist nur halb so lang!

Um das Überqueren größerer Flüsse oder
15 Täler zu ermöglichen, wurden sogar Steinbrücken errichtet. Dafür mussten im Fluss Pfeiler verankert und Rundbögen gemauert werden. Wo die Römer hinkamen, sorgten sie auch dafür, dass in den größeren Siedlungen und Städten fließendes Wasser und genug Getreide zur Verfügung stand. Für die Wasserversorgung bauten sie steinerne Wasserleitungen, sogenannte **Aquädukte**. Und große Mühlen sicherten die Versorgung der Menschen mit Brot.

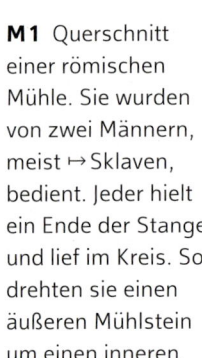

M1 Querschnitt einer römischen Mühle. Sie wurden von zwei Männern, meist ↦Sklaven, bedient. Jeder hielt ein Ende der Stange und lief im Kreis. So drehten sie einen äußeren Mühlstein um einen inneren.

1. Entfernungen bewältigen

Beim Bau einer Straße wurde zuerst der Straßenverlauf mit Stangen abgesteckt. Dann legten Arbeiter auf beiden Seiten Gräben an und setzten Randsteine.
5 Zwischen diesen Begrenzungen wurde anschließend ein tiefer Graben ausgehoben und mit Lagen verschieden grober Steine wieder aufgefüllt. Diese Steinlagen sorgten für einen stabilen Grund. Die
10 obere Lage bestand aus großen, flachen Steinen, die zu einem gleichmäßigen Pflaster zusammengefügt waren. Damit Regenwasser zu den Seiten hin abfließen konnte, wurden die Straßen zur Mitte hin
15 leicht gewölbt angelegt.

M2 Die Via Appia in der Nähe von Rom. Foto, 2010

M3 Der Aufbau einer Römerstraße

1. Erstellt Steckbriefe zu den Beispielen 1 bis 3. Geht ein auf Materialien, Vorgehen und Nutzen.

2. Erklärt, welche dieser Techniken wir bis heute in ähnlicher Form nutzen.

3. Beurteilt: Welche Bedeutung hatten die technischen Leistungen der Römer für die Ausdehnung ihres Reiches und die Sicherung ihrer Macht?

2. Über einen Fluss? Kein Problem!

Um eine solche Brücke zu bauen, fügten die Arbeiter zuerst zugespitzte Eichenstämme dicht an dicht zusammen, sodass sie einen Hohlraum umschlossen. Die entstandene
5 Form wurde mit Lehm abgedichtet und ins Flussbett getrieben. Danach pumpte man aus ihrem Inneren das Flusswasser ab. Nun konnten die Arbeiter in dem Hohlraum den steinernen Pfeiler bauen. Wenn
10 zwei Pfeiler fertig waren, zimmerte man ein hölzernes Bogengerüst zwischen ihnen. Maurer belegten es mit keilförmigen Steinen. Nachdem der letzte Stein eingefügt war, wurde das Gerüst für den nächsten
15 Bogen verwendet.

3. Immer frisches Wasser

Aquädukte waren rechteckige, etwa 1,80 m hohe und 1,20 m breite Steinkanäle. Sie wurden mit wasserundurchlässigem Zement ausgegossen und abgedichtet.
5 Durch sie wurde Wasser aus oft weit entfernt liegenden Gebirgsregionen in die Städte geleitet. Landvermesser und Baumeister ermittelten, wie ein Aquädukt durch hügeliges Gelände geführt werden musste.
10 Wichtig war, dass die Neigung stimmte: Denn das Wasser durfte auf seinem langen Weg nicht aufhören zu fließen. – Und warum bauten die Römer ihre Wasserleitungen auf hohen Bogenkonstruktionen?
15 Wasserdiebe sollten keine Chance haben. Vor allem aber war die Höhe ein guter Schutz vor Vergiftung.

M4 Die um 10 n. Chr. errichtete Brücke von Alcántara im Südosten Spaniens gilt als eine der am besten erhaltenen Römerbrücken.

M6 Das römische Aquädukt in der spanischen Stadt Segovia nahe Madrid auf einem Foto aus dem Jahr 2015

① Wasserquelle mit Zulauf
② unterirdisch verlaufender Kanal und Wartungsschächte
③ Auffangbecken zur Regulierung der Wassermenge
④ oberirdischer geschlosser Kanal
⑤ Verteilerbecken (Zisterne) in der Stadt

M5 Eine Bogenkonstruktion

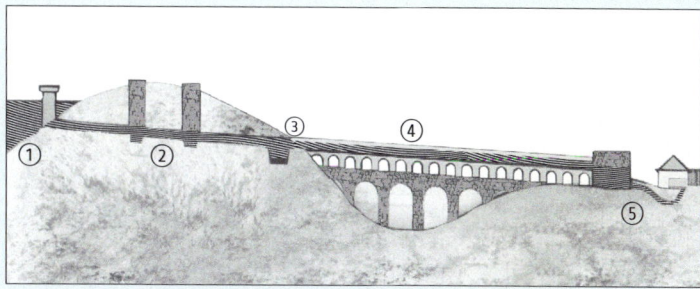

M7 Die Neigung des Kanals

Die römische Familia

M 1 Die Familia eines vornehmen Römers (Schaubild):
① Pater familias,
② Frau und Kinder des Pater familias,
③ erwachsener Sohn des Pater familias mit Ehefrau und Kindern,
④ Haussklaven,
⑤ Feldsklaven,
⑥ ↦ Klienten

Mehr als Familie: die Familia

Die Römerinnen und Römer lebten in Gemeinschaften, die sie **Familia** nannten. Eine Familia war meist größer als Familien heute; sie umfasste oft mehr als zwanzig
5 Personen. Denn auch die Ehefrauen und Kinder der Söhne sowie ↦ Sklavinnen und Sklaven[1] gehörten zu ihr. Nach römischem Recht wurde die Familia vom Hausvater, dem **Pater familias**, geführt. Nur er hatte
10 die unumschränkte Macht über alle Mitglieder der Familia:

– Er konnte Strafen verhängen, in Extremfällen sogar die Todesstrafe.
– Er begutachtete die Neugeborenen und
15 nahm sie in die Familie auf. Das konnte er auch ablehnen, was aber fast nie vorkam.
– Er sorgte für die Erziehung der Jungen und bestimmte, wen seine Kinder heirateten.
20 – In allen Fragen des Besitzes lag die Entscheidung bei ihm.
Eine ↦ Gesellschaft, in der Väter eine solch herausragende Stellung haben, wird als ↦ **Patriarchat** bezeichnet.

Frauen in der Familia

25 In der Familia war die Ehefrau des Pater familias, die Matrona, für den Haushalt und für die Erziehung der Kleinkinder und der heranwachsenden Mädchen zuständig. Wie in Athen waren auch in Rom die Frauen
30 den Männern klar untergeordnet – zuerst ihren Vätern, später ihren Ehemännern. Auch wenn ein Pater familias seine Frau aus der Familie verstoßen wollte, musste sie sich fügen. Wenn der Mann sich von
35 seiner Ehefrau trennte, bekam sie aber den gesamten Besitz zurück, den ihre Eltern ihr in die Ehe mitgegeben hatten.

Nicht nur Pater, auch Patron

An der Spitze der römischen Gesellschaft standen wenige ↦ Adlige[2]. Sie wurden
40 ↦ **Patrizier** genannt. Ihnen stand die große Mehrzahl der sogenannten ↦ **Plebejer** (»Menge«) gegenüber. Die meisten Plebejer waren Kleinbauern, Handwerker und Händler. Geriet ein Plebejer mit seiner Familia in
45 eine Notlage, musste er den Schutz eines Patriziers erbitten. Ein Patrizier konnte so Schutzherr, **Patron**, des Verarmten und seiner Angehörigen werden. Als Abhängige gehörten sie nun zur Familia des Patriziers.
50 Sie wurden **Klienten** genannt.

M2 Die Erziehung eines Sohnes

Der griechische Schriftsteller Plutarch (46–120 n. Chr.) berichtete, wie der römische Patrizier Cato (234–149 v. Chr.) seinen Sohn erzogen haben soll:
Sobald der Junge größer war, lehrte Cato ihn selbst lesen, obgleich er einen Sklaven hatte, der viele Kinder unterrichtete. Er wollte nicht, dass sein Sohn von einem Skla-
5 ven beschimpft oder am Ohr gezupft wurde.

Er brachte ihm nicht nur das Fechten und Reiten bei, sondern auch das Boxen und Schwimmen im Tiber. Eigenhändig schrieb er ihm in großen Buchstaben Geschichten
10 auf, damit der Sohn mit den Sitten und Taten der Vorfahren vertraut würde.

Unanständige Worte hat er in Gegenwart seines Sohnes nicht gebraucht. Er fand auch, es gehöre sich nicht, sich in seiner
15 Gegenwart auszuziehen oder zu baden.

Der Sohn zeigte sich in allem folgsam, doch war sein Körper so schwächlich, dass der Vater in seiner allzu harten Erziehung etwas nachlassen musste. Dennoch war
20 der junge Cato im Krieg tüchtig. Als ihm im Kampf das Schwert aus der schweißnassen Hand entglitt, stürzte er sich mit Kameraden auf die Feinde, bis er das Schwert wiederfand.
Plutarch: Cato der Ältere 20 (übersetzt und bearbeitet von Bernd Zaddach)

1. Erläutere mithilfe des Bildes M1 und des Darstellungstextes die Beziehung des Pater familias zu den anderen Mitgliedern der Familia. Du kannst dazu auch den Webcode WES-117710-033 nutzen.

WES-117710-033

2. In der römischen Gesellschaft hat der Pater familias das letzte Wort. Schildere, wie in deiner Familie, z. B. bei Anschaffungen oder Reisen, entschieden wird.

3. Erkläre mithilfe des Darstellungstextes folgende Begriffe: Pater familias, Patrizier, Patron.

4. Beschreibe das Relief M3. Was sagen die Szenen über das Aufwachsen eines römischen Jungen aus?

5. a) M2 beschreibt beispielhaft, worauf bei der Erziehung eines Jungen Wert gelegt wurde. Ordne die auf den Zetteln notierten Eigenschaften den Formulierungen in M2 zu. Schreibe auf, wo sich der Aspekt wiederfindet. (Beispiel: Zettel E: Zeilen 38–40)
b) Setze einzelne Eigenschaften in Beziehung zu den vier Szenen in M3.
c) Erkläre, worauf Eltern ihre Kinder vorbereiten wollten.

M3 Die die Erziehung eines Jungen in mehreren Szenen. Relief aus dem 2. Jahrhundert n. Chr.

im Krieg tapfer sein **A**

anständig sprechen und sich sittsam verhalten **B**

Lesen lernen und die Geschichte und Sitten der Vorfahren kennenlernen **C**

körperliche Fitness erlangen und Kampfkunst erlernen **D**

Szene 1   Szene 2   Szene 3   Szene 4

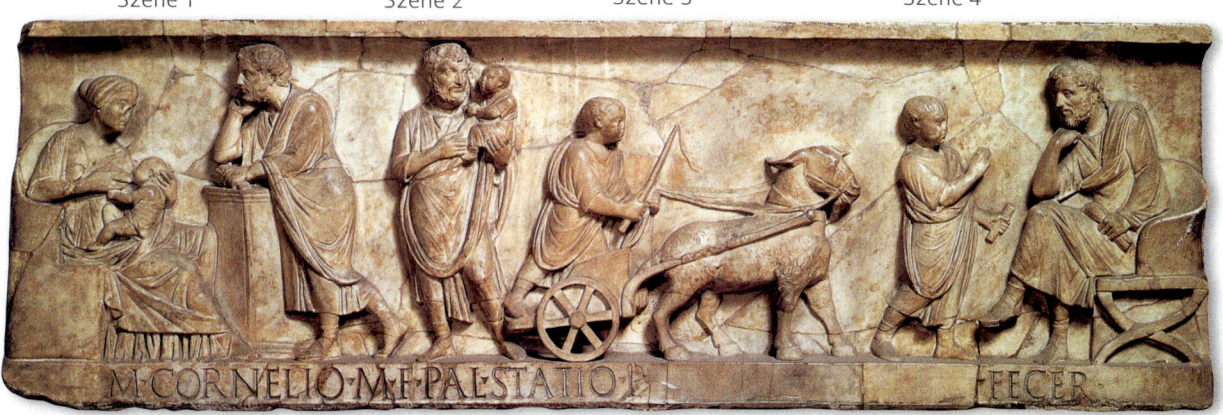

M·CORNELIO·M·F·PAL·STATIO   FECER

Römische Wertvorstellungen

... eine Familie und Freunde haben

... sich beschützt fühlen

Welche Wertvorstellungen sind dir besonders wichtig?

... ehrlich gegenüber anderen sein

M1 Dies sind Antworten von Kindern und Jugendlichen auf die Frage: »Welche Wertvorstellungen sind dir besonders wichtig?«. Als Wertvorstellungen bezeichnen wir erstrebenswerte Merkmale des Handelns und des Zusammenlebens.

1. a) Lies M1 und finde mindestens eine weitere Wertvorstellung, die dir wichtig ist.
b) Gewichte: Welche bedeutet dir am meisten? Begründe!

M2 Standbild eines Römers, der die Büsten seiner Vorfahren trägt. Eine Büste ist ein plastisches, also räumliches Bild einer Person. Es zeigt den Kopf und die Schultern.

Überlieferte Werte

Hatten die Menschen im alten Rom ähnliche Wertvorstellungen wie wir? Aus ↦ Quellen geht hervor, dass man im ↦ antiken Rom von Wertvorstellungen als »Mores maio-
5 rum« sprach. »Mores« bedeutet »Werte« und »Maiores« heißt »Vorfahren«. Gemeint sind also Werte, die von einer Generation zur nächsten weitergegeben werden. Sie bestimmten, wie man sich verhalten sollte,
10 nämlich: arbeitsam, genügsam, zuverlässig, gerecht und tapfer im Kampf. Außerdem sollte man die Götter und die eigenen Vorfahren ehren.

Hoch verehrte Vorfahren

Die Verehrung der Vorfahren spielte im täg-
15 lichen Leben eine große Rolle: Die ↦ Familia kam zusammen, um für die Seelen der Verstorbenen zu beten. Man glaubte, sie würden den Haushalt und die Familie beschützen. Auf Hausaltären standen Totenmasken
20 der Vorfahren oder ihre Büsten, Bildnisse aus Stein. Denn an ihnen sollten die Römerinnen und Römer sich ein Vorbild nehmen.

Wenn besonders angesehene Familienmitglieder starben, wurde für sie ein Trau-
25 erzug veranstaltet. Dabei führte man die Masken oder Büsten der Vorfahren mit. Der römische Geschichtsschreiber Polybios berichtete sogar, dass Personen, die eine ähnliche Figur und Größe wie ihre Vor-
30 fahren hatten, deren Masken dabei aufsetzten. Bei der Trauerfeier hielt der älteste Sohn eine Rede über die Leistungen des Verstorbenen. Danach zeigte er auf die Vorfahren, die in ihren Masken anwesend
35 waren, und berichtete von ihren Erfolgen. »Auf diese Weise wird die Erinnerung an die Verdienste tüchtiger Menschen immer wieder erneuert und ihr Ruhm unsterblich«, sagten die Römerinnen und Römer.

M 3 Vorfahren heute: Foto aus einem Familienalbum. Es zeigt zwei Schwestern in den 1950er-Jahren.

M 4 Leben nach römischer Art

Der griechische Schriftsteller Plutarch (46 bis 120 n. Chr.) bereiste das Römische Reich. Später berichtete er über den römischen Politiker Cato (234–149 v. Chr.), der den Feldherrn[1] Manius Curius Dentatus bewunderte (321–270 v. Chr.):

In der Nähe zu Catos Gut lag ein Häuschen, wo einst der siegreiche Feldherr Manius Curius Dentatus gewohnt hatte. Da ging Cato oft hin und betrachtete den geringen
5 Umfang des Gutes und die Bescheidenheit der Wohnung.

Er vergegenwärtigte sich, wie dieser Mann, der der Größte unter den Römern gewesen war und die streitbarsten Völker
10 unterworfen hatte, nach seinen Triumphen dieses Gütchen selbst umgrub und diese Hütte bewohnte.

Hier war es, wo die Gesandten eines Nachbarvolks ihn trafen, wie er am Herd
15 saß und Rüben kochte, als sie ihm Geldgeschenke überreichen wollten. Aber Manius Curius Dentatus schickte sie wieder weg mit den Worten, wem ein solches Essen genüge, der brauche kein Geld, und rühm-
20 licher, als Geld zu haben, schiene es ihm, die zu besiegen, die Geld hätten.

Plutarch: Cato der Ältere 2 (übersetzt und bearbeitet von Bernd Zaddach)

2. Untersuche die Textquelle M 4.
Lies M 4 aufmerksam durch. Finde heraus, welche Merkmale Manius Curius Dentatus von Cato zugeschrieben werden. Nutze dazu eine Tabelle wie unten abgebildet.
Füge in die Antwortspalte immer auch die Zeile des Quellentextes ein, auf die du dich beziehst.

Was hat Manius Curius Dentatus für Rom geleistet?	
Wie waren sein Haus und sein Grundstück beschaffen?	
Wie lebte er dort?	
Wie empfing er Gesandte?	
Wie reagierte er auf ihr Geschenk?	
Welche Adjektive treffen auf Manius Curius Dentatus zu?	

3. Erkläre mithilfe des Textabschnittes »Überlieferte Werte«, warum Cato den Feldherrn Manius Curius Dentatus als Vorbild sah.

4. Vergleiche die Bedeutung, die Vorfahren für dich haben, mit der, die sie für die Römer hatten. Beziehe dich dabei auf den Darstellungstext ab Zeile 14, M 2 und M 3.

1 Feldherr: Heerführer, Oberbefehlshaber im Krieg

Sklaven in der römischen Gesellschaft

M 1 Dieser Farbdruck entstand vor etwa 150 Jahren. Er zeigt, wie man sich damals einen römischen Sklavenmarkt vorstellte.

---

1. a) Betrachte M 1 und lies die Bildunterschrift. Erkläre: Wer ist der
Sklavenhändler? Was unterscheidet
ihn von den versklavten Menschen?
b) Wähle eine Person aus und schreibe
auf, was sie im dargestellten Augen-
blick gedacht haben könnte.

Für die Römerinnen und Römer war ein
Leben ohne ↦ Sklavinnen und Sklaven –
also unfreie Menschen – unvorstellbar.
Sie verrichteten Dienste oder Feldarbeit,
sie beluden Frachtkähne oder ruderten die
5 römischen Kriegsschiffe. In Großbäcke-
reien, Töpfereien und anderen Handwerksbetrieben wurden sie ebenso eingesetzt
wie beim Bau der Aquädukte, Straßen,
Tempel und Paläste. Als das Römische
10 Reich seine größte Ausdehnung hatte,
machten versklavte Menschen nach Schätzungen etwa ein Viertel der römischen
Bevölkerung aus. Die meisten lebten in
der Hauptstadt Rom.

1 Sesterzen: das
römische Geld

Die Entwicklung der Sklaverei

15 Sklavinnen und Sklaven hatte es in Rom
schon früh gegeben. So waren Verarmte
abhängig von Reichen geworden, wenn
sie ihre Schulden nicht bezahlen konnten.
Diese »Schuldknechtschaft« wurde aller-
20 dings im 4. Jahrhundert v. Chr. abgeschafft.

Die meisten der Versklavten in Rom waren
Kriegsgefangene. Und mit jedem Krieg, den
Rom führte, stieg die Zahl der Versklavten
an. Feldherren konnten durch den Sklaven-
25 handel reich werden. Je mehr Sklavinnen
und Sklaven es gab, desto niedriger wurde
aber ihr Preis. Viele Reiche ließen daher
ihre Sklavinnen und Sklaven sehr schwer
arbeiten, ernährten sie schlecht und schlu-
30 gen sie. Wenn sie früh starben, wurden sie
durch neue billige Arbeitskräfte ersetzt.

Immer wieder versuchten Versklavte, sich
gegen unwürdige Behandlungen zu weh-
ren. Es kam es zu Aufständen, die aber
35 von den Römern niedergeschlagen werden
konnten. Erst als mit dem Ende der Eroberungen Roms der Zustrom von Versklavten geringer wurde, stieg ihr Wert wieder.
Allmählich verbesserten sich daher auch
40 ihre Lebensbedingungen, vor allem für diejenigen, die – z. B. als Lehrer oder Koch –
besondere Fähigkeiten hatten und auf dem
Sklavenmarkt hohe Preise erzielten.

Aufsteiger

In Rom wurde es üblich, verdiente Skla-
45 vinnen und Sklaven in die Freiheit zu entlassen. Das betraf vor allem Hausklaven,
die in persönlichem Kontakt zu ihren Besit-
zern standen. Andere konnten sich freikau-
fen, wenn sie etwas Geld gespart hatten.
50 Zwar blieben Freigelassene ihren ehemaligen Herren zu Diensten verpflichtet, aber
schon ihre Söhne waren gleichberechtigte
römische ↦ Bürger.

M2 Über Versklavte

a) Aus einem Vertrag zwischen der Römerin Ophelia und dem Handwerker Lukis, geschlossen im 2. Jahrhundert n. Chr.:

Ophelia gibt dem Lukis ihr Sklavenmädchen für vier Jahre in die Lehre des Weberhandwerks. Sie wird Nahrung und Kleidung des Mädchens bezahlen und es dem Lukis
5 täglich schicken, damit es alle aufgetragenen Arbeiten ausführt.

Dafür erhält Ophelia im ersten Jahr 8 Silberdrachmen pro Monat, im zweiten Jahr 12, im dritten 16 und im vierten 20. Die Sklavin
10 soll im Jahr 18 arbeitsfreie Tage haben.

Zitiert nach: Werner Eck/Johannes Heinrichs (Hrsg.): Sklaven und Freigelassene in der Gesellschaft der römischen Kaiserzeit, Darmstadt: WBG 1993, S. 67 (bearbeitet)

b) Der römische Schriftsteller Cicero schrieb um 50 v. Chr. seinem erkrankten Schreibsklaven Tiro:

Ich habe den Curius [ein Freund Ciceros] gebeten, dir so viel Geld zu geben, wie du verlangen würdest. Dem Arzt muss, denke
5 ich, etwas Geld im Voraus gegeben werden, damit er sich deiner umso sorgfältiger annimmt. Du hast mir unzählige Dienste geleistet: in meinem Haushalt, bei meinen Aufgaben im Gericht und in der Stadt,
10 in Privatangelegenheiten und bei meiner Arbeit als Schriftsteller. Du hast mehr für mich getan als das alles, das ich tue, damit du wieder ganz gesund wirst.

Zitiert nach: M. Tullius Cicero's Sämmtliche Briefe. Hgg. von Christoph Martin Wieland. Zürich: Geßner 1811, Band 4, Buch 9, 37 (bearbeitet)

c) Der Philosoph und Schriftsteller Apuleius beschrieb im 2. Jahrhundert n. Chr. das Los der Mühlensklaven:

Gute Götter, welch elende Menschlein gab es dort: Ihre ganze Haut mit graublauen Striemen gezeichnet, ihr zerschundener
5 Rücken mit zerschlissenen Lumpen mehr behangen als bedeckt, einige überhaupt nur mit einem winzigen Lappen in der Schamgegend; und alle waren so wenig und schlecht bekleidet, dass man ihre Körper durch die Fetzen hindurch sah. Ihre
10 Stirn war mit Buchstaben markiert, ihr Haar halb abrasiert, ihre Fußgelenke steckten in Eisenringen.

Zitiert nach W. Eck u.a., a.a.O., S. 113 (bearbeitet)

M4 In einer indischen Fabrik werden Jeans produziert. Foto, 2020

i ›‹ Sklavenarbeit heute? In unserer Zeit ist Sklaverei weltweit verboten. Dennoch arbeiten viele Menschen unter sklavenähnlichen Bedingungen. So gibt es z.B. im Süden Indiens große Textilfirmen, die mit armen Familien Verträge abschließen: Eltern wird eine Sonderzahlung versprochen, wenn sie ihre Töchter für mehrere Jahre zur Fabrikarbeit schicken. Die Mädchen arbeiten dann für einen geringen Lohn bis zu 12 Stunden am Tag. Sie leben nicht mehr bei ihren Familien, sondern im Wohnheim der Fabrik. Dort und bei ihrer Arbeit sind sie fast immer unter Bewachung.

WES-117710-034

---

2. a) Beschreibe die Situation des Sklavenmädchens, die aus dem Vertrag M2 a) hervorgeht.
b) Erkläre, worin sich die Situation eines freien Weberlehrlings von der des Sklavenmädchens unterscheiden würde.

3. a) Lest arbeitsteilig die Quellen M2 b) und c) und berichtet euch gegenseitig, wie die Sklaven jeweils behandelt wurden.
b) Findet Gründe für die unterschiedliche Behandlung der Sklaven durch die Römer.

4. Erklärt mithilfe des Darstellungstextes (ab Z. 44), auf welchem Weg römische Sklavinnen und Sklaven zu Freigelassenen werden konnten.

5. Lies den Absatz »Sklavenarbeit heute?« und recherchiere mithilfe des Webcodes WES-117710-034 im Internet,
a) in welchen Teilen der Welt Arbeitsbedingungen verbreitet sind, die der Sklavenarbeit ähnlich sind,
b) wer besonders davon betroffen ist und
c) was man gegen moderne Formen der Sklaverei tun kann.

Einflussreiche Patrizier herrschen

Eine gemeinsame Sache

Die Römer nannten ihre Stadt **res publica,** eine »Angelegenheit, die alle etwas angeht«. Auch unser Wort ↦ Republik geht auf diese Bezeichnung zurück.

5 Allerdings hatten in Rom anfangs nicht alle Menschen die Möglichkeit, mitzubestimmen. Nur die ↦ Patrizier durften politische Ämter übernehmen oder Anführer im Krieg sein. Im Senat, dem »Rat der Alten«, ent-
10 schieden sie über alle wichtigen Angelegenheiten.

↦ Plebejer dagegen konnten nur in der Volksversammlung, die bei wichtigen Fragen einberufen wurde, mitreden und sich
15 an Wahlen beteiligen. Allerdings hatte ihre Stimme wenig Gewicht. Aber auch unter ihnen gab es Familien, die zu Reichtum gekommen waren und eine lange Ahnenreihe hatten. Sie drängten darauf, Rom
20 mitzuregieren. Doch erst als sie in Kriegszeiten damit drohten, sich nicht an der Verteidigung Roms zu beteiligen, erreichten sie, Ämter übernehmen zu dürfen.

Die Republik als politische Ordnung

Im dritten Jahrhundert v. Chr., als etwa 100 000 Menschen in Rom lebten, hatte sich in Rom eine politische Ordnung herausgebildet, die lange bestehen blieb: die Römische Republik. Um diese Ordnung geht es in der folgenden Zeitreise. Darin kommt das Mädchen Julia aus einer vornehmen römischen Familie mit ihrem Großvater ins Gespräch.

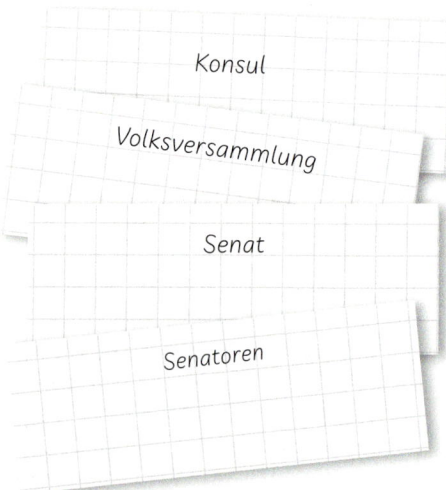

M1 Die römische Skulptur links zeigt zwar nicht Julia; so ähnlich könnte sie aber ausgesehen haben.

---

1. Lest das in der »Zeitreise« wiedergegebene Gespräch zwischen Julia und ihrem Großvater mit verteilten Rollen in der Klasse oder hört es euch an.

2. Im Gespräch sind einige Aussagen über die römischen Beamten enthalten, eine davon ist: »Die römischen Beamten bekamen keine Bezahlung für ihre Tätigkeit.« Finde mindestens drei weitere solcher Regeln. Dafür musst du die Abschnitte noch einmal lesen.

3. Schreibt zu zweit die unterstrichenen Begriffe auf kleine Zettel. Notiert dazu in Stichworten ihre Bedeutungen. Ein Beispiel:

> Ädil
> Beamter, der den Markt/
> den Handel überwachte

> Konsul

> Volksversammlung

> Senat

> Senatoren

+ Legt die Kärtchen auf eurem Tisch so aus, dass die Anordnung die Machtverhältnisse in Rom wiedergibt.

WES-117710-035

ZEITREISE ››› Ein Senator erzählt

Julia kommt von draußen in den Vorraum. Dort zieht sich ihr Großvater gerade an. Er hat sich seine mit einem Purpurstreifen umsäumte Tunika übergestreift und ist dabei, die Lederriemen seiner roten Schuhe zuzuschnüren. Julia unterhält sich mit ihm.

Julia: Du hast ja eine viel schönere Tunika als Vater. Und erst die Schuhe!

Großvater: Die dürfen nur <u>Senatoren</u> wie ich tragen. Alle sollen uns auf den ersten Blick erkennen und uns den Weg frei machen. Für diese Ehre muss man sich als Beamter aber anstrengen für Rom!

Julia: Das hast du! Ich weiß, dass du sogar ↦ <u>Konsul</u> gewesen bist. Du warst damals für alles verantwortlich und hast auch das römische Heer kommandiert.

Großvater: Vorher hatte ich aber niedrigere Ämter mit verschiedenen Aufgaben: Zuerst musste ich mich als <u>Quästor</u> um die Steuern kümmern, ein paar Jahre später als <u>Ädil</u> dafür sorgen, dass auf dem Markt alles mit rechten Dingen zugeht. Auch <u>Prätor</u> bin ich gewesen und habe Gerichtsverhandlungen geleitet. Erst danach wurde ich Konsul. Aber nicht allein: Immer hatte ich einen Kollegen dabei, der mich auf Fehler aufmerksam machen konnte. Und wenn ich anderer Meinung war als er, konnte ich seine Entscheidung verhindern. Ich sagte dann nur: »Veto! Ich verbiete es!«

Julia: Und warum bist du nicht Konsul geblieben? Vater erzählt doch immer, dass du deine Sache so gut gemacht hast!

Großvater: Das ging nicht! Man darf in Rom nur für ein Jahr in jedem Amt bleiben. Keiner soll zu mächtig werden, wie es vor langer Zeit einmal die Könige waren.

Julia: Wie hast du denn dein erstes Amt bekommen?

Großvater: Dafür war wichtig, dass auch alle unsere Vorfahren Senatoren waren. Als Patrizier war es ihnen möglich, sich ohne Bezahlung für Rom einzusetzen.

Denn Beamte und Senatoren bekommen kein Geld für ihre verantwortungsvolle Arbeit. Trotzdem musste ich mich aber für jedes Amt zur Wahl stellen. Mir hat geholfen, dass nicht nur befreundete Patrizier, sondern auch meine ↦ Klienten für mich gestimmt haben.

Julia: Wie lange bleibst du noch Senator?

Großvater: Solange ich mir es noch zutraue. Du siehst ja, schon das Anziehen fällt mir schwer. Außerdem muss ich die Überprüfung des <u>Zensors</u> bestehen. Das ist ein besonders würdiger Beamter, der regelmäßig prüft, ob wir 300 Senatoren wohlhabend genug sind und die römischen Sitten einhalten.

Julia: Und was besprecht ihr heute?

Großvater: Eine Stadt in Süditalien möchte, dass Rom sie gegen ihre Feinde unterstützt. Einer der beiden Konsuln hat wie bei allen wichtigen Fragen den Senat um Rat gebeten. Wie die meisten im Senat bin ich dafür, unsere Truppen zu schicken. Aber wer weiß, ob nicht ein <u>Volkstribun</u>[1] als Vertreter der Plebejer sein Veto einlegt. Die Plebejer haben immer Angst, dass wir sie in einen Krieg hineinziehen könnten. Aber immerhin sind sie ja in der <u>Volksversammlung</u> dabei, die solchen Entscheidungen zustimmen muss. Meist hört das Volk aber auf uns, wir sind ja schließlich seine »Väter« — so werden wir Senatoren genannt.

Mit geübten Handgriffen legt sich der Großvater die Toga um (M 2) und macht sich auf den Weg. ‹‹‹

M 2 Die Toga war kein genähtes Gewand, sondern wurde aus einem großes Stück Stoff gewickelt. Man trug sie über einem kurzen Untergewand, der Tunika.

1 Volkstribun: von den Plebejern gewählter politischer Vertreter, der Einspruch gegen Entscheidungen des Senats einlegen konnte

Bringen die Kriege den Staat in Gefahr?

M1 Das plastische Bild auf einer römischen Säule zeigt, wie verwundete Soldaten versorgt werden.

---

1. Betrachte M1 und lies die Unterschrift. Stelle Vermutungen an über mögliche Folgen der Kriegszüge für die Soldaten.

Die Lage der Bauern

Römische Bauern mussten in Kriegen oft jahrelang als Fußsoldaten dienen. Auch wenn sie gesund zurückkehrten, konnten sich die meisten nicht als Sieger fühlen: Ihr
5 Beuteanteil war gering, und sie wussten, dass sie während der Kriegszüge ihren Familien bei der Landarbeit gefehlt hatten. Oft kam es zu schlechten Ernten und Verschuldung, sodass viele ihren Grundbesitz
10 nicht halten konnten. Wenn dann reiche Gutsherren ihr Land kaufen wollten, gingen die verarmten Bauern meist darauf ein und wurden Tagelöhner[1] dieser Gutsherren. Sie waren zu Notleidenden geworden, die
15 nichts besaßen. Weil sie nur noch ihre Kinder hatten – ihre Nachkommen (lateinisch: proles) – nannte man sie ↦ **Proletarier**.

Einen Ausweg sahen viele darin, in die Großstadt Rom zu ziehen und zu versu-
20 chen, dort Geld zu verdienen. Auch für verwitwete Frauen mit Kindern schien dies oft die einzige Möglichkeit zu sein.

Die Oberschicht wird reicher

Ganz anders erging es den Männern der Oberschicht. Als Offiziere erhielten sie bei
25 Kriegszügen den Großteil der Beute, und auch bei der ↦ Verwaltung der ↦ Provinzen konnten sie sich bereichern. Mit diesem Geld kauften sie das Land der verarmten Bauern oder Staatsland[2] hinzu. Um ihre
30 großen Güter zu bewirtschaften, setzten sie ↦ Sklavinnen und Sklaven ein, denn Kriegsgefangene waren günstig zu bekommen.

Mangel an Soldaten

Mit der Verarmung der Bauern wuchsen die
35 Spannungen innerhalb der Bevölkerung Roms. Aber nicht nur das. Auch die militärische Stärke des Römischen Reiches litt: Denn für den Militärdienst kamen nur freie Römer, die sich selbst ausrüsten konnten,
40 infrage. Doch die Zahl derer, die über genügend Geld verfügten, nahm immer weiter ab. Würden in Zukunft noch genügend Soldaten verpflichtet werden können, um das große Reichsgebiet zu sichern?

45 Die Senatoren konnten sich nicht auf eine Lösung des Problems einigen. Eine kleine Gruppe um die Brüder Tiberius und Gaius Gracchus schlug schließlich vor, Staatsland an die verarmten Bauern zu verteilen, um
50 deren wirtschaftliche Situation zu verbessern. Doch mit diesem Vorschlag machten sie sich Feinde unter den ↦ Patriziern. Tiberius Gracchus wurde ermordet, das Vorhaben gestoppt. Von diesem Zeitpunkt an
55 kam es innerhalb der römischen ↦ Adelsschicht immer häufiger zu gewalttätigen Auseinandersetzungen.

1 Tagelöhner: jemand, der tageweise, nur wenn er gebraucht wird, arbeitet und dafür Lohn erhält

2 Staatsland: erobertes Land, das vom Senat zu Besitz des römischen Staates erklärt wurde

M2 Gesetzesvorschläge

123 v. Chr. brachte Gaius Gracchus als Volkstribun Gesetzesanträge in den Senat ein. Damit wollte er die kritische Situation des römischen Staates lösen. Der griechische Schriftsteller Plutarch berichtete im 1. Jahrhundert n. Chr. darüber:

Von den neuen Gesetzen, die er vorschlug, um die Gunst des Volkes zu erlangen und die Macht des Senats zu verringern, betraf das eine [...] die Verteilung des Staatslandes unter den Armen.

5 Ein zweites nahm sich der Soldaten an und verlangte, dass sie auf öffentliche Kosten ohne den geringsten Abzug von ihrem Sold ausgestattet werden sollten [...].

Ein drittes betraf die Unterworfenen in Italien: Alle Bewohner Italiens sollten das 10 gleiche römische ↦ Bürgerrecht bekommen wie die Römer.

Ein viertes verordnete, dass Getreide an die Armen zu einem niedrigen Preis verkauft werden sollte.

15 Ein fünftes schließlich beschäftigte sich mit den Gerichten; durch dieses verminderte er die Macht der Senatoren am meisten. Denn bisher hatten diese allein die Gerichte besetzt und dadurch dem Volk [...] 20 Furcht eingejagt.

Plutarch: Gaius Gracchus, zit. nach: Dagobert von Mikusch (Hg.): Plutarch. Große Griechen und Römer. Köln: Anaconda 2009, S. 233 (bearbeitet)

2. Versetze dich in die Situation eines Bauern und erzähle aus seiner Sicht, wie sich die Lebensbedingungen verändert haben.

3. *Kriege – Bauern – Proletarier – Beute – Oberschicht – Sklaven*
Verfasse mithilfe der Begriffe einen Text, in dem die Folgen der Kriege für die Bauern und die Oberschicht deutlich werden.

4. Durch die Gesetzesvorschläge des Gaius Gracchus fühlten sich viele Senatoren bedroht. Finde Gründe dafür mithilfe von M2.

5. Entwickelt zu zweit ein Streitgespräch zwischen einem armen Bauern und einem reichen Patrizier um die Gesetzesanträge von Gaius Gracchus.
a) Sammelt gemeinsam Argumente für beide Seiten. Nutzt dafür die Ergebnisse der Aufgaben 2 und 4 sowie die Sprechblasen.
b) Präsentiert euer Streitgespräch vor der Klasse.

Was könnte ein verarmter Bauer entgegnen?

Gracchus bezweckte bei seinen Reden den Sturz der Adelsherrschaft und die Gründung einer Volksregierung!

Gracchus hat dafür gesorgt, dass die einfachen Bürger mehr Macht hatten als die Vornehmen. Dadurch wurde die frühere Einigkeit zwischen dem Senat und den reichen Plebejern zerstört. Zudem betrachtete das einfache Volk von jetzt an beide Gruppen als Gegner.

M3 Kritische Stimmen zu Gaius Gracchus, zusammengestellt nach: Diodor 34/35

Caesar – ein Konsul wird mächtig

M1 Mit seinem Gemälde aus dem Jahr 1798 zeigte der Maler Vincenzo Camuccini, wie er sich ein bedeutendes Ereignis der römischen Geschichte im März des Jahres 44 v. Chr. vorstellte. Im Mittelpunkt steht der berühmte Feldherr und Politiker Julius Caesar.
Unter dem Webcode WES-117710-036 findest du das Bild als Ganzes.

WES-117710-036

1. Betrachtet M1. Tauscht euch dann zu zweit darüber aus, was hier passiert und welche Gründe es dafür gegeben haben könnte.

Caesar – Politiker und Feldherr

Im Jahr 60 v. Chr. trafen sich drei bedeutende Römer, die sich Sorgen um ihren politischen Einfluss machten. Es waren der zu dieser Zeit mächtigste Heerführer, Gnaeus Pompeius, außerdem Marcus
5 Licinus Crassus, der reichste Mann Roms, und der beim Volk beliebte Politiker Gaius Julius Caesar. Pompeius, Crassus und Caesar beschlossen, heimlich ein Bündnis einzugehen: Sie wollten dafür sorgen, dass
10 in der römischen Politik in Zukunft nichts gegen ihren Willen unternommen werde.

Tatsächlich gelang es ihnen, ihre Ziele durchzusetzen: Durch Bestechung erreichten sie, dass Caesar ins Amt des ↦Konsuls
15 gewählt wurde. Zudem machten sie sich zu Verwaltern von ↦Provinzen. So erhielt Caesar 59 v. Chr. das Kommando über die Truppen an der Grenze zu Gallien. Innerhalb von zehn Jahren eroberte er mit seinen
20 Soldaten Gallien – ohne dazu vom Senat beauftragt worden zu sein! Seine Siege machten ihn reich und verhalfen ihm zu treuen, kampferprobten Truppen.

Pompeius sah Caesar nun als Konkurrenten.
25 Er drängte den Senat, ihn als Heerführer abzusetzen. Der Senat beschloss, dass Caesar umgehend seine Legionen entlassen und als Privatmann nach Rom zurückkehren sollte. Doch der weigerte sich. Stattdessen
30 führte er im Jahr 49 v. Chr. sein Heer gegen Rom. Es kam zum Bürgerkrieg, in dem Caesar sich nach Jahren durchsetzen konnte.

Caesar als Alleinherrscher

Caesar setzte nun viele neue Senatoren ein. Da sie ihm viel zu verdanken hatten, unter-
35 stützten sie seine Politik im Senat. Vor allem aber übertrug der Senat Caesar im Jahr 44 v. Chr. ein besonderes Amt: Er wurde zum ↦**Diktator** auf Lebenszeit ernannt. Dabei war das Amt des Diktators eigentlich nur für
40 wenige Monate vorgesehen: In einer Krise sollte ein Diktator schnell einen Lösungsweg durchsetzen können. Caesar hingegen wurde diese Macht dauerhaft übertragen.

Doch nicht alle waren mit Caesars Macht-
45 fülle einverstanden. Manche Senatoren fürchteten, dass er sich zum König machen wollte, und erinnerten an mächtige Etruskerherrscher der römischen Frühzeit (S. 114). Sie sahen die Existenz der
50 ↦**Republik** durch Caesar in Gefahr. So kam es zu der in M1 gezeigten Szene: Während einer Senatssitzung am 15. März 44 v. Chr. wurde Caesar von eine Gruppe Senatoren ermordet. Ein weiterer Bürgerkrieg begann:
55 Auf der einen Seite standen die Mörder Caesars, auf der anderen seine Anhänger. Sie wollten den Mord rächen und ihre eigene politische Macht sichern.

M 2 Caesar baut seine Macht aus

Der griechische Schriftsteller Plutarch schrieb um 100 n. Chr. über Caesar:
Caesar schuf sich in den gallischen Kriegen seine politische Macht. Während man meinte, er schlüge sich in weit entfernten Gegenden mit Belgiern, Sueben und Bri-
5 tanniern herum, verstand er es mit seiner politischen Begabung doch, heimlich gegen Pompeius zu arbeiten.

In Gallien wollte er seine Truppen in den Kämpfen zur Härte erziehen. [...] Kostbare
10 Beute schickte er nach Rom. So wagte er hier und da Bestechungen, unterstützte die Ädilen, Prätoren und Konsuln [...] bei ihren Ausgaben und schuf sich immer neue Freunde.

Plutarch: Pompeius 51 (übersetzt von Bernd Zaddach)

M 3 Caesar – ein König?

Der römische Schriftsteller Sueton, der zur Zeit Plutarchs lebte, urteilte über Caesar:
Er nahm übertriebene Ehren an: die ständige Wiederwahl zum Konsul, die Diktatur auf Lebenszeit, außerdem den Ehrentitel »Imperator« und den Beinamen »Vater des
5 Vaterlandes«, ein Standbild zwischen denen der Könige und einen Thron im Theater.

Darüber hinaus duldete er auch Ehrungen, die Menschen nicht angemessen sind: einen goldenen Sessel im Senat und
10 im Gericht, Standbilder neben den Götterstatuen, die Benennung eines Monats nach seinem Namen. Er nahm und vergab auch Ämter, wie es ihm gefiel. In aller Öffentlichkeit sagte er, dass die Republik ein Nichts
15 sei. Besonderen Hass zog er sich durch Folgendes zu: Er empfing die Senatoren im Sitzen, als sie ihm weitere Ehren übertragen wollten.

Sueton: Kaiserbiografien. Gaius Julius Caesar, 76 – 79 (übersetzt von Bernd Zaddach)

🔎 Textquellen zeitlich einordnen

Wenn du aus einer Textquelle Informationen über vergangene Zeiten sammeln willst, ist es nicht nur wichtig, ihre Aussagen zu verstehen. Du solltest auch darauf achten, ob der Verfasser an den Ereignissen oder Umständen, die er schildert, beteiligt war oder ob er mit größerem zeitlichen Abstand darüber schreibt. Wenn jemand über etwas schreibt, was schon lange zurückliegt, solltest du überlegen, wie glaubwürdig die Quelle ist.

– *Ermittle den zeitlichen Abstand zwischen den geschilderten Ereignissen um Caesar und den Berichten des Plutarch und des Sueton darüber. Auskunft über den Zeitpunkt der Entstehung der Quellen gibt in der Regel die Einleitung.*

– *Überlege, worauf Plutarch und Sueton ihre Beschreibungen gestützt haben könnten.*

---

2. Belege an M 2, weshalb der Krieg in Gallien für Caesars politischen Aufstieg wichtig war.

3. Arbeite aus M 3 heraus, wie sich Caesar gegenüber den Ehrungen verhielt.

+ Caesar hatte unter den Anhängern der alten Sitten (S. 126) erbitterte Gegner. Verfasse eine Rede, in der ein solcher Gegner das Vorgehen Caesars leidenschaftlich angreift.

4. Beurteile mithilfe des Kompetenztrainings: Wie glaubwürdig sind die Darstellungen der Absichten und Handlungen Caesars in M 2 und M 3?

Augustus schafft eine neue Ordnung

M1 Eine Person – mehrere Namen

> **63 v. Chr.** Geburt des Gaius Octavius
> **44 v. Chr.** Gaius Octavius nennt sich »Gaius Julius Caesar Octavianus« (Oktavian).
> **27 v. Chr.** Oktavian wird ab jetzt »Caesar Augustus« genannt. »Augustus« bedeutet »der Erhabene«.

---

1. Stelle Vermutungen darüber an, warum Gaius Octavius seinen Namen mehrmals änderte.

Senatoren in Sorge

Im Jahr 27 v. Chr. versammelten sich die Senatoren, um Oktavian anzuhören. Er war der Adoptivsohn des 17 Jahre zuvor ermordeten Julius Caesar. Nur wenige der
5 Senatoren hatten den Mord selbst miterlebt. Aber alle erinnerten sich an den Bürgerkrieg um die Macht im römischen Staat, der danach ausgebrochen war. Oktavian hatte schon früh beansprucht, Nachfolger
10 Caesars zu werden – und sich nach jahrelangen Kämpfen durchgesetzt.

Die Senatoren waren voller Sorge: Während des Krieges hatte Oktavian sich durch Grausamkeit hervorgetan. Wollte er nun
15 wie Caesar für immer ↦ Diktator werden? Würden die Senatoren unter seiner Herrschaft womöglich nicht mehr über die römische Politik mitentscheiden können?

Oktavian wollte die Senatoren jedoch nicht
20 herausfordern, wie Julius Caesar es getan hatte. Daher überraschte er die Versammelten: Er erklärte, die alte Ordnung Roms, die ↦ **Republik**, zu erhalten. Die Senatoren dankten ihm für seinen Großmut und schlu-
25 gen vor, ihn mit dem Beinamen »Augustus« zu ehren. Oktavian nahm dies wohlwollend an. Später erhielt er einen weiteren Ehrennamen: »pater patriae«, »Vater des Vaterlands«.

Eine neue Ordnung: der Prinzipat

30 Oktavian selbst nannte sich bescheiden »Princeps«, »erster ↦ Bürger«, und tat scheinbar alles, um die Republik wiederzubeleben:
 – Jährlich wurden ↦ Konsuln und Beam-
35 ten gewählt.
 – Der Senat beriet die anstehenden Themen.
 – Die Senatoren durften wie früher ↦ Provinzen verwalten.
40 Doch bei allen wichtigen Entscheidungen beanspruchte Augustus das letzte Wort – z. B. bei der Besetzung von Ämtern.

Augustus hatte die Republik also nicht wiederhergestellt, sondern eine andere Regie-
45 rungsform eingeführt. Man bezeichnet sie – abgeleitet von »Princeps« – als ↦ Prinzipat. Der Charakter des Prinzipats zeigte sich besonders am Ende der Herrschaft des Augustus: Er bestimmte seinen Stiefsohn
50 zum Nachfolger, so, wie auch er selbst als Adoptivsohn Caesars dessen Nachfolger geworden war. Das Prinzipat war eine Form der ↦ **Monarchie**, der Herrschaft eines Einzelnen für die Dauer seines Lebens. In
55 Rom wurden die Herrscher nun »Caesaren« genannt, lateinisch für ↦ Kaiser.

Der »Augustusfrieden«

Trotz vieler Kriege an den Grenzen empfanden die Römer die Regierungszeit des Augustus als eine Zeit des Friedens und der
60 Blüte: Handel und Wirtschaft nahmen einen Aufschwung, prunkvolle öffentliche Bauten entstanden, politische Wirren waren vorbei. Augustus selbst lag viel daran, seine Leistungen im besten Licht erschei-
65 nen zu lassen: Er beauftragte Dichter und Geschichtsschreiber, ihn und seine Taten zu preisen. In allen Städten waren Statuen des Augustus zu bewundern, und auf Münzen wurde sein Bild weit verbreitet.

Nachdem ich die Flammen der Bürgerkriege gelöscht hatte, habe ich die Macht im Staat wieder an den Senat und das Volk übertragen. Seitdem habe ich alle an Ansehen und Einfluss übertroffen, aber als Beamter hatte ich nicht mehr Befugnisse als meine Amtskollegen.

M3 Dies schrieb Augustus über sich selbst in seinem »Tatenbericht«. Er ließ ihn auf Bronzetafeln gravieren und diese in vielen Städten aufstellen. (Augustus: Tatenbericht 34, bearbeitet)

M4 Die römische Regierung seit Augustus

Der römische Politiker und Geschichtsschreiber Cassius Dio, der um 200 n. Chr. lebte, urteilte über die von Augustus eingeführte Regierungsform:

Die ganze Macht des Volkes und des Senats [ging] auf Augustus über, und von diesem Zeitpunkt an bestand, genau genommen, eine Monarchie [...].

5 Zwar bestehen [...] die Ämter der Römischen Republik der Zahl nach auch heute noch, geleitet und verwaltet aber wird alles ganz und gar nach dem Willen des jeweiligen Kaisers.

10 Und damit die Kaiser wenigstens den Schein aufrechterhalten, als besäßen sie diese Macht aufgrund der Gesetze und nicht wegen ihres Selbstherrschertums, haben sie [...] sämtliche Befugnisse der 15 Ämter an sich gezogen, durch die in den Zeiten der Republik das Volk über große Macht verfügte.

Cassius Dio: Historia Romana 53, 17. Zit. nach: Lenelotte Möller (Hg.): Cassius Dio: Römische Geschichte. Wiesbaden: marixverlag 2012, S. 582 (bearbeitet)

M2 Die 19 v. Chr. entstandene Statue zeigt Oktavian als Augustus überlebensgroß. Er ist bewaffnet und – wie sonst nur Götter – barfuß dargestellt. Die Bilder auf seinem Brustpanzer erzählen von seinen Siegen. Die kleine Figur links ist Amor, Gott der Liebe und Sohn der Venus. Er weist darauf hin, dass Augustus als Nachfahre dieser Göttin galt.

---

2. Betrachte das Standbild M2 und erkläre mithilfe der Bildunterschrift, welche Eigenschaften des Herrschers darin besonders hervorgehoben werden.

3. a) Arbeite aus M4 heraus, wie Cassius Dio das Prinzipat beurteilt, die von Augustus eingeführte Regierungsform.

b) Vergleiche das Urteil des Cassius Dio mit dem Bild, das Augustus in M3 von sich selbst entwirft.
c) Benenne Gründe, warum Augustus sich selbst so positiv darstellt.

4. Augustus starb mit 76 Jahren im Schlaf. Erkläre mithilfe des Textes, warum er dem Schicksal Caesars entging.
↦ **Tipp:** S. 177

Rom, die Hauptstadt des Reiches

M1 Foto eines Stadtmodells von Rom um 300 n. Chr. Die meisten Gebäude stammten bereits aus früheren Jahrhunderten: ① Kapitol, ② Circus Maximus, ③ Colosseum, ④ Forum Romanum (Foren), ⑤ Palatin, ⑥ Aquädukt, ⑦ Tiber, ⑧ Thermen

So in etwa sah Rom von oben aus, als das Römische Reich seine größte Ausdehnung erreicht hatte. Mithilfe der »Zeitreise« auf der Seite rechts erfährst du mehr über die
5 in der Abbildung markierten Punkte.

Die »Zeitreise« dreht sich um zwei römische Kinder, die Geschwister Claudia und Quintus. Sie lebten im Jahr 85 n. Chr. Gerade haben sie erfahren, dass der Athener Kimon,
10 ein Freund des Vaters, mit seinen Kindern in Brundisium angekommen ist. In einigen Tagen werden die drei in Rom erwartet ...

1. a) Lies die »Zeitreise« oder höre sie dir an. Beschreibe den Eindruck, den das Gespräch dir von Rom vermittelt, und nenne die erwähnten Besonderheiten, die Rom als Hauptstadt auszeichnen.
   b) Suche die unterstrichenen Sehenswürdigkeiten in der Abbildung M1.

2. Finde Gründe, warum die römischen ↦ Kaiser, so viele Prachtbauten errichten ließen.
   ↦ **Tipp:** S. 177

Unter diesem Web-
code kannst du dir
den Text anhören.

WES-117710-037

ZEITREISE ››› Ein Stadtrundgang in Rom

Quintus: Philippos und Helene kommen bald, und wir müssen uns um sie kümmern. Große Lust habe ich nicht. Wie sollen wir uns überhaupt verständigen?

Claudia: Mit unserem Griechisch, das uns der Sklave Patroklos beigebracht hat, wird es schon klappen. Hände und Füße haben wir ja auch noch. Bestimmt wird es nett! Lass uns mal überlegen, was wir mit ihnen unternehmen!

Quintus: Naja, sie sollen schon merken, dass Rom die prächtigste Stadt der Welt ist. Athen ist ja nichts dagegen.

Claudia: Angeber! Du warst doch noch nie in Athen. Aber einen Tag brauchen wir mindestens, um ihnen zu zeigen, was man in Rom gesehen haben muss. Am besten starten wir auf dem Kapitol.

Quintus: Ja, von dort hat man einen tollen Blick auf den Tiber und die Aquädukte. Und da sehen sie auch gleich den Circus Maximus und das neue Kolosseum.

Claudia: Und wenn wir schon einmal auf dem Kapitol sind, können unsere Gäste gleich in den Tempeln den Göttern danken, dass sie heil übers Meer gekommen sind.

Quintus: Weiter geht's die Stufen vom Kapitol hinunter zum alten Forum. Auf jeden Fall müssen wir ihnen die Prunkvillen der Kaiser auf dem Palatin zeigen. Die werden sie umhauen.

Claudia: Reicht das nicht fürs Erste?

Quintus: Na, zum Grabmal des Augustus auf dem Marsfeld müssen wir unbedingt. Ohne diesen Friedensstifter sähe es in Rom ganz anders aus, sagt Vater immer. Aber bis zum Marsfeld ist es natürlich ganz schön weit. Und das bei der Hitze!

Claudia: Wir können ja im Schatten der Arkaden bleiben. Langweilig wird es bestimmt nicht. Was für Typen auf der Via Flaminia unterwegs sind! Da habe ich Leute mit strohblondem Haar und seltsamer Kleidung gesehen, manche richtig zum Fürchten. Da merken sie, dass Rom eine Weltstadt ist.

Quintus: Danach müssen wir aber eine Pause machen! Am besten gehen wir zurück am Pompeius-Theater entlang, dort gibt es mehrere Schnellimbisse. Gut gewürztes Fleisch mit frischem Fladenbrot und ordentlich Fischsoße darüber. Da freu ich mich jetzt schon drauf!

Claudia: Trinkflaschen brauchen wir nicht mitzunehmen. An jeder Ecke gibt es ja Brunnen mit Wasser aus den Bergen. Was meinst du: Ob es in Athen wohl auch so viele öffentliche Klos mit Wasserspülung gibt wie bei uns?

Quintus: Glaub ich nicht. — Aber was machen wir am Nachmittag? Die Foren müssen wir uns wohl noch etwas näher ansehen. Von dort aus wird die Welt regiert, meinen die Senatoren doch immer! Und erst wenn man in den Hallen und Tempeln ist, spürt man, wie riesig sie sind.

Claudia: Und durch die Verkaufshallen müssen wir auf jeden Fall noch gehen. Das wird Helene auch mögen, vielleicht findet sie eine Seidenstola oder eine Parfüm-salbe.

Quintus: Mir macht es am meisten Spaß, den Marktschreiern zuzuhören. Aber das reicht dann auch als Programm für den ersten Tag. Schließlich gibt es zu Hause bestimmt noch ein Fünf-Gänge-Menü!

Claudia: Und am nächsten Tag können wir ja dann mit ihnen in die Thermen gehen …

‹‹‹

Alltagsleben und Freizeit in Rom

In Rom, der Hauptstadt des Reiches, lebten zur Kaiserzeit etwa eine Million Menschen, die meisten von ihnen in einfachen Unterkünften. Doch die Stadt bot
5 beliebte Freizeiteinrichtungen für alle. In ihnen konnte man sich an vielen Feiertagen kostenlos erholen und vergnügen. Die ↪ Kaiser ließen große, prächtige Theater oder Thermen errichten
10 und sorgten durch Anordnungen dafür, dass etwa jeden zweiten Tag »Zirkusspiele« stattfanden.

Was könnten Gründe dafür gewesen sein? ↪ Historikerinnen und Historiker gehen
15 davon aus, dass die Kaiser die Römerinnen und Römer beeindrucken wollten: Das Volk sollte dankbar sein. Aus demselben Grund sorgten sie auch für die Einfuhr von Getreide auf Staatskosten und ließen es an
20 die Bevölkerung verteilen. Dieses Vorgehen wird als »Brot und Spiele« bezeichnet: Die Menschen sollten friedlich hinnehmen, dass – anders als früher – die Herrschaft allein vom Kaiser ausging. Unruhen sollten nicht aufkommen.

IN DER GRUPPE

 ein Thema erschließen und ein digitales Plakat gestalten

Auf den folgenden fünf Seiten lernt ihr das Leben im Rom der Kaiserzeit näher kennen. In Quellentexten und Bildern begleitet ihr Römerinnen und Römer in die Thermen, ins Colosseum, in den Circus, in ein Wohngebiet oder zu einem Gastmahl. Bearbeitet die Themen im Gruppenpuzzle.

1. Bildet Fünfer-Stammgruppen. Jedes Gruppenmitglied übernimmt ein Thema, liest die Texte und sieht sich die Abbildungen genau an.

2. Diejenigen, die dasselbe Thema gewählt haben, bilden nun Expertengruppen. Stellt gemeinsam die interessantesten Informationen auf euren digitalen Endgeräten in kurzen Texten (z. B. in der digitalen Mappe oder dem Textverarbeitungs- oder Notiz-Tool) zusammen.

3. a) Geht in eure Stammgruppen zurück und gestaltet gemeinsam ein digitales Lernplakat, Überschrift: *»Alltagsleben und Freizeit in Rom«*. Nutzt eure digitalen Infotexte. Unter dem Webcode links findet ihr passende Bilder.

   Tipp: Beachtet die Hinweise zur digitalen Plakatgestaltung auf S. 175 (mit Erklärvideo).

b) Legt eure Plakate in einem Ordner der digitalen Dateiablage eurer Klasse (z. B. IServ) ab, sodass alle aus der Klasse Zugriff darauf haben. Benennt sie mit einem eindeutigen Dateinamen (z. B. »Rom_Alltagsleben_Gruppe1«).

4. Betrachtet die Plakate nacheinander auf euren digitalen Endgeräten und sprecht darüber, was gelungen ist. Notiert dies für jedes Lernplakat. Schreibt dann auch eure Verbesserungsvorschläge und Fragen auf.

5. Besprecht abschließend in der Klasse, ob sich alle der Alltagssituationen und Freizeitmöglichkeiten auf alle Bewohnerinnen und Bewohner Roms bezogen oder nur für bestimmte Gruppen zugänglich waren.

WES-117710-038

Die Thermen: antike Spaßbäder?

»Ein gesunder Geist ist in einem gesunden Körper«, sagten die Römer. Um sich zu pflegen, konnten sie die Thermen besuchen. Das waren riesige Badeanstalten, zu denen nicht nur Badebecken, sondern auch Sporträume, Bibliotheken und Außenanlagen gehörten. ↦ Sklavinnen und Sklaven boten Massagen oder Haarschnitte an – oder sie bedienten die Fußbodenheizung, die für Wärme in den Hallen sorgte.

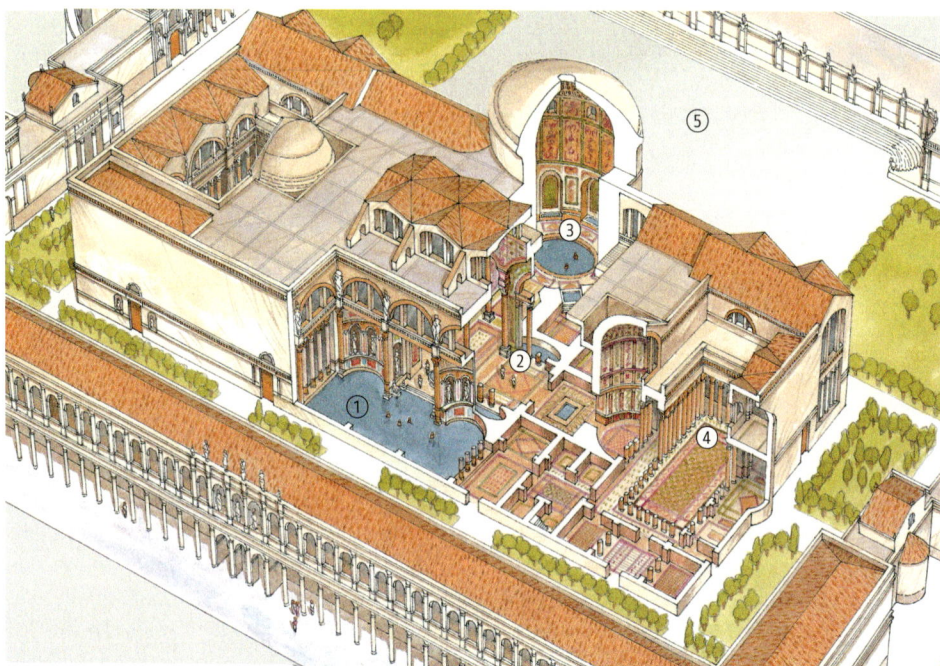

M1 Rekonstruktionszeichnung der Caracalla-Thermen in Rom. Ihr Name geht auf Kaiser Caracalla zurück, da sie in seiner Amtszeit (212–217 n. Chr.) erbaut wurden.
① Schwimmbad im Freien,
② Frigidarium (Kaltbad),
③ Caldarium (Warmbad),
④ Gymnasium (Sportraum),
⑤ Hof/Garten

M2 Das Vergnügen der anderen

Der Philosoph Seneca klagt in einem Brief:
Stille ist so notwendig für einen, der in seine Studien vertieft ist. Doch direkt oberhalb von Thermen wohne ich. Stelle dir nun alle Arten von Geräuschen vor.
5 Wenn Kraftprotze üben und ihre Hände schwingen, die mit Bleigewichten beschwert sind. Wenn sie sich abmühen, höre ich ihr Stöhnen. Wenn sich jemand mit dem Einsalben begnügt, höre ich das Klatschen der
10 Hand, die auf die Schultern schlägt. Wenn ein Ballspieler dazukommt und die Bälle zu zählen beginnt, ist es mit meinen Studien ganz vorbei. Und dann noch das Geschrei eines Streithahnes, eines ertappten Diebes
15 oder von einem, dem seine Stimme im Bad gefällt oder das Geplatsche derer, die ins Becken springen! Denke dann noch an einen Haarauszupfer, der seine dünne schrille Stimme unent-
20 wegt ertönen lässt, um sich bemerkbarer zu machen. Der ist nur still, wenn er einem Kunden die Achselhaare auszupft, der dann an seiner Stelle schreien muss. Schon höre ich die verschiedenen
25 Rufe von Getränkeverkäufern, Wursthändlern, Bäckern und Imbissbetreibern, wie sie auf eigene Weise ihre Waren anpreisen.
Seneca: Epistulae morales ad Lucilium ep. 56,1–2, S. 20–23 (übersetzt von Bernd Zaddach)

M3 Die Funktionsweise einer römischen Wand- und Fußbodenheizung

Ein Besuch im Kolosseum

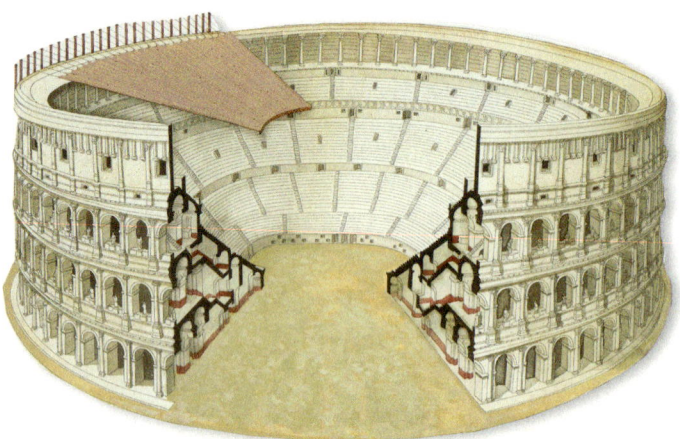

M1 Der Aufbau der Zuschauerränge im Kolosseum (mit Sonnensegel), Rekonstruktionszeichnung

Der bekannteste Ort für »Spiele« und zugleich das größte Amphitheater in Rom war das Kolosseum mit 50 000 Plätzen. Die besten direkt über der Arena waren für die Männer der Oberschicht und den ↦ Kaiser mit seinem Gefolge vorgesehen.

5 Vor allem Kämpfe fanden hier statt: Vormittags konnte man zuschauen, wie Tiere gegeneinander gehetzt oder von Gladiatoren getötet wurden. Nachmittags kämpften Gladiatoren gegeneinander. Falltüren, Rampen und Aufzüge machten es möglich, dass wilde Tiere oder Gladiatoren wie aus dem Nichts in der Arena
10 auftauchen oder verschwinden konnten! Oft wurde auf Zuruf der Menge entschieden, ob ein Unterlegener geschont oder vom Sieger getötet werden sollte.

M2 Die Eröffnung

Der römische Historiker Cassius Dio beschrieb die Eröffnung des Kolosseums im Jahr 80 n.Chr. unter Kaiser Titus:

Da gab es einen Kampf zwischen Kranichen und einen zwischen vier Elefanten. Zahlreiche Männer fochten als Einzelkämpfer und nicht wenige Gruppen kämpften in
5 Land- und Seeschlachten miteinander. Denn Titus ließ das Kolosseum mit Wasser füllen und zahme Tiere hereinbringen, die dazu abgerichtet waren, sich im Wasser so wie an Land zu verhalten. [...] Am zweiten
10 Tag folgte ein Wagenrennen und am dritten eine Seeschlacht mit 3 000 Mitwirkenden, dem sich noch ein Fußtruppen-Gefecht anschloss. Diese Spiele dauerten einhundert Tage.
15 Währenddessen stiftete der Kaiser auch mancherlei Dinge von praktischem Wert für das Volk: So warf er von seinem erhöhten Platz aus kleine, mit verschiedenen Zeichen versehene Holzbälle ins Publikum.
20 Dabei bedeutete dann ein Zeichen etwas Essbares, ein anderes Kleidung, wieder ein anderes ein Silber- oder gar Goldgefäß. Zu gewinnen waren auch Vieh und ↦ Sklaven.

Cassius Dio: Historia Romana 66, 25, 3–5. Zit. nach: Lenelotte Möller. a.a.O., S. 840 (bearbeitet)

M3 Kämpfende Gladiatoren und Tiere, Mosaik, um 320 n.Chr.

Eine Attraktion im Circus Maximus

M1 Ein Wagenrennen im Circus Maximus könnte für Zuschauer auf den besten Plätzen so ausgesehen haben. Rekonstruktionszeichnung von Peter Connolly

Neben Theatervorführungen und Gladiatoren- oder Tierkämpfen zählten Wagenrennen zu den beliebtesten Freizeitvergnügen der Römer. Die größte Rennbahn
5 im ganzen Römischen Reich bot dafür der Circus Maximus (M1/ ②, S. 138). Sie war 570 m lang. Auf den Rängen des Circus fanden etwa 250 000 Menschen Platz – und meistens war er gut besucht!

10 Bei einem Wagenrennen musste die Bahn sieben Mal umrundet werden. Dabei versuchten die Fahrer, sich gegenseitig wegzudrängen oder vom Wagen zu stoßen. Um nicht herunterzufallen, wickelten sie
15 sich die Zügel um den Körper. Erfolgreiche Wagenlenker wurden wie heutige Sportstars verehrt; sie konnten zu Millionären werden! In Rom gab es vier Rennställe, die nach Farben unterschieden wurden: Rot,
20 Blau, Weiß und Grün.

M2 Wagenrennen, (k)eine Freude?

Der Politiker Plinius der Jüngere lebte um 100 n. Chr. Er schrieb in einem Brief:
Es gab neulich Zirkusspiele in Rom, ein Vergnügen, das mich überhaupt nicht reizen kann. Es reicht, wenn man sie einmal gesehen hat. Umso mehr wundert
5 mich, dass so viele Tausend Erwachsene so kindisch immer wieder danach verlangen, die rennenden Pferde und die auf den Wagen stehenden Männer zu sehen. Wenn sie von der Schnelligkeit und
10 der Geschicklichkeit der Lenker begeistert wären, hätte es ja noch einen Sinn. Sie aber jubeln den Farben ihrer Mannschaft zu. Das gilt nicht nur für die einfachen Leute, sondern auch für ernsthafte Männer.
15 Wenn ich daran denke, dass die Leute bei einer so sinnlosen Sache ihre Zeit vertun, habe ich Spaß daran, dass ich daran keinen Spaß habe.
Plinius der Jüngere: Epistulae IX, 6 (übersetzt von Bernd Zaddach)

Wohnen in Rom

M1 Römische Straßenszene mit Brunnen (Rekonstruktionszeichnung)

Fast 50 000 Mietshäuser gab es zur Kaiserzeit in Rom. Es waren mehrgeschossige Gebäude, in denen viele kleine Wohnungen und – zu ebener Erde – Läden, Wirtshäuser
5 und Werkstätten untergebracht waren. Wie Inseln vom Meer waren die Mietshäuser auf allen Seiten von Straßen umgeben. Deshalb nannte man sie »Insulae« (Einzahl: »Insula«). Die meisten Wohnungen darin
10 waren klein. Oft mussten sich mehrköpfige Familien mit einem einzigen Raum begnügen. Wasser holte man sich aus öffentlichen Brunnen an Plätzen, wo es auch öffentliche Toiletten gab. Meist wur-
15 den aber Nachttöpfe benutzt, die man an Sammelstellen entleeren konnte.

Wohlhabende römische Familien dagegen lebten in freistehenden Häusern, deren Mittelpunkt ein Innenhof, das Atrium,
20 war: Sie schirmten das Familienleben nach außen gegen Hitze und Lärm ab.

M3 Weltstadttrubel

Der Dichter Martial lebte um 100 v. Chr. in Rom. In einer seiner Schriften klagte er:
Du fragst, warum ich zu meinem kleinen, bescheidenen Landhaus aufbreche?
In Rom gibt es keinen Ort, wo man zum Nachdenken oder zur Ruhe kommt, mein
5 Freund. Die Lehrer vermiesen einem das Leben am Morgen mit ihren lauten Belehrungen, die Bäcker in der Nacht und die Hämmer der Schmiede den ganzen Tag. Hier klimpert der faule Geldwechsler mit
10 seinem Kleingeld auf dem schmutzigen Tisch, dort hämmert einer, der mit seinem Schlägel Blattgold verarbeitet. Die Anhänger der Kriegsgöttin Bellona geben mit ihren lauten Gebeten nie Ruhe, auch
15 nicht der Junge, der von seiner Mutter zum Betteln erzogen wurde oder der triefäugige Straßenhändler. Nachts schreckt mich das Lachen der Passanten auf, als ob ganz Rom an meinem Bett steht.
Martial: Epigramme XII, 57 (übersetzt von Bernd Zaddach)

M2 Modell eines mehrstöckigen Mietshauses in Ostia

Römische Gastlichkeit

M1 Ein Gastmahl als Motiv eines Fußbodenmosaiks aus dem späten Römischen Reich

Mahlzeiten in Italien: Man frühstückt fast im Vorbeigehen, ein kleiner Imbiss reicht zur Mittagszeit, am Abend aber folgt ein Essen mit mehreren Gängen. So hielten es
5 die Menschen auch in der ↦ Antike.

Für die Angehörigen der Oberschicht war es zudem üblich, möglichst oft zu einem Gastmahl einzuladen. Dabei wollten sie ihre Gäste nicht nur mit erlesenen Speisen
10 beeindrucken, sondern auch mit kostbar ausgestatteten Speiseräumen. In ihnen lagen sich die eingeladenen Männer – Frauen und Kinder speisten in Nebenräumen – auf Liegen gegenüber. Wein und
15 Speisen, die meist schon vorher mundgerecht zerlegt worden waren, wurden ihnen in kostbaren Gefäßen gereicht.

M2 Das richtige Maß finden

Plinius der Jüngere berichtete um 100 n. Chr. von einem Gastmahl:
Ich war bei einem Bekannten zu Gast, der sich selbst für vornehm und aufmerksam hielt, den ich aber geizig und verschwenderisch fand. Sich und einigen Auserwählten ließ er Leckereien auftischen,
5 den übrigen Gästen billige Speisen in kleinen Portionen. Den Wein stellte er in drei Krügen bereit, den einen – den besten! – für sich und uns, einen anderen für weniger gute Freunde und einen dritten für seine und unsere ehemaligen ↦ Sklaven.
Der neben mir am Tisch lag, fragte mich: »Und wie machst du
10 es?« – »Ein und dasselbe setze ich allen vor. In jeder Hinsicht behandele ich die gleich, die ich zu einem Gastmahl einlade.«
»Auch die freigelassenen Sklaven?« – »Ja, auch sie. Denn für mich sind sie Gäste, keine Freigelassenen.«
»Ist das nicht zu teuer für dich?« - »Aber nein! Denn meine
15 Freigelassenen trinken natürlich nicht dasselbe wie ich, sondern ich dasselbe wie die Freigelassenen.« […]
Es fällt einem nicht schwer, viele Gäste zu haben, wenn man Gaumen und Kehle zügelt. Sie muss man mäßigen, um die Kosten im Rahmen zu halten. Das schafft man mit eigener Zurückhaltung, ohne
20 manche Gäste zu kränken. Denk also dran: Vermeide diese neumodische Verbindung von Luxus und Geiz. Jedes für sich ist schon abscheulich, aber viel schlimmer ist die Verbindung von beiden.
Plinius: Epistulae II, 6 (übersetzt von Bernd Zaddach)

Pompeji – eine Stadt erstarrt

M1 Blick auf den ehemaligen Marktplatz (das Forum) von Pompeji; im Hintergrund der Vesuv

August, im Jahr 79 n. Chr.: Der Vulkan Vesuv ist ausgebrochen! Selbst im 30 km entfernten Misenum bebt die Erde. Asche und Steinbrocken fallen auf die Menschen, die
5 ihre einstürzenden Häuser verlassen. Panik macht sich breit: »Man hörte das Geheul der Kinder, das Jammern der Frauen, das Schreien der Männer. Viele erhoben ihre Hände zu den Göttern, aber die Mehrzahl
10 meinte, es gäbe nirgends mehr Götter und diese Nacht sei ewig und die letzte für die Welt«, berichtete Plinius der Jüngere von Misenum.

Unvorstellbar, was erst in den Bewohnern
15 von Pompeji, das unmittelbar am Fuße des Vesuvs lag, vorgegangen sein muss! Von Asche- und Gesteinsmassen wurden sie regelrecht begraben oder von giftigen Gaswolken erstickt. Mit dieser Katastrophe
20 hatte niemand gerechnet.

Etwa 10 000 Einwohner hatte Pompeji, als der Vesuv ausbrach. Kaum einer von ihnen wird mit dem Leben davongekommen sein. Dabei hatte die fruchtbare Landschaft süd-
25 lich von Rom den Menschen vorher gute Lebensbedingungen geboten. Viele waren wohlhabend. Die Reichen besaßen prächtige Villen und wurden von Handwerkern, Kaufleuten sowie ↦ Sklavinnen und Skla-
30 ven gut versorgt.

M2 In Pompeji entdeckte man viele Hohlräume, die die zerfallenen Körper der Toten in der Asche hinterlassen haben. Man hat sie mit Gips ausgegossen. So entstanden plastische Bilder, die zeigen, wie Menschen und Tiere gestorben sind.

Pompeji erforschen

↦ Archäologinnen und Archäologen erforschen seit etwa 250 Jahren, was geschah. Ihre Ausgrabungen zeigen, wie manche Einwohner starben:
– Eine Frau wurde von einem einstürzen-
35 den Dach erschlagen, als sie gerade versuchte, ihre Wertsachen zu retten.
– In der Ringerhalle starben ein Chirurg mit seiner Instrumententasche und ein Ringer, der Massageöl bei sich hatte.
40 – In einer Bäckerei fand man zwei Maultiere mit gebrochenem Rückgrat, die den Mühlstein im Kreis bewegt hatten.
– Angekettete Gefangene erstickten in der Gladiatorenkaserne.

M3 (linke Spalte) Ein Mosaik aus Pompeji, das vermutlich im 1. Jahrhundert n. Chr. entstanden ist **M4** Getreidemühlen einer Bäckerei. Auch die Form dieses Brotes blieb erhalten:

45 Dadurch, dass die Ascheschicht den Zustand Pompejis im August des Jahres 79 n. Chr. konserviert hatte, konnten aber auch viele wissenschaftliche Erkenntnisse gewonnen werden. ↦ Historikerinnen und
50 Historiker fanden z. B. heraus,
  – dass es in der Stadt über 40 Bäckereien und Imbissbuden an fast jeder Ecke gab,
  – mit welcher Technik die Mühlen betrieben wurden (S. 122),
55 – wie die Bewohner ihre Gärten gestalteten und bewässerten, welche Blumen und Gemüsesorten sie dort anbauten,
  – dass sie ihre Räume mit kunstvollen Wandmalereien ausschmückten.

60 Anhand von erhaltenen Skeletten konnte zudem erforscht werden, was die Menschen aßen, an welchen Krankheiten sie litten und wie alt sie wurden. Und viele Graffiti an Häuserwänden geben Aufschluss darüber,
65 was sie in ihrem privaten Alltag bewegte.

Heute: Vorsorgen

Bei einem ähnlich heftigen Ausbruch des Vesuvs wie vor knapp 2 000 Jahren wären heute etwa zwei Millionen Menschen unmittelbar gefährdet. Alarmpläne liegen
70 bereit, Fluchtwege sind ausgearbeitet. Es bleibt zu hoffen, dass sie ausreichen, falls es zur Katastrophe kommt.

M5 Graffiti, in Pompeji entdeckt

Lucilius grüßt seine Lucida wo sie auch ist

WÄHLT GAJUS POLYBJUS ZUM ÄDJL! ER SORGT FÜR GUTES BROT

Von Gnaeus Nigidius werden ab 1. Juli vermietet: Läden mit Oberzimmern. vornehme Speisezimmer und ein Haus

Die Gladiatoren des Lucretius werden am 31. JULI kämpfen! Es gibt Tierhetzen und Sonnensegel

Wir sind alle voll wie die Weinschläuche!

CELADUS TRAX IST DER SCHWARM ALLER MÄDCHEN

ICH BEWUNDERE DICH, MAUER, DASS DU NOCH STEHST, WO DU DIE SCHWEINEREIEN SO VIELER SCHMIERFINKEN ERTRAGEN MUSST!

Hieronymus Geist/Werner Krenkel: Pompejanische Wandinschriften, München: Heimeran 1960

---

1. Der Dichter Goethe formulierte 1787 nach einem Besuch in Pompeji: »Es ist viel Unheil in der Welt geschehen, aber wenig, das den Nachkommen so viel Freude gemacht hat.« Erläutere diesen Satz anhand der Materialien und Informationen auf dieser Doppelseite.

2. Wandkritzeleien begegnen dir häufig in deiner Umgebung, vielleicht sogar in der Schule. Sammle einige (mindestens fünf) und vergleiche sie mit denen aus Pompeji (M5).

Römer in Germanien

M1 Begegnungen vor einem römischen Militärlager. Rekonstruktionszeichnung

In den Provinzen entstehen römische Städte

Die meisten Gebiete, in die römische Truppen vordrangen, waren nur dünn besie-
10 delt. Die Menschen, auf die die Römer dort trafen, erschienen ihnen oft unzivilisiert[1]. Das trifft auch auf die Germanen zu, die in einfachen Dörfern von Viehzucht und wenig ertragreichem Getreideanbau lebten.
15 In solch einem Gebiet waren die Kastelle Rückzugsorte für die römischen Soldaten und ihre Familien, die mit ihnen gezogen waren. In diesen Stützpunkten versorgten sie sich, und von hier aus sicherten sie das
20 eroberte Gebiet für Rom.

Manche der Militärlager bauten die Römer zu Städten aus: mit Marktplatz, Wasserversorgung, Thermen und Theater. Händler brachten Waren auch aus ferneren ↦Pro-
25 vinzen des Reiches dorthin. So wurden bei Ausgrabungen von römischen Städten und Militärlagern im Gebiet der ehemaligen Provinz Germanien Schalen von Austern, Scherben von Gefäßen aus Gallien, Spanien
30 und Griechenland gefunden. In manchen wurden Öl, Wein oder Oliven nach Germanien eingeführt.[2]

Nach und nach ließen sich einheimische Handwerkerfamilien und Kaufleute auch in
35 den Städten und um sie herum nieder, um ihre Waren dort zu verkaufen. Viele Menschen aus der Umgebung der Römerstädte wurden von den dortigen Lebensbedingungen angezogen. So begannen bereits
40 Kinder und Enkel der Unterworfenen, die römische Lebensweise anzunehmen.

Während die Menschen in der Hauptstadt Rom ihren Vergnügungen nachgingen, eroberten römische Truppen weiter fremde Gebiete. Oft errichteten sie dort Militär-
5 lager, sogenannte Kastelle. M1 zeigt eine Szene, die sich vor einem Kastell in Germanien abgespielt haben könnte.

---

1. Betrachte M1 und beantworte folgende Fragen:
  – Wer ist hier römisch, wer germanisch?
  – Was für Kontakte zwischen Römern und Germanen sind zu erkennen?
  – Welche Arbeiten und Beschäftigungen werden gezeigt?
  – Wie unterscheiden sich die Gebäude voneinander und wozu dienten sie vermutlich?

Veränderungen auch auf dem Land

Wenn römische Soldaten aus dem Militärdienst entlassen wurden, erhielten sie – als sogenannte **Veteranen** – ein Stück Land
45 zur Bewirtschaftung. Auch das diente der

Germanien zur Römerzeit (150 n. Chr.)
● Legionslager und Städte (heutige Namen)
▭ Kastell
━━━ wichtige Straße
╍╍╍ Handelsweg
ᴜᴜᴜ Limes
Ubier Germanenstämme (in Auswahl)

0   100   200 km

© Westermann 1393GX_2

M2 Karte: Germanien um 150 n. Chr.

Wo nicht Meere, Wüsten oder große Flüsse natürliche Grenzen bildeten, bauten die Römer einen Grenzwall, den »Limes«. Seine Reste sind im heutigen Süddeutschland an manchen Orten noch gut erkennbar. Die Abbildung oben zeigt eine Rekonstruktion im Modell.

Herrschaftssicherung, denn wenn ein ehemaliger Soldat in der Provinz blieb, konnte er im Notfall wieder einberufen werden und zur Verteidigung der Grenzen beitragen.

50 Die meisten Veteranen verfügten über besondere handwerkliche Fertigkeiten, die sie sich in ihrer Heimat und als Legionäre angeeignet hatten – z. B. beim Straßenbau, in Handwerksbetrieben wie Ziegeleien und
55 in der Landwirtschaft. Diese Fertigkeiten waren ihnen nun nützlich: Um ihr Land zu bewirtschaften, verwendeten sie häufig Getreide-, Gemüse- und Obstsorten, die sie aus ihrer Heimat am Mittelmeer kannten.

60 In Germanien z. B. legten römische Veteranen an sonnigen Hängen die ersten Weinberge an und führten kräftigere Viehsorten aus dem Süden ein. Sogar die Hauskatze brachten sie mit in die
65 nördlichen Provinzen! Die Einheimischen übernahmen nach und nach die von den Römern eingeführten Neuerungen, sodass der römische Lebensstil bald auch die Provinzbevölkerung prägte.

Das Leben wird römisch

70 Wie stark das Leben der Germanen von den Römern verändert wurde, lässt sich gut am Einfluss der lateinischen Sprache erkennen: Die Soldaten und die Beamten, die die Provinzen verwalteten, sprachen
75 nur Latein. Wer etwas von ihnen wollte, musste ihre Sprache lernen. Vor allem für viele Handelsgüter setzten sich lateinische Bezeichnungen durch. Noch heute gibt es sie im Deutschen als Lehnwörter[3].

80 Für die germanische Oberschicht, wurde es selbstverständlich, Latein zu beherrschen. Viele Germanen hatten im römischen Heer gedient. Sie kleideten und ernährten sich wie Römer und besuchten Thermen und
85 Theater. Viele erlangten das römische ↦ Bürgerrecht.

Eine solche Entwicklung, bei der eroberte Provinzen in Sprache, Wirtschaftsweise und Lebensform von den römischen Eroberern
90 geprägt und nach deren Vorbild zivilisiert[1] wurden, nennt man ↦ **Romanisierung**.

1 unzivilisiert: rückständig. Das Gegenteil, **zivilisiert**, bedeutet »hoch entwickelt«.

2 Schau dir dazu auch den Film an, der unter diesem Webcode abgerufen werden kann:

WES-117710-039

3 Lehnwort: (von »lehnen« im Sinne von »leihen«): aus einer anderen Sprache übernommenes Wort

ZEITREISE ››› Zu Besuch im Römischen Reich

Ein kühler Herbsttag im Jahr 220 n. Chr.: Dietmar und Gerhild, zwei junge Germanen, sind mit frisch gesammelten Pilzen unterwegs, um sie jenseits der Grenze
zu verkaufen. Da sie das schon oft getan haben, kennen sie sich in der Sprache der
Römer so weit aus, dass sie die vielen fremden Dinge dort richtig bezeichnen können.

5 Am Limes angekommen, müssen sie erst einmal **tolonium** bezahlen. Wer keine
monetae hat, darf die Grenze, die aus einem **palum** neben dem anderen und einem
mächtigen **vallum** aus gestampftem Lehm besteht, nicht passieren. Über die **via
strata** mit ihrem **plastrum** haben sie trotz des Regens von letzter Nacht die **milia**
bis zur Stadt schnell zurückgelegt.

10 Schon sind sie am Haus des Kaufmanns angelangt. Nebenan wird gerade ein neues
Gebäude errichtet. Das **cellarium** ist bereits fertig, der **murus** wird noch hochge-
zogen. Vor der Baustelle lagern die **tegulae**, mit denen später das Dach gedeckt
werden soll.

Durch die **porta** betreten die beiden das Haus des Kaufmanns. Hier lagert ein
15 **saccus** neben dem anderen, gefüllt mit getrockneten **fructi** und Gewürzen. Hm,
wie das riecht! Ein Knecht fährt mit einem **carrus** mehrere **cistae** und **corbes**
herein. Während der **caupo** ihnen die **monetae** für ihre Ware gibt, ist seine Frau
nebenan in der **coquina** gerade mit dem **coquere** fertig. Sie lädt die beiden ein,
mit ihnen zu essen. Auf der hölzernen **tabula** stehen schon einige **pannae** mit
20 Speisen. Lecker! ‹‹‹

M 3 Römische Waren

Relief aus der Hafenstadt Ostia nahe Rom, um 200 n. Chr.

Römische Wandmalerei, 1. Jahrhundert n. Chr.

Funde aus römischen Städten im heutigen
Süddeutschland

M4 Ein germanisches Bauernhaus, rekonstruiert für ein Freilichtmuseum

M5 Blick in das rekonstruierte Speisezimmer eines Hauses der Stadt Augusta Rauricorum (heute Augst, in der Schweiz). Das Haus verfügte über eine Wand- und Fußbodenheizung (↦ M3, S. 141)

M6 Ein Römer über die Germanen

Der römische Geschichtsschreiber Tacitus beschrieb im 1. Jahrhundert n. Chr. die Lebensweise der Germanen:

Bei den Germanen gedeiht Getreide; Obst hingegen nicht. Vieh gibt es reichlich, doch zumeist ist es recht klein.

5 In den Grenzgebieten kennen sie unser Geld und nehmen es gerne; doch im Inneren des Landes herrscht noch einfacher Tauschhandel.

Die Germanen tragen einen Umhang, den eine Spange zusammenhält. Nur die 10 Reichsten haben noch Untergewänder. Man trägt auch Tierfelle.

Zum Hausbau verwenden sie nicht Bruchsteine oder Ziegel, sondern unbehauenes Holz, ohne auf ein gefälliges oder 15 freundliches Aussehen zu achten.

In jedem Haus wachsen die Kinder nackt und schmutzig zu dieser von uns bestaunten Größe heran.

Als Getränk dient den Germanen ein Saft 20 aus Gerste oder Weizen, der durch Gärung eine gewisse Ähnlichkeit mit Wein erhält. Die Kost ist einfach: wildes Obst, frisches Wild oder geronnene Milch. Ohne feine Zubereitung, ohne Gewürze vertreiben sie 25 den Hunger.

Tacitus: Germania, 5, 16–17, 23 (übersetzt von Bernd Zaddach)

M7 Eine Forschungsmeinung

Die Historikerin Miriam Sénécheau schrieb:
Ihr Aussehen war den Germanen keineswegs gleichgültig. Funde aus dem Moor beweisen: Sie führten eine Art Kulturbeutel mit sich. Dieser Kulturbeutel enthielt Holzstäbchen für die Zahnpflege, eine Schere, ein Rasiermesser, eine Pinzette und einen Kamm aus Horn.

Miriam Sénécheau: Der Fund als Fakt? in: Eva Pirker u. a. (Hrsg.): Echte Geschichte. Bielefeld 2010, S. 93–121 (bearbeitet)

WES-117710-039

---

2. Finde die passenden deutschen Wörter für die in der »Zeitreise« verwendeten lateinischen Begriffe.

3. Gerhild und Dietmar schildern ihren Gastgebern das Leben in Germanien. Was könnten sie erzählen? Lies dazu M6 sowie M7 und beachte M4.

4. Erkläre mithilfe des Darstellungstextes, womit die Römer das Leben in den Provinzen veränderten. Sieh dir auch den Film unter WES-117710-039 an.

5. Stell dir vor, du bist eine Germanin oder ein Germane. Was würde dich bewegen, in eine römische Provinz zu ziehen, oder dich veranlassen, lieber in deinem Heimatdorf zu bleiben?
↦ **Tipp:** S. 177

6. a) Fasst zusammen: Was macht Romanisierung aus?
b) Diskutiert, ob die Romanisierung einen Fortschritt für die eroberten Gebiete bedeutete.

Römische Spuren in unserem Alltag

1. Römische Sprache und Schrift wirken bis in unseren Alltag nach. Wählt zu zweit eines der folgenden Themen aus und recherchiert dazu Informationen im Internet. Ihr könnt die Anregungen unter den Texten nutzen, aber auch andere Aspekte wählen, die euch interessant erscheinen.

M1 Eine Klappkarte

🔍 Im Internet recherchieren

Bevor du anfängst, Informationen zusammenzustellen, mach dir klar, was du wissen willst. Eine Orientierung bieten dir die Anregungen unten. Gehe dann in folgenden Schritten vor:

– *Suche Informationsquellen.*
a) Erste Hinweise erhältst du mithilfe verlässlicher Suchmaschinen, z. B.:
www.fragfinn.de,
www.blinde-kuh.de oder
www.helles-koepfchen.de.
Diese Suchmaschinen bieten keine eigenen Texte an, sondern stellen Links auf Webseiten zu verschiedenen Fachgebieten bereit.
b) Eine Suchmaschine mit Artikeln für Kinder ist
klexikon.zum.de.
c) Eine Webseite, die geschichtliche Themen behandelt, ist beispielsweise **www.kinderzeitmaschine.de**. *Hier sind Informationen knapp und verständlich aufbereitet.*

– *Gib einen Suchbegriff ein. Fast alle Webseiten geben ein Suchfeld vor, in das du Suchbegriffe eintragen kannst. Keine oder aber sehr viele Ergebnisse sind ein Zeichen dafür, dass du die Suche mit anderen Begriffen ausprobieren solltest. Wenn du dich z. B. über lateinische Sprichwörter informieren möchtest und den Begriff »Latein« eingibst, ist dies zu ungenau; du erhältst zu viele Ergebnisse.*

– *Schreibe Informationen heraus und sortiere sie. Notiere Stichworte zu deinem Thema. Was wichtig ist, hängt von der Fragestellung ab, die du bearbeitest. In der Forschung gibt man auch an, wo die Informationen gefunden wurden. Schreibe die Fundstellen (Links) zu deinen Informationen auf.*

Latein – die Sprache des Römischen Reiches

Die Römer verbreiteten ihr Latein überall, wo sie ↦ Provinzen gründeten. Viel Lateinisches hat sich bis in unsere Zeit erhalten. So steckt es nicht nur in manchem Mar-
5 kennamen – wie etwa »Nivea« (»schneeweiß«) oder »Audi« (»horch«). Auch gehen zahlreiche im Deutschen geläufige Fremdwörter auf Latein zurück. So sagt man statt »beispielhaft« auch »exemplarisch«, was
10 vom lateinischen Wort »exemplum« für »Beispiel« abgeleitet ist. Darüber hinaus werden manchmal lateinische Sprichwörter zitiert – wie »Carpe diem« (M1). Wörtlich übersetzt heißt das: »Pflücke den Tag.«
15 Aber was bedeutet es?

ANREGUNG

– Findet in einer Internetrecherche die deutschen Übersetzungen und die Bedeutungen der folgenden Sprichwörter heraus:
»Carpe diem.« – »Veni, vidi, vici.« – »Alea iacta est.« – »Errare humanum est.« – »In dubio pro reo.«

Unser sprachliches Profil

Klasse	Sprachen	
ab 5	Englisch	Englisch
ab 6	Latein	Französisch
ab 8	Spanisch	Spanisch oder Latein

M2 Ausschnitt aus einer Schulbroschüre

M3 Eher selten: Ein römisches Ziffernblatt

Romanische Sprachen in Europa

Lateinische Lehnwörter finden sich nicht nur im Deutschen (S. 150), sondern auch im Englischen. Darüber hinaus gibt es aber auch Sprachen, die nicht nur einzelne Wör-
20 ter übernommen und abgewandelt haben, sondern die sich aus der römischen Sprache entwickelt haben: die sogenannten romanischen Sprachen. Zu diesen gehören unter anderem Französisch und Spa-
25 nisch. Viele Wörter in den romanischen Sprachen gehen auf dieselben lateinischen Worte zurück. Wer eine dieser Sprachen beherrscht, dem fällt es meist leicht, eine andere romanische Sprache zu lernen,
30 denn diese Sprachen sind einander ähnlich.

Römische Ziffern

Noch heute begegnet man römischen Zahlen bei uns – z. B. an historischen Gebäuden, auf Zifferblättern von Uhren (M3) oder als Entstehungsjahr im Abspann von
35 Spielfilmen. Die einzelnen Ziffern bestehen aus klaren Linien. Es sind Großbuchstaben – etwa X für 10, L für 50 und C für 100. Um größere Zahlen zu bilden, fügt man einzelne Ziffern nach festen Regeln zusam-
40 men[1]. Der Wert einer Zahl ergibt sich aus der Summe ihrer Ziffern – anders als bei unseren arabischen Zahlen. Die römischen Zahlen wurden im Lauf der Jahrhunderte erweitert: So wurde die Zahl M für 1000
45 erst im Mittelalter gebräuchlich.

1 Schreibregeln: Denselben Buchstaben darf man bis zu dreimal hintereinander schreiben, z. B.: XXX = 30.

Will man 40 schreiben, stellt man ein X vor ein L: (XL = 10 vor 50).

Aber: Nicht alle kleineren Ziffern können vor größeren stehen, sondern nur:
– I vor V und X,
– X vor L und C,
– C vor D und M.

ANREGUNG

– Findet in einer Internetrecherche heraus:
a) Welche Sprachen gehören zur Familie der romanischen Sprachen?
b) Wie lauten die folgenden Wörter in Latein, Französisch und Spanisch?
Geschichte – Zeit – Stunde – einfach – Unterbrechung – arm – vergleichen – Fahrrad – besuchen

ANREGUNG

– Recherchiert im Internet eine römische Zifferntafel.

– Schreibt diese römischen Zahlen in unseren arabischen Zahlen auf:
XV – LII – LXXXII – XCIX – CXLI – MLX – ML – MCCCXXV

– Schreibt eure Geburtsdaten römisch.

Wie besiegten die Germanen die Römer?

M1 Karte: Rekonstruktion germanischer Angriffe auf ein römisches Heer nahe Kalkriese

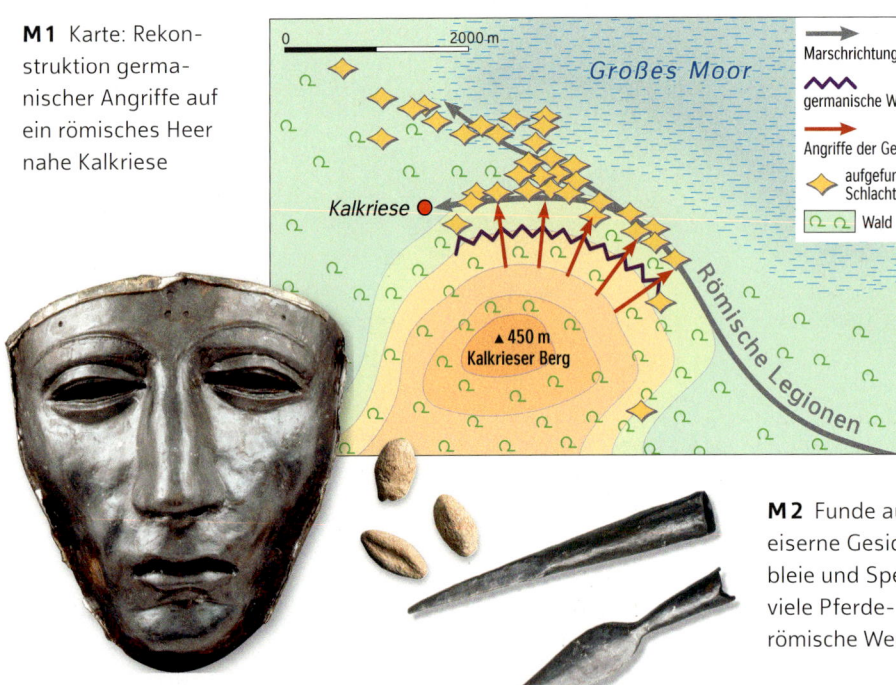

M2 Funde aus der Nähe von Kalkriese: eine eiserne Gesichtsmaske, römische Schleuderbleie und Speerspitzen. Zudem wurden viele Pferde- und Menschenknochen sowie römische Werkzeuge entdeckt.

---

1. Betrachte die Karte M1 und die Fundstücke in M2. Begründe, warum in der Forschung davon ausgegangen wird, dass bei Kalkriese eine bedeutende Schlacht zwischen Römern und Germanen stattgefunden hat.

Kalkriese, Ort der »Varusschlacht«?

Sind es die Überreste der sogenannten »Varusschlacht«, die bei Kalkriese entdeckt wurden? Vieles spricht dafür. Der römische Geschichtsschreiber Cassius Dio erzählt
5 von dieser Schlacht als der größten Niederlage, die römischen Truppen jemals zugefügt wurde. Seinem Bericht zufolge zogen im Jahr 9 n. Chr. einige Tausend Menschen durch das Weserbergland. Es
10 waren drei römische Legionen, Soldaten mit ihren Familien sowie mit Wagen und Lasttieren. Ihr Feldherr[1] hieß Quinctilius Varus. Begleitet wurden sie von germanischen Hilfstruppen unter der Führung
15 des Arminius. Er kannte sich aus mit dem römischen Militär, denn er hatte bereits im Dienst der Römer gekämpft.

In einem dichten Wald sollen sich die Germanen von den Römern entfernt haben,
20 angeblich, um die Gegend zu sichern. Weit auseinandergezogen bewegten sich die römischen Legionen nun durch das schwer zu durchdringende Gelände. Plötzlich griffen die bewaffneten Germanen die Römer
25 an. Drei Tage lang soll der Kampf gedauert haben. Tausende römische Soldaten verloren ihr Leben oder gerieten in germanische Gefangenschaft; Varus beging noch auf dem Schlachtfeld Selbstmord.

30 In Rom fiel danach die Entscheidung, die Eroberung rechtsrheinischer Gebiete zu beenden. Dennoch kam es noch viele Jahre zu vereinzelten Vorstößen und Strafexpeditionen römischer Soldaten in das heu-
35 tige Norddeutschland. Ausgrabungen bei Northeim beweisen, dass noch 233–234 n. Chr. römische Truppen bis in den Harz vordrangen.

1 Feldherr: Heerführer, Oberbefehlshaber im Krieg

2 Statthalter: Beamte, die »an Kaisers statt« in den ↦Provinzen regierten

M3 Varus und die Germanen in römischen Berichten

a) Ein Offizier der römischen Armee berichtete:

Quinctilius Varus war ein freundlicher Mann, ruhig, an bequemes Lagerleben gewöhnt. Als er Oberbefehlshaber in Germanien wurde, dachte er, durch das römische Recht – nicht durch das Schwert – könnten die Menschen dort fügsam gemacht werden.

b) Lucius Annaeus Florus, ein historischer Schriftsteller des 2. Jahrhunderts, schrieb:

Hätte Augustus es doch nicht für so wichtig gehalten, auch Germanien zu besiegen! Denn es ist schwieriger, eine Provinz zu halten, als sie zu erobern. Die Germa-
5 nen waren nämlich zwar besiegt, aber nicht gebändigt. Sie verabscheuten die Gier und den Hochmut des Quinctilius Varus.

Unter der Führung des Arminius grif-
10 fen die Germanen zu den Waffen, als sie erkannten, dass die Gerichtsentscheidungen des Varus noch grausamer als das römische Heer waren. Sie überfielen den Ahnungslosen, als er wieder vor Gericht
15 lud, und überwältigten drei Legionen.

c) Von Cassius Dio, der um 200 n. Chr. lebte, stammt die einzige erhaltene Schilderung der Schlacht. Über die Vorgeschichte berichtet er:

Nach der Eroberung Germaniens passten sich die Barbaren den neuen Sitten an. Doch hatten sie ihre alten Gewohnheiten und ihre einstige Macht nicht vergessen.
5 Als Varus Statthalter² der Provinz Germanien wurde, trieb er von ihnen Steuern ein. Eine derartige Behandlung wollten sich diese aber nicht gefallen lassen. Sie empörten sich nicht öffentlich, da sie
10 sahen, dass viele römische Truppen am Rhein standen. Stattdessen nahmen sie Varus bei sich auf, taten so, als wollten sie alle erteilten Befehle ausführen, und lockten ihn weit weg vom Rhein. Dann aber
15 griffen sie den Feldherrn und seine Truppen inmitten dichter Wälder an und richteten schreckliche Verheerungen an.

Alle zitiert nach: Lutz Walther (Hg.): Varus, Varus. Antike Texte zur Schlacht im Teutoburger Wald. Stuttgart: Reclam, erweiterte Ausgabe 2019, S. 59ff. (bearbeitet)

M4 In Kalkriese wurde die Varusschlacht schon mehrfach nachgestellt. Das Foto entstand 2009. Damals zeigten 400 Darsteller von Römern und Germanen vor Publikum Schlachtszenen. Ein solches Nachspielen historischer Ereignisse bezeichnet man als »Reenactment«.

---

2. a) Bearbeitet die drei Berichte in M3 zu zweit: A liest M3 a) und b), B liest M3 c). Arbeitet heraus, aus welchen Gründen die Germanen unter Arminius die Truppen des Varus überfielen.
↦ **Tipp:** S. 177
b) Vergleicht, wie in M3 einerseits Varus und die römischen Truppen und andererseits die Germanen beschrieben werden.

3. Lies die Aussagen in den Sprechblasen. Stimmst du Paul oder Ida zu? Begründe!

> *Das Nachspielen historischer Ereignisse macht Geschichte anschaulich und erfahrbar!*

Paul

> *Stimmt nicht! Historische Ereignisse können nicht glaubwürdig nachgestellt werden. Reenactment vermittelt immer falsche Vorstellungen!*

Ida

+ Informiere dich unter dem Webcode WES-117710-041 über das Museum in Kalkriese und schreibe für eure Schulzeitung einen Artikel, der Lust auf einen Besuch der dortigen Ausstellung macht.

WES-117710-041

Religionen im Römischen Reich

Der größte Planet unseres Sonnensystems ist nach dem höchsten römischen Gott benannt.

Der helle Abend- bzw. Morgenstern trägt den Namen der Liebesgöttin.

Der »rote Planet« erinnert an den römischen Kriegsgott.

Der nach dem schnellen Götterboten benannte Planet ist der Sonne am nächsten.

Der nach dem Meeresgott benannte Planet gilt als stürmisch.

M1 Einige Planeten unseres Sonnensystems

---

1. a) Die Planeten unseres Sonnensystems sind nach römischen Göttinnen und Göttern benannt. Finde heraus, wie die abgebildeten Planeten heißen.
↦ **Tipp:** S. 177
b) Die römischen Gottheiten waren den griechischen ähnlich. Erkläre, welchen griechischen Gottheiten diese fünf entsprechen. Blättere dafür zu S. 81 zurück.

Ein Reich – viele Götter

Die Römerinnen und Römer glaubten, dass die Gottheiten mit ihren vielen verschiedenen besonderen Fähigkeiten die Menschen unterstützen würden, wenn
5 sie sie anbeten und ihnen Opfer bringen würden. Doch in den eroberten Gebieten zwangen sie den Besiegten ihre Religion nicht auf. Den Unterworfenen blieb freigestellt, woran sie glaubten und wie sie dies taten. Denn in Rom war man überzeugt:
10 Es konnte für das Wohl des Reiches kein Nachteil sein, wenn viele Gottheiten angebetet werden.

Alle Menschen unter römischer Herrschaft hatten aber eine Pflicht: Sie mussten den
15 ↦ Kaiser wie einen Gott verehren und ihm Opfer bringen, um ihm ihre Treue zu beweisen.

Juden und Christen weigern sich

Den Kaiser anbeten und ihm opfern? Das konnten manche mit ihrem Glauben nicht
20 vereinbaren: Im östlichen Mittelmeerraum hatten die Römer im 1. Jahrhundert v. Chr. ein Gebiet zu ihrer ↦ Provinz gemacht, das sie »Judäa« nannten. Dort lebte die Religionsgemeinschaft der Juden. Seit Lan-
25 gem schon glaubten sie an einen einzigen allmächtigen Gott – und daran, dass dieser ihnen einen »Messias« schicken werde, einen »Erlöser«.

Von Judäa aus verbreitete sich bald darauf
30 noch eine weitere Religionsgemeinschaft, für die es nur einen Gott gab: das **Christentum**. Anfangs galt es als eine unbedeutende Splittergruppe des **Judentums**, denn die ersten Christen waren eine jüdische
35 Minderheit. Sie waren davon überzeugt, dass der erwartete Messias schon gekommen sei – mit Jesus.

M 3 »Der gute Hirte«. So wurde Jesus auf einem frühchristlichen Wandbild gezeigt.

M 4 Ein Motiv auf dem Titusbogen, einem Triumphbogen in Rom. Titus war der Oberbefehlshaber über die römischen Truppen in Judäa, als diese im Jahr 70 n. Chr. das wichtigste Heiligtum der Juden zerstörten, den Tempel in Jerusalem. Die erbeuteten Schätze führten sie im Triumphzug mit sich. Dazu gehörte der siebenarmige Leuchter, ein wichtiges Glaubenssymbol der Juden.

Jesus war ein Jude, der zur Zeit der Herrschaft von Kaiser Augustus in Judäa geboren worden war. Als junger Mann predigte
40 er von Gott, und man sagte, dass er Kranke heilen und Wunder vollbringen könne. So hatte er Anhänger, seine »Jünger«, gewonnen und um sich versammelt.

Weil Juden und Christen sich weigerten, die
45 römischen Kaiser wie Götter zu verehren und ihnen zu opfern, betrachteten die Kaiser Juden und Christen als ihre Gegner, die sich ihnen nicht unterordnen wollten.

ℹ ›‹ **Juden unter römischer Fremdherrschaft** Nachdem die Römer Judäa erobert hatten, durfte die Bevölkerung ihre Lebensweise und ihre Einrichtungen beibehalten. So tagte in der Stadt Jerusalem weiterhin ihr »Hoher Rat«. Er war das höchste Gericht und zugleich die religiöse Führung. In Jerusalem stand auch der wichtigste jüdische Tempel. Zu diesem Tempel pilgerten die Gläubigen, um ihren Gott anzubeten.

Die Römer verlangten von den Unterworfenen aber, Zwangsarbeiten zu leisten und hohe Steuern zu bezahlen. Dagegen lehnten sich die Menschen in Judäa mehrmals auf. So kam es im Jahr 70 n. Chr. zu einem großen jüdischen Aufstand. Die römischen Truppen zerstörten daraufhin den Tempel in Jerusalem. Nur Reste der Tempelmauer blieben erhalten. M 4 zeigt, wie danach Tempelschätze und Gefangene in einem Triumphzug durch Rom geführt wurden.

Viele Juden flohen nun aus der Heimat ihrer Vorfahren. Sie hofften aber, eines Tages nach Jerusalem zurückkehren zu können und wünschten sich seitdem bei religiösen Festen: »Nächstes Jahr in Jerusalem!«

Das Christentum wird verboten ...

Die römischen Besatzer in Judäa wussten, dass es ihnen nicht einfach gelingen würde, das Judentum zu unterdrücken: Es
60 war bereits seit Jahrhunderten verbreitet. Die christliche Religionsgemeinschaft dagegen war gerade erst im Entstehen. Deswegen hofften die Kaiser, ihre Ausbreitung verhindern zu können, und verboten sie.
65 Menschen, die trotzdem den christlichen Glauben ausübten, wurden verfolgt und bestraft.

Doch mit seiner Lehre von der Nächstenliebe und der Hoffnung auf Erlösung nach
70 dem Tod sprach das Christentum viele Menschen an. Daher verbreitete sich die neue Religion im Verborgenen (↦ M 5). Schätzungen gehen davon aus, dass um 300 n. Chr. etwa zehn Prozent der Men-
75 schen im Römischen Reich Christen waren.

... und dann doch anerkannt

Die römischen Herrscher erkannten, dass die Unterdrückung des Christentums nicht mehr gelingen konnte. Sie begannen, die Gottesdienste der Christen zu dulden. Im
80 Jahr 312 n. Chr. ging Kaiser Konstantin noch einen Schritt weiter: Er selbst nahm den christlichen Glauben an und ließ das Christentum als gleichberechtigte Religion zu. Diese Veränderung wird auch als »Kon-
85 stantinische Wende« bezeichnet.

Konstantin sah sich als Schutzherr der Christen. Er glaubte, dass sie die Einheit des Römischen Reiches und die Macht des Kaisers stützen würden. Deshalb sorgte
90 er dafür, dass die höchsten Vertreter der Christen, die Bischöfe, mit der kaiserlichen ↦ Verwaltung eng zusammenarbeiteten. Die Bischöfe berieten Konstantin und wurden auch als Richter eingesetzt.

95 Der Anteil der Christen in der Bevölkerung wuchs weiter, andere Religionen wurden verdrängt. Im Jahr 391 n. Chr. erklärte Kaiser Theodosius das Christentum zur Staatsreligion und verbot bald darauf alle
100 heidnischen Kulte, sogar die Olympischen Spiele (S. 82–85). Überall im Römischen Reich entstanden nun große christliche Kirchen.

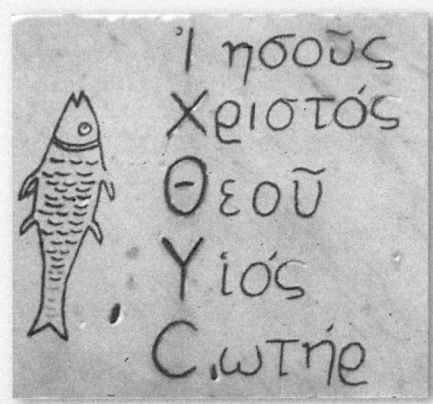

M 5 Die frühen Christen wählten den Fisch als geheimes Erkennungszeichen. »Fisch« heißt auf Griechisch »Ichtys«.

I	I	Iesous (Jesus)
X	CH	Christos (Christus)
Θ	TH	Theou (Gottes)
Y	Y	Yios (Sohn)
Σ	S	Soter (Erlöser)

M 6 Silbermünze, um 315 n. Chr., mit dem Porträt von Kaiser Konstantin. Auf dem Helm ist das sogenannte Christogramm abgebildet. Dabei handelt es sich um die ersten Buchstaben des griechischen Wortes »Christos«, X (Ch) und P (R).

M7 Die Ausbreitung des Christentums vom 3. bis zum 5. Jahrhundert n. Chr.

M8 Die Christen und der Staat

Kaiser Galerius und sein Mitkaiser Konstantin erließen 311 n. Chr. diese Verordnung: Wir wollten alles nach den alten Gesetzen der Römer regeln und dafür sorgen, dass auch die Christen zur Vernunft zurückkehren. Denn die Christen befolgten aus
5 lauter Sturheit und Dummheit nicht mehr die Bräuche der Vorfahren. Vielmehr gaben sie sich ihre eigenen Gesetze und bildeten aus Angehörigen verschiedener Völker eine eigene Gemeinschaft. Als wir ihnen erfolg-
10 los befohlen hatten, zu den Gebräuchen der Vorfahren zurückzukehren, wurden viele vor Gericht gestellt, viele auch vertrieben. Trotzdem blieben die meisten hartnäckig und verehrten nicht die Götter in der ange-
15 messenen Weise. Daraufhin haben wir beschlossen, unsere Großzügigkeit auch den Christen gegenüber zu zeigen, sodass sie wieder Christen sein und ihre Versammlungsstätten aufbauen dürfen. Sie dürfen
20 aber keinesfalls gegen die öffentliche Ordnung verstoßen.
   Als Gegenleistung für unsere Großzügigkeit haben sie die Pflicht, zu ihrem Gott zu beten – sowohl für unser Wohl und das
25 des Staates als auch für ihr eigenes Wohl, damit der Staat in jeder Hinsicht vor Schaden bewahrt wird und sie sicher in ihren Häusern leben können.

Lactanz: De mortibus persecutorum, 34 (übersetzt von Bernd Zaddach)

2. Die Römer stellten den Unterworfenen die Ausübung ihres Glaubens an ihre eigenen Götter frei. Trotzdem sahen sie in der christlichen und jüdischen Religion eine Gefahr. Arbeite aus dem Text Gründe hierfür heraus.

3. »Nächstes Jahr in Jerusalem!« – Erkläre diesen Spruch mithilfe des Infotextes auf S. 157.

4. Finde heraus, wie das Geheimzeichen M5 zu verstehen ist und welchen Nutzen Christen davon hatten, es zu gebrauchen.

5. Liste anhand von M8 die Gründe auf, die Kaiser Galerius veranlassten, die Christenverfolgung zu beenden.
↦ **Tipp:** S. 177

+ Erkläre, warum die Olympischen Spiele verboten wurden (↦ Darstellungstext, ab Zeile 97).

6. Zeige an M6 und M7, wie sich der Übertritt Kaiser Konstantins zum Christentum auswirkte. Erkläre dabei: Welche Rolle spielte es, dass die meisten Orte, an denen sich früh christliche Gemeinden bildeten, am Mittelmeer lagen?

Colonia Agrippina – eine bedrohte Stadt?

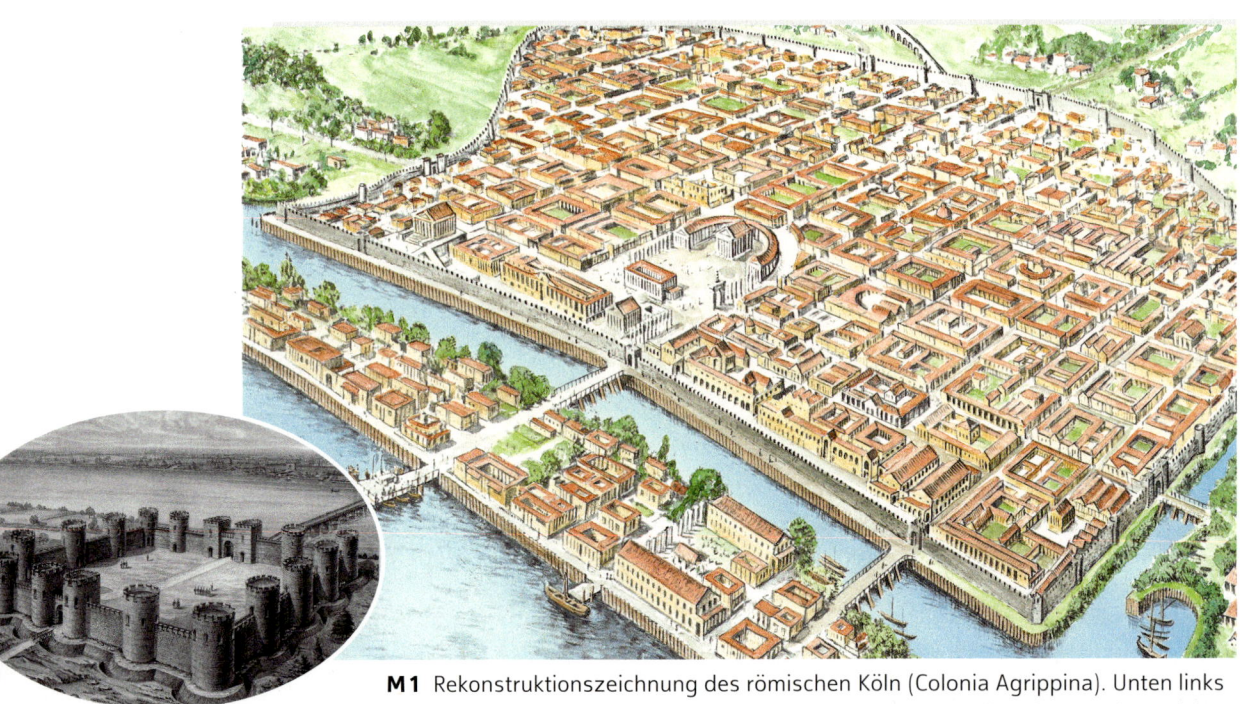

M 1 Rekonstruktionszeichnung des römischen Köln (Colonia Agrippina). Unten links ist das Kastell Divitia zu sehen. Es wurde Anfang des 4. Jahrhunderts n. Chr. errichtet, um die Stadtbevölkerung besser schützen zu können.

WES-117710-042

Unter diesem Web-code kannst du dir den Text anhören.

ZEITREISE ››› Fliehen oder bleiben?

Es ist das Jahr 455. Aemilius aus Colonia Agrippina (Köln) blickt nach-denklich über den Rhein. Von dort, aus dem Osten, werden sie kommen, die Germanen, und diesmal gibt es wahrscheinlich keine Rettung mehr für die Stadt. Soeben hat er die Nachricht erhalten, dass der Heerführer
5 *Aetius in einer Schlacht umgekommen ist.*

Aetius hatte lange verhindern können, dass Colonia Agrippina von den germanischen Heeren eingenommen wird. Ja, unter Aetius hatten vier Jahre zuvor sogar die gefürchteten Hunnen die wohl entscheidende Niederlage erlitten. Ohne ihn ist die Stadt verloren! Aemilius überlegt,
10 *ob er mit seinen sechzig Jahren zusammen mit seiner Frau seine Heimat verlassen sollte.*

Schon seit Jahren war das reiche und strategisch günstig am Rhein gelegene Colonia Agrippina Ziel germanischer Eroberer. Aemilius denkt daran, dass es trotz aller Gegenmaßnahmen immer wieder zu Angriffen
15 *und Verwüstungen durch Germanen gekommen ist. Dabei gehen ihm verschiedene Ereignisse durch den Kopf:*

Im Jahr 259 n. Chr. machten die am Rhein stationierten Legionen ihren Heerführer Postumus zum ↦ Kaiser, nachdem sie die Germanen zurückgedrängt hatten. Von Colonia Agrippina aus regierte Postumus fast zehn Jahre lang einen Teil des Reiches und organisierte dort die Abwehr der Germanen. Auch in anderen römischen ↦ Provinzen gab es zu der Zeit viele solcher »Soldatenkaiser«.

402 waren Truppen aus Colonia Agrippina und von der Rheingrenze abgezogen worden, um die Goten zu bekämpfen, die das Römische Reich im Nordosten bedrohten. In der Neujahrsnacht 407 griffen dann germanische Krieger an: Colonia Agrippina blieb zwar verschont, aber andere große römische Städte wurden völlig zerstört.

293 teilte Kaiser Diokletian das Reich in vier Teile und verlagerte die Hauptstädte in die Grenzprovinzen, um die Grenzen sicherer zu machen. Eine der neuen Hauptstädte war Augusta Treverorum (Trier), nicht weit von Colonia Agrippina.

Im Jahr 310 ließ Kaiser Konstantin auf der anderen Rheinseite das mächtige Kastell Divitia (Deutz) errichten. Eine lange Brücke über den Rhein verbindet das Kastell mit der Stadt, sodass die Menschen dort Schutz suchen können, wenn Colonia Agrippina bedroht wird.

Als es unter den Römern am Rhein zu Auseinandersetzungen kam, nutzten germanische Volksgruppen die Gunst der Stunde und eroberten 355 die Stadt – trotz Verteidigungsanlagen. Aber schon ein Jahr später konnten römische Legionäre Colonia Agrippina zurückerobern.

Um das Jahr 400 war Colonia Agrippina ein von verschiedenen germanischen Volksgruppen eingeschlossener Vorposten des Römischen Reiches. 435 und 446 gelang es dem Heerführer Aetius noch einmal, die Germanen hinter den Rhein zurückzudrängen.

An Aetius denkt Aemilius und daran, wie es wohl ohne diesen starken Heerführer in Colonia Agrippina weitergehen wird. Sechzig Jahre sind ein hohes Alter! Soll er wirklich seine Heimatstadt verlassen oder wäre
20 es besser, auf sein Glück zu hoffen, zu bleiben und vielleicht den Sturm der Germanen lebend zu überstehen?

Am Ende entschied Aemilius sich zur Flucht. Viele seiner Besitztümer ließ er zurück. Als er fünf Jahre später zurückkam, fand er alles völlig verändert vor: Colonia Agrippina war zerstört und entvölkert, die
25 umliegenden Güter und Siedlungen der Römer von Germanen in Besitz genommen. ‹‹‹

1. Wie hättest du an der Stelle von Aemilius entschieden? Begründe.

2. a) Erstelle einen Zeitstrahl mit den Daten, die im Text genannt werden.
↦ **Tipp**: S. 177
b) Markiere in dem Zeitstrahl mit unterschiedlichen Farben die Bedrohungen der Germanen und die Gegenmaßnahmen der Römer.

Das Römische Reich zerfällt

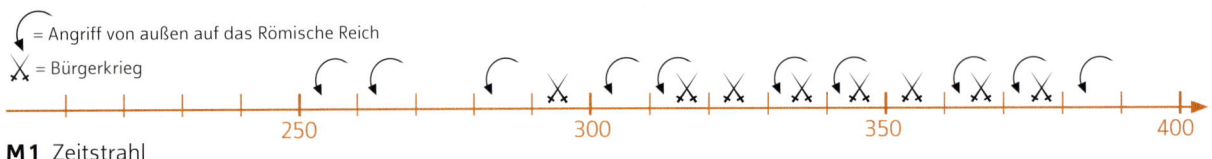

= Angriff von außen auf das Römische Reich

= Bürgerkrieg

M1 Zeitstrahl

---

1. a) Gib die Information in M1 in eigenen Worten wieder.
b) Vermute: Was könnte die Entwicklung für das Römische Reich bedeuten?

Gefahren von außen ...

An den römischen Grenzen kam es seit dem 3. Jahrhundert zu vielen Konflikten: So versuchten um 260 die Perser im Osten, das fruchtbare Mesopotamien zu erobern. Zur
5 gleichen Zeit drängten von Norden germanische Gruppen wie Franken und Alemannen ins Römische Reich. Einzelne, Familien oder auch größere Verbände von Kriegern und ihren Angehörigen wanderten ein.
10 Dafür gab es viele Gründe: Missernten und Hunger, aber auch Überbevölkerung zwangen die Menschen, ihre Siedlungsgebiete zu verlassen. Sie hofften, im Römischen Reich Frieden und Wohlstand zu finden.

15 Die ↦ Kaiser versuchten, die Grenzen sicherer zu machen, indem sie
– die Zahl der Legionäre aufstockten und Befestigungsanlagen ausbauen ließen.
– eingedrungene Gruppen nahe den Grenzen
20 zen ansiedelten. Sie sollten als Verbündete nachrückende Gruppen abwehren.
– die Macht des Kaisers aufteilten. Seit 290 n. Chr. hatte er drei Mitkaiser, die in grenznahen Hauptstädten regierten,
25 um vor Ort schneller handeln zu können.

... und von innen

Häufig kam es jetzt auch innerhalb des Reiches zu verlustreichen Bürgerkriegen zwischen Feldherren, die um Macht konkurrierten. Auch Attentate auf die römischen

30 Kaiser wurden verübt. Mord und Gewalt waren als Mittel der Auseinandersetzung in Konflikten verbreitet.

Um mehr Sicherheit zu erreichen, beschlossen die Kaiser im Jahr 395, das Reich in
35 zwei Gebiete aufzuteilen – in Ostrom und Westrom. Das Christentum, das mittlerweile verpflichtende Religion war, sollte beide Reiche in Zukunft zusammenhalten.

Neue Reiche entstehen

In Ostrom machte Kaiser Konstantin Byzanz,
40 das heutige Istanbul, zur Hauptstadt. Er nannte es nach sich selbst: »Konstantinopel«. In seinem Reich entstand bald eine eigenständige ↦ Kultur, die Wirtschaft blühte. Reiche ↦ Provinzen wie Ägypten und Syrien
45 führten hohe Steuern ab, sodass es gelang, das Militär gut auszurüsten. Daher konnte sich das oströmische Reich auch gegen Angriffe von außen gut behaupten.

Im weströmischen Reich gelang dies
50 nicht: Der letzte römische Kaiser wurde im Jahr 476 entmachtet. Bald gründeten hier germanische Völkerschaften eigene Reiche. Manche von ihnen blieben lange bestehen. Am erfolgreichsten waren
55 die Franken[1]. Nachdem sie 455 Köln erobert hatten, erlangten sie nach und nach die Herrschaft über Gallien. Dass sie nicht auch noch das Gebiet des heutigen Spanien eroberten, lag an der allmählichen
60 Ausdehnung des Islam (**i**). Seit dem 8. Jahrhundert regierten hier arabische Herrscher, die Muslime waren. Drei »Erben« teilten sich nun das Gebiet des ↦ Imperium Romanum: das oströmische, das fränkische
65 und das arabische Reich.

1 Franken: große germanische Volksgruppe

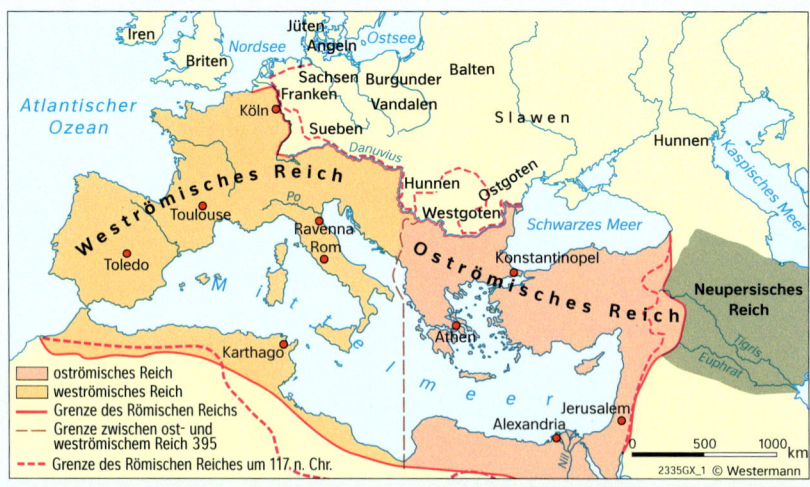

M 2 5. Jahrhundert: Das Gebiet des Römischen Reiches

M 3 8. Jahrhundert: Neue Herrschaftsbereiche auf dem Gebiet des ehemaligen Römischen Reiches

Geschichtskarten vergleichen

Die Karten zeigen je eine Moment-aufnahme innerhalb der Entwick-lung des Mittelmeerraumes vom 5. bis zum 8. Jahrhundert n. Chr. Um den Wandel genauer beschrei-ben zu können, müssen sie mitein-ander verglichen werden. Gehe so vor:

1. Beschreibe zunächst jede ein-zelne Karte mithilfe der bereits geübten Schritte. Lies gegebe-nenfalls auf S. 173 nach.

2. Überprüfe, ob die Karten mit-einander vergleichbar sind. Werden immer dieselben Räume abgebildet oder stimmen nicht alle der gezeigten Ausschnitte überein?

3. Vergleiche nun die Ergebnisse deiner Beschreibungen mitein-ander: Was blieb bestehen? Was hat sich verändert? Geben die Karten Hinweise darauf, warum sich bestimmte Entwicklungen vollzogen haben?

4. Formuliere ein Fazit.

---

2. Wähle je eine Krisenmaßnahme der römischen Kaiser aus, die du für besonders wirksam oder für eher unwirksam hältst (Zeilen 15–38). Begründe deine Entscheidung.

3. Vergleiche die Geschichtskarten M 2 und M 3 mithilfe des Kompetenztrai-nings.

i ›‹ Der Islam ist ein Eingottglaube, wie auch das Judentum und das Christentum. Seine Lehre geht auf Mohammed zurück. Zu Beginn des 7. Jahrhunderts lebte dieser als Kaufmann in Mekka. Dort glaubten die Menschen zu jener Zeit an viele Götter. Mohammed
5 aber glaubte an Allah als einzigen Gott, denn Allah erschien ihm in Eingebungen.

Mit einigen Gefährten zog Mohammed 622 nach Medina, wo sie die erste muslimische Glaubensgemeinschaft bildeten. Dort verkün-dete Mohammed seinen Glauben anderen Menschen.
10 Nach seinem Tod im Jahr 632 sammelten und ordneten Moham-meds Anhänger seine Verkündigungen. Dadurch entstand die heilige Schrift des Islam, der Koran. Viele Menschen nahmen nun den neuen Glauben an. Bis zum Jahr 750 hatte sich die neue Religion weit ver-breitet.

Wenn du die vorangegangenen Seiten bearbeitet hast, solltest du folgende Aufgaben lösen können. Schreibe die Lösungen in dein Heft. Ob du richtigliegst, erfährst du auf Seite 171.

---

1. Finde die passenden Begriffe für folgende Umschreibungen:
a) Beamter, der den römischen Staat in Friedens- und Kriegszeiten anführte,
b) Rat der Alten, dessen Beschlüsse die Römer in der Regel befolgten,
c) Vater der römischen Familia,
d) von den Römern eroberte und verwaltete Gebiete,
e) Entwicklung, bei der die unterworfenen Völker die Sprache, Lebensweise und Wirtschaftsform der Römer übernahmen.

2. Wähle, ob du als Mitglied einer adligen römischen Familie lieber zur Zeit der römischen Republik oder des römischen Kaiserreiches gelebt hättest. Begründe deine Entscheidung.

3. a) Benenne anhand der Karte M1 die Erdteile, auf denen die Römer Provinzen errichteten.
b) Ermittle mithilfe der Maßstabsleiste grob die Ausdehnung des Römischen Reiches von Nord nach Süd und von Ost nach West.
c) Beschreibe die römische Grenze in Germanien und nenne Gründe, warum es dort eine Grenzbefestigung gab, an anderen Grenzen des Römischen Reiches aber nicht.

4. Waren die Römer eher …
a) rücksichtslose Eroberer oder
b) bewundernswerte ↦Kultur-Verbreiter?
Blättere die Seiten dieses Kapitels noch einmal durch und finde Begründungen für beide Ansichten. Schreibe auch, wie deine persönliche Meinung dazu ist.

M1 Das »Imperium Romanum« zur Zeit seiner größten Ausdehnung im Jahr 117 n. Chr.

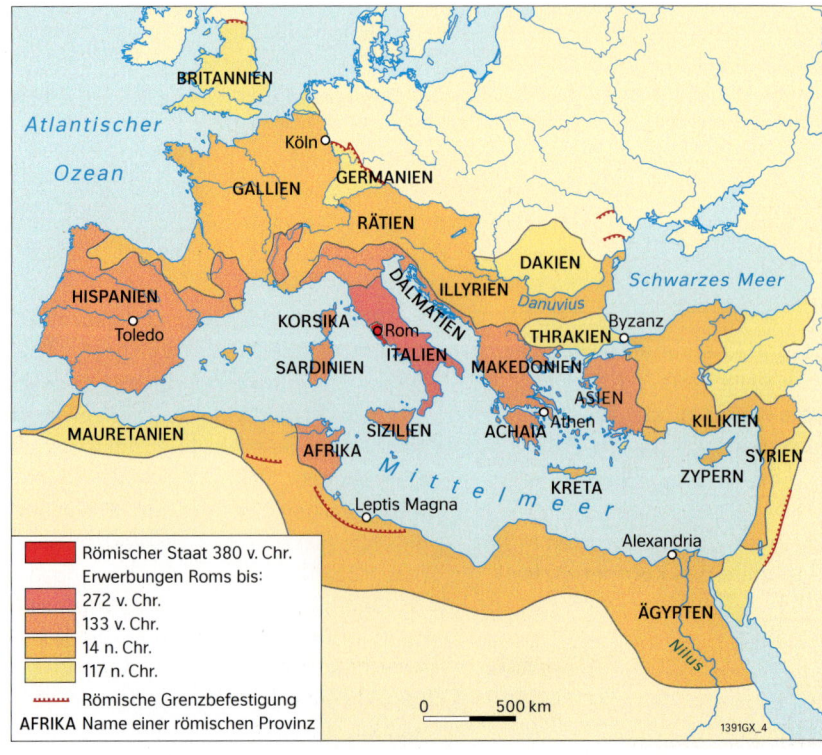

Das Römische Reich

Im 9. Jahrhundert v. Chr. entstanden am Fluss Tiber Siedlungen, aus denen die Stadt Rom hervorging. Bald herrschten dort etruskische Könige. Um 500 v. Chr. endete ihre Herrschaft; die Römer gründeten eine von ↦**Patriziern** regierte ↦**Republik**. Später erreichte das
5 Volk, die ↦**Plebejer**, das Recht, den Staat mitzugestalten.

Die Römer eroberten in vielen Kriegen ein großes ↦**Imperium**. Durch die Kriegszüge verarmten aber die Kleinbauern, die als Soldaten dienen mussten. Die erfolgreichen Heerführer dagegen erwarben immer größeren Einfluss auf den Staat. Es kam zu Bür-
10 gerkriegen. Zunächst setzte sich der Feldherr Caesar durch. Nach seiner Ermordung (44 v. Chr.) erkämpfte Augustus die Macht. In seiner Regierungszeit wurde aus der Republik ein **Kaiserreich**.

Im 1. Jahrhundert n. Chr. begannen römische Heerführer mit Eroberungen im Gebiet des heutigen Südwestdeutschland. In den
15 neuen ↦**Provinzen** errichteten sie Straßen, Feldlager, Städte und Bauernhöfe. Viele Menschen nahmen die römische Lebensweise an. Sie wurden ↦**romanisiert**.

Seit der Mitte des ersten Jahrhunderts n. Chr. verbreitete sich das **Christentum** im Römischen Reich. Zunächst wurden jedoch die
20 Christen als gottlos und staatsfeindlich verfolgt. Kaiser Konstantin gewährte ihnen 313 n. Chr. das Recht, ihre Religion frei auszuüben.

Seit dem 3. Jahrhundert drängten immer wieder fremde Volksgruppen über die römischen Grenzen. Auch Bürgerkriege erschütterten das Römische Reich. Um es besser beherrschen zu können, wurde es nun in ein **weströmisches** und ein **oströmisches Reich** geteilt. Nach und nach siedelten sich germanische Volksgruppen im westlichen Teil des Römerreichs an und gründeten eigene Reiche. Im 7. Jahrhundert dehnte sich zudem der arabische Herrschaftsraum nach Norden aus. Das Römische Reich zerfiel.

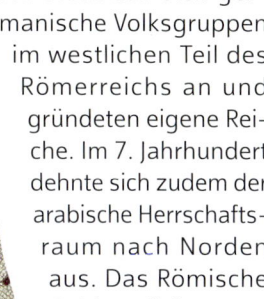

»Vorsicht! Bissiger Hund!« Fußbodenmosaik aus Pompeji

Die Maya in Mittelamerika

M 1 Ein Schriftzeichen der Maya

1839 stieß eine Forschungs-Expedition in Honduras auf Reste einer untergegangenen Stadt. Der Regenwald hatte sie völlig überwuchert. Es handelte sich um die
5 Maya-Stadt Copan. Bis heute folgten viele Expeditionen, und nach und nach wurden viele Maya-Städte entdeckt und freigelegt.

Funde und Deutungen

Offensichtlich waren hier riesige Pyramiden, Paläste, fest angelegte Plätze und Straßen
10 gebaut worden. Durch ↦ archäologische Forschungen fand man heraus, dass die Pyramiden mehrfach vollständig überbaut wurden. Die Maya errichteten neue Anlagen um die alten herum, sodass nun mehrere
15 Bauwerke ineinanderliegen – wie bei einer Zwiebel die Häute. Für die Forschenden war das eine Fundgrube, weil sie sich in die Geschichte der Anlagen gewissermaßen »hineinfressen« und Entwicklungen
20 erkennen konnten.

Vor großen Gebäuden fand man Stelen, also Säulen, in Form von »Hinkelsteinen«. Sie waren mit Bildern versehen und – so glaubten die Forschenden – mit vielen
25 Verzierungen. Es war ein Meilenstein in der Erforschung der Maya-Kultur, als sich herausstellte, dass diese »Verzierungen« eine Schrift aus Hieroglyphen waren. Allmählich wurde sie entschlüsselt und
30 es zeigte sich, dass die Maya hier ihre ↦ Mythen[1] aufgeschrieben hatten, aber auch wichtige Ereignisse, die mit einem genauen Datum verbunden waren.

Weil der ↦ Kalender der Maya schon bekannt war, konnte man z. B. daraus entnehmen, ab welchem Tag unserer Zeitrechnung
35 in Copan ein bestimmter Herrscher regierte und wann es Kriege gegeben hatte.

Wissen über die Maya

Heute wissen wir, dass die Maya nicht in einem großen Staat zusammenlebten,
40 sondern eher wie die Griechen in vielen Stadtstaaten. Ihre Lebensräume waren unterschiedlich – von trockener Savanne im Tiefland bis zum bergigen Regenwald.
45 Dennoch hatten die Maya eine gemeinsame Religion und Schrift sowie ähnliche Sprachen – etwa so, wie das Deutsche und das Niederländische einander ähnlich sind. Auch vergleichbare Bauten errichteten sie. Die
50 verschiedenen Stadtstaaten entwickelten also eine gemeinsame Kultur. Ihre Blüte hatte sie etwa zwischen 250 und 900 n. Chr.

Regiert wurden die Maya von Königen, manchmal auch Königinnen, die zugleich
55 weltliche Herrscher und höchste Priester waren. Man glaubte, dass sie die Verbindung zur übersinnlichen Welt der Geister, Dämonen und Götter herstellten, auch indem sie eigenes Blut opferten.

1 Mythen (Mehrzahl von Mythos): Erzählungen, in denen die Entwicklungen einer ↦ Kultur mit dem Handeln von Göttern verknüpft werden. Sie werden von Generation zu Generation weitergegeben.

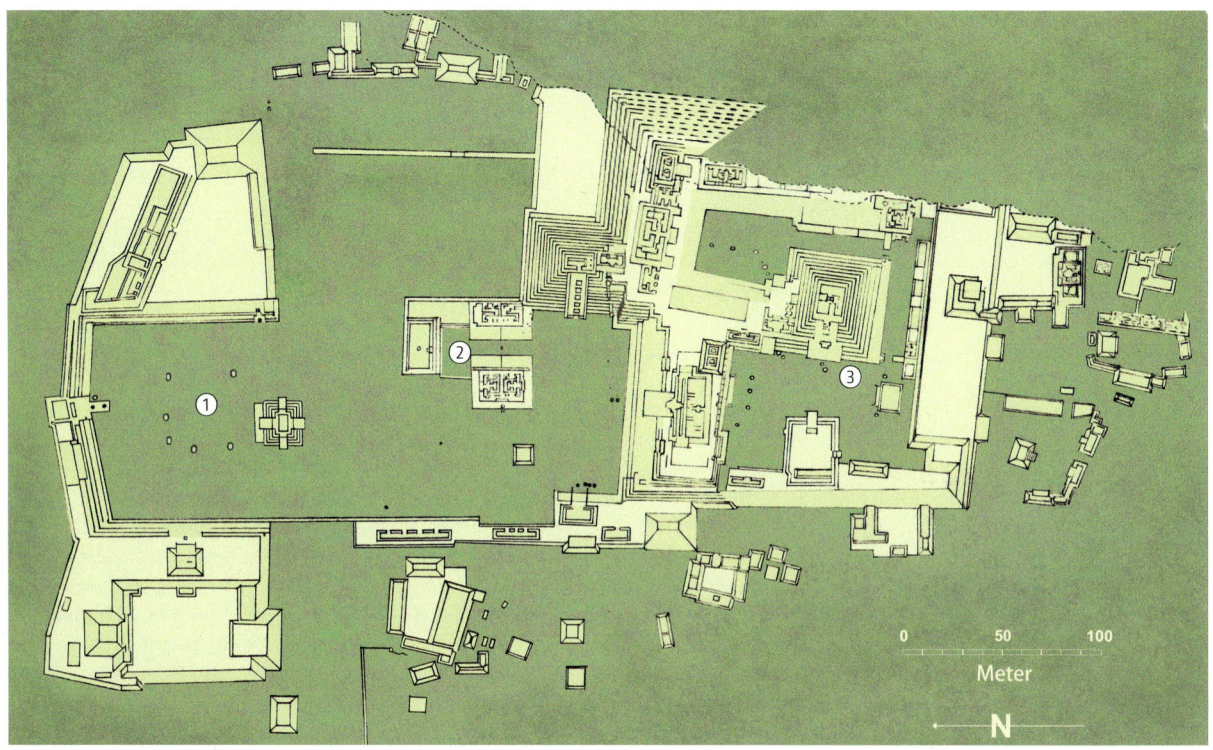

M2 Das ausgegrabene Copan. Während die einfache Bevölkerung in Einraumhütten aus Holz oder Palmwedeln lebte, wohnten Adlige in Palästen aus Stein. Die Gebäude hatten offenbar aber keine prunkvollen Innenräume.

① Auf einem großen Platz waren 18 verzierte Steinpfeiler aufgestellt – zu Ehren der Herrscher.

② Als Ritual der Maya gilt ein Ballspiel, in dem der Kampf des Guten gegen die Unterwelt nachgespielt wurde: eine Vorform von unserem Fußball! Es fand auf einem großen Platz statt, der als Ballspielplatz gedeutet wird

③ Wichtiger als ihre Räume waren den Königen die großen Plätze und Pyramiden. Auf den Gipfeln der Stufenpyramiden befanden sich Tempelanlagen.

60 Um die Maya-Kultur zu verstehen, mussten sich Europäer und Nordamerikaner mit völlig anderen Denkweisen vertraut machen, als sie ihnen aus ihrer Geschichte bekannt waren. Es entstand allmählich das Bild einer 65 faszinierenden ↦Hochkultur, die lange wohl die bedeutendste in Amerika war. Heute arbeiten Nachfahren der Maya selbst daran mit, ihre Geschichte aufzudecken.

ZUM NACHDENKEN

– Vergleiche die Stadt Rom (M1, S. 138) mit der Stadt Copan. Beachte vor allem, worauf bei den Bauwerken besonderer Wert gelegt wurde.

– Wenn du mehr Eindrücke von der Maya-Kultur gewinnen willst, sieh dir den Film unter dem Webcode an.

WES-117710-043

TEXT- UND ABBILDUNGSNACHWEISE

Texte:

Hinweis: Im Folgenden sind ausschließlich Texte aufgeführt, auf denen Rechte Dritter liegen. Angaben zu Originalquellen weiterer Texte, insbesondere antiker Autoren, sind unter den betreffenden Auszügen bzw. in den Randspalten vermerkt. Alle verwendeten Texte wurden sprachlich vereinfacht.

Die ägyptische Hochkultur: S. 56, M 5: Wolfgang Helck: Die Lehre des Dw-Htji (Dua-Cheti). Klassische Ägyptische Texte, Wiesbaden: Harrassowitz 1970, Teil 1; **S. 57, M 6:** Wolfgang Lautemann/Manfred Schlenke (Hrsg.): Geschichte in Quellen, Bd. 1: Altertum. Bearb. v. Walter Arend. München: Bayerischer Schulbuchverlag 1975, S. 34–36; **S. 58, M 1:** Alessia Fassone/Enrico Ferraris: Ägypten. Hochkultur am Nil. Übers. v. Franziska Kristen. Berlin: Parthas 2007, S. 299; **S. 58, M 4:** François Trassard: Leben im alten Ägypten. Übers. v. Isa Odenhardt-Donve. Stuttgart: Theiss 2005, S. 22; **S. 59, M 7:** Regina Schulz/Matthias Seidel: Das alte Ägypten, Mannheim: Meyers Lexikonverlag 1999, S. 110; **S. 61, M 3:** Manfred Clauss: Der Pharao. Stuttgart: Kohlhammer 2012, S. 152; **S. 67, M 1:** Wolfgang Kosack. Die altägyptischen Pyramidentexte in neuer deutscher Übersetzung. Berlin: Brunner 2012 (Sprüche 373 § 645–657, 421 § 751, 422 § 752–764); **S. 68, M 3:** Herodot: Historien. Neu übersetzt und herausgegeben von Heinz-Günther Nesselrath. Stuttgart: Kröner 2017, S. 154 f. (Buch 2, Kapitel 86, 1)

Die Welt der Griechen: S. 78: Günter Sachse: Die schönsten Sagen der Griechen. München: cbj/Omnibus 1999, S. 177 ff. (Wie Troja fiel); **S. 93, M 3:** Aristoteles. Hauptwerke. Übers. v. Wilhelm Nestle. Stuttgart: Kröner 1977 (6. Aufl.), S. 290 f.;

S. 103, M 1/M 2: Gustav Adolf Süß: Curriculum Geschichte I. Altertum, Frankfurt: Diesterweg 1975, S. 75; **S. 110:** Helena Motoh (Hg.): The Master Said: Confucius as a Quote, in: Asian Studies 8.23,2, 2019, S. 291. Association for Asian Studies Inc./Ann Arbor (USA).

Das Römische Reich: S. 121, M 2: Wolfgang Lautemann/Manfred Schlenke (Hrsg.): Geschichte in Quellen, Bd. 1: Altertum. Bearb. v. Walter Arend. München: Bayerischer Schulbuchverlag 1975, S. 456: Diodor: Historische Bibliothek 32, 4 (übers. v. Walter Arend); **M 3:** Sallust Historiae – Zeitgeschichte. Hgg. u. übers. v. Otto Leggewie, Stuttgart: Reclam 1992 (VI, 5); **S. 129, M 2 a):** Sklaven und Freigelassene in der Gesellschaft der römischen Kaiserzeit. Hgg. u. übers. v. Werner Eck u. Johannes Heinrichs. Darmstadt: WBG 1993, **S. 67; M 2 c):** ebd., S. 113; **S. 133, M 2:** Plutarch. Große Griechen und Römer. Ausgewählte lebensbilder. Hgg. u. übers. v. Dagobert von Mikusch. Köln: Anaconda 2009, S. 233 (Plutarch: Pompeius 51); **S. 135, M 2:** Römische Heldenleben. Hgg. u. übers. v. Wilhelm Ax. 5. durchges. Auflage, Stuttgart: Kröner 1953 (Cassius Dio 53, 17); **S. 137, M 4:** Cassius Dio. Römische Geschichte. Hgg. u. übers. v. Lenelotte Möller. Wiesbaden: marixverlag 201, S. 582; **S. 142, M 2:** ebd., S. 840; **S. 151, M 7:** Miriam Sénécheau: Der Fund als Fakt? in: Eva Ulrike Pirker, Mark Rüdiger u. a. (Hrsg.): Echte Geschichte. Authentizitätsfiktionen in populären Geschichtskulturen. Bielefeld: Transcript 2010, S. 93–121; S. 155, M 3 a-c) Varus, Varus. Antike Texte zur Schlacht im Teutoburger Wald, erweiterte Ausgabe 2019, S. 59 ff., Lutz Walther (Hg.), Stuttgart: Reclam

---

Abbildungen:

|akg-images GmbH, Berlin: 7.1, 14.2, 38.1, 46.1, 71.1, 71.2, 71.3, 84.1, 84.4, 85.1, 93.1, 95.2, 105.1, 157.2, 158.2; Album Prisma 102.1, 147.2; Almasy, Paul 9.1; arkivi 8.2; Bible Land Pictures 158.1; Bildarchiv Steffens 22.3, 112.4; Champollion, Hervé 68.2; Connolly, Peter 91.1, 100.2, 119.1, 131.1, 143.1, 144.1; De Agostini Picture Library 150.1; Degeorge, Gerard 113.2; Guénet, François 47.1, 58.2; Held, André 59.2, 157.1; Heritage Images/Fine Art Images 63.1, 63.3, 63.6, 63.7, 69.1; Hios, John 103.3; J.-L. Nou 74.2; Jemolo, Andrea 50.1; Lessing, Erich 13.3, 56.1, 56.2, 56.3, 57.1, 60.1, 72.1, 90.1, 109.1, 147.3; Makonos Museum 78.1; Morris, James 70.4; MPortfolio/Electa 130.1; Museum Kalkriese 154.2, 154.3; Nimatallah 100.3, 100.4, 102.2, 108.1; North Wind Picture Archives 128.1; PATRICK GAILLARDIN/EURELIOS/LOOK AT SCIENCES/SCIENCE PHOTO LIBRARY 31.1; Rabatti-Dominaie 63.2, 108.2. **|Alamy Stock Photo, Abingdon/Oxfordshire:** a-plus image bank 35.3; Artokoloro 48.1; Craig Lovell/ Eagle Visions Photography 167.4; Cristiano, Alessando 76.3; D Primrose 6.2; dianajarvisphotography.co.uk 37.4; Eastland, Adam 126.1; frans lemmens 112.8; frantic 18.2; Glasshouse Images 59.3; Granger Historical Picture Archive 15.1; 99.2; Hergenhan, Georg 35.1, 175.2; imageBROKER 112.1; Karol Kozlowski Premium RM Collection 98.2, 98.4; Lanmas 112.6; LMA/AW 66.2; MET/BOT 66.1; Mil image 145.1; NSP-RF 29.9; public domain sourced/access rights from Historic Illustrations 63.5; Radosavljevic, Sanja 30.2; robertharding 36.1, 49.1; robertharding/Ashworth, Richard Titel; Sahil ghosh 29.4; Shepherd , Mike P 44.1; Spano, Adriano 150.2; Stark, Friedrich 64.1; The Print Collector 29.3; Tsakalidis, Konstantinos 82.2; Van Zandbergen, Ariadne 64.2; WHPics 113.1; Wildpics productions 37.6; World History Archive 74.3, 74.4. **|Alamy Stock Photo (RMB), Abingdon/ Oxfordshire:** incamerastock 134.1; Mike Goldwalter 75.1; Petr Svarc 146.1. **|Askani, Bernhard Dr., Schwetzingen:** 107.1, 141.2. **|ASTERIX®-OBELIX®-IDEFIX®/LES EDITIONS ALBERT RENE/GOSCINNY-UDERZO/www.asterix.com, Vanves Cedex:** ASTERIX®- OBELIX®- IDEFIX®/© 2023 LES EDITIONS ALBERT RENE/GOSCINNY-UDERZO 120.1.

|Augusta Raurica, Augst: Ursi Schild 151.2. |Benoît, Clarys, Desaignes: 25.1. |bpk-Bildagentur, Berlin: 6.1, 12.2, 73.1, 144.2; Ägyptisches Museum und Papyrussammlung, SMB/Sandra Steiß 43.2; Antikensammlung/SMB/Jürgen Liepe 84.3; Margarete Büsing 4.2; Félicien Faillet 80.1; Herbert Kraft 112.7, 147.1; Kunstbibliothek, SMB, Photothek Willy Römer 9.2; Jürgen Liepe 59.1; Museum für Vor- und Frühgeschichte, SMB/Jürgen Liepe 35.4, 175.3; R. Ottria 146.2; RMN-Grand Palais 12.1; RMN/F. Raux 43.3; RMN/Schormans, Jean 35.2, 175.4; Scala 84.2, 122.1, 137.1; Scala/mit freundl. Genehmigung des Ministero Beni e Att. Culturali 165.1; SMB/Ägyptisches Museum und Papyrussammlung/M. Büsing 63.4; SMB/Antikensammlung/I. Geske 85.2; SMB/Antikensammlung/J. Laurentius 89.1; SMB/antikensammlung/Johannes Laurentius 79.2; SMB/Kunstbibliothek/Petersen, K. 70.3; The Trustees of the British Museum/genehmigte Bearbeitung 121.1. |Bridgeman Images, Berlin: Alinari 142.2; Ashmolean Museum, University of Oxford 50.2, 68.1; Fitzwilliam Museum, University of Cambridge 54.2; Lebrecht Authors 110.3; Louvre, Paris 58.1, 125.1; National Archaeological Museum, Athens, Greece/De Agostini Picture Library/G. Dagli Orti 100.1; © Fernando Aznar Cenamor. All Rights Reserved 2022 141.1; © NPL-DeA Picture Library 132.1, 142.1. |fotolia.com, New York: Binder, Tina 153.1; Liddy Hansdottir 11.9; Spencer 29.2, 74.1, 110.1, 166.1; stevanzz 112.3; Vector 123.1. |Getty Images, München: Andia/Universal Images Group Editorial 15.2; Corbis/H. Villalobos 53.1; Fine Art 51.1, 51.2, 51.3, 70.1; Heritage Images 29.7, 29.8; Pictures from History 95.1; Visual China Group/2016 VCG 111.1. |Getty Images (RF), München: Dorling Kindersley/Hewetson, Nick 92.1; Paul Souders 29.6. |Grauert, Christiane, Milwaukee, WI: 81.1, 81.2, 81.3, 81.4, 81.5, 81.6, 124.1. |Imago, Berlin: imagebroker 5.1; UIG 113.3. |Interfoto, München: 13.2; Friedrich 29.1; Sammlung Rauch 7.4, 8.1. |iStockphoto.com, Calgary: anyaivanova 98.3; buradaki 156.1, 156.2, 156.3; Freeartist 123.2; gopixa 6.4; Konnikov, Pavel 84.5, 172.2; Lynx, Isabella 37.2. |Juta, Jason, Chatham: 118.1. |laif, Köln: Ernsting, Thomas 155.1. |Landesamt für Denkmalpflege im Regierungspräsidium Stuttgart, Esslingen (Neckar): © Yvonne Mühleis, Archäologisches Landesmuseum Baden-Württemberg 150.3. |Landesamt für Denkmalpflege und Archäologie Sachsen-Anhalt, Halle (Saale): Juraj Lipták 4.1, 14.1. |Lehnhof, Ingo, Braunschweig: 23.1, 39.1, 39.2, 39.3, 122.2, 122.3, 123.3. |Limesmuseum, Aalen: 112.2, 149.1. |Lookphotos, München: Terra-Vista 151.1. |mauritius images GmbH, Mittenwald: AGF/Mahaux Charles 76.2; Alamy 166.2, 167.2; Alamy Stock Photos/Dalibor Brlek 13.1; Alamy Stock Photos/Hufton+Crow-VIEW 18.1; braeumer 167.3; Entertainment Pictures 77.2; keith morris 76.1; Mattes, Rene 61.1; Otto, Werner 54.1; STOCK4B 37.1; Weimann, Peter 37.3. |Meyer, Kerstin, Braunschweig: 52.2, 123.4, 127.1. |Mithoff, Stephanie, Egestorf: 156.4. |Müller, Bodo, Bartensleben: 82.1.

|Naumann, Andrea, Aachen: 153.2. |Niedersächsisches Landesamt für Denkmalpflege, Hannover: 22.4; Cornelius, Klaus 22.1; Lipták, Juraj 22.5; Schöningen 13II-4 Wurfstock Grabung 1994 © P. Pfarr 22.6. |Patschan, Philip, Hamburg: 167.1. |Pfannenschmidt, Dirk, Hannover: 46.2, 61.2, 65.1, 66.3, 67.1, 83.1, 103.1, 103.2, 110.2, 110.4, 110.5, 114.1, 148.1, 175.1. |Picture-Alliance GmbH, Frankfurt a. Main: akg-images/Museum Kalkriese 154.1; Asa 76.4; Bildagentur-online/Beg 16.1; Bonniere Pascal 40.1; dpa/H. Ossinger 7.2; dpa/HOP 86.1; dpa/Kumm, Wolfgang 31.2; dpa/Rainer_Jensen 43.1, 70.2; dpa/Schleep, Beate 99.1; dpa/Scholz 42.1; dpa/Stratenschulte, Julian 21.3, 77.1; Förster, Peter 21.1; K M Asad 129.1; MAXPPP/© Costa/Leemage 138.1; Rolfes, W. 32.1; Stratenschulte, Julian 19.1, 20.1; Warmuth, Angelika 96.1. |Rathke, Mirko - Atelier Lichterloh, Leipzig: 94.1. |Rheinisches Bildarchiv, Köln: © Rheinisches Bildarchiv, rba_075324 160.1. |Rodrigues, Felipe, Braunschweig: 17.1, 17.2. |Rogge, Stefan H.: 106.1. |Ruthe, Oda, Braunschweig: 97.1. |Science Photo Library, München: Jose Antonio Peñas 101.1; Kennis & Kennis/MSF 24.1, 26.1, 28.1; Psaila, Philippe 30.1. |Serangeli, Dr. Jordi, Tübingen: Dr. Flavio Altamura 22.2; © Universität Tübingen, Photograph Jordi Serangeli 21.2. |Shutterstock.com, New York: Lagui 115.1; metamorworks 53.2; roberaten 98.1; Warner Bros/Kobal/Bailey, Alex 79.1. |Shutterstock.com (RM), New York: Fox Films/Kobal 71.4. |Spangenberg, Frithjof, Konstanz: 32.2, 32.3, 32.4, 32.5, 32.6. |Staatliche Antikensammlungen und Glyptothek, München: fotografiert von Renate Kühling 102.3. |Stadt Wels, Wels: Stadtmuseum Wels/Oberösterreich/Sauber, Wolfgang 34.1, 34.2. |stock.adobe.com, Dublin: agrarmotive 37.5; Arsgera 106.2; Boris 112.5; Marco2811 71.5; Mateusz 11.1; mmuenzl 172.1; Popov, Andrey 7.3; Richardt, Dagmar 52.1; Sabine 38.2; sergei_fish13 37.8; Shadrakhov, Yerbolat 37.7; stveak 152.1; ©Pixi 62.2. |Ubisoft Entertainment S.A., Saint-Mandé: ©2017 Ubisoft Entertainment. All rights reserved. Assassin's Creed, Ubisoft and the Ubisoft logo are registered or unregistered trademarks of Ubisoft Entertainment in the U.S. and/or other countries. 71.6. |ullstein bild, Berlin: AISA 62.1; imageBROKER 29.5; KPA/Mediacolors 6.3; Sawatzki 53.3. |Zaddach, Bernd Dr., Lehre: 11.3, 11.5, 11.6, 11.7, 11.8.

Menschen in der Vorgeschichte (↦ S. 40)

1. Geräte, die schon in der Altsteinzeit eingesetzt wurden, sind z. B. der Faustkeil zum Schneiden und der Holzbohrer zum Feuermachen (↦ S. 22, 27).

2. Nomaden sind Menschen, die ohne festen Wohnsitz herumziehen, auf der Suche nach Nahrung für sich (und ihre Tiere). Wildbeuter nennt man sie, weil sie jagten und essbare Pflanzen sammelten, um sich zu ernähren. Es war die Lebensform vor der Sesshaftigkeit in der Jungsteinzeit. (↦ S. 24/25)

3. a) Bilder wie das in M 1 gezeigte wurden in Höhlen entdeckt, z. B. in Chauvet und in Lascaux in Südfrankreich.
   b) Zu erkennen sind viele verschiedene wild lebende Tiere der Altsteinzeit, darunter: Pferd, Elefant, Rind, Nashorn und Raubkatzen.
   c) Höhlenbilder entstanden über mehrere Hundert oder sogar Tausend Jahre. Das ist wahrscheinlich auch der Grund dafür, dass viele Tiere übereinander dargestellt wurden. (↦ S. 28–31)

4. Die Menschen entwickelten Tierzucht und Landwirtschaft. Dadurch wurden sie sesshaft und lebten in Dörfern. Sie machten wichtige technische Erfindungen wie z. B. das Rad und lernten, Metall zu verarbeiten. Tiere wurden durch die Zucht zum Vorteil der Menschen verändert. Überall dort, wo der Mensch siedelte, veränderte er die Umwelt durch den Ackerbau massiv.

5. – Altsteinzeit: Feuerbeherrschung, Höhlenmalerei (↦S. 26, 28)
   – Jungsteinzeit: Tierhaltung, Getreideanbau, Hausbau, Töpferscheibe (↦ S. 33–38)

6. Die Technik der Metallverarbeitung konnte in den sesshaften Gesellschaften entwickelt werden, weil es hier Arbeitsteilung gab. Das bedeutet, dass Menschen sich spezialisierten. Erst dadurch wurde auch Handel über größere Entfernungen möglich, wodurch die Menschen die erforderlichen Rohstoffe, aber auch ihr Wissen teilen konnten.

Die ägyptische Hochkultur (↦S. 72)

1. Der Nil bot den Ägyptern die Grundlage für ihre Ernährung (Landwirtschaft, Jagdtiere). Zudem war der Fluss eine wichtige Verkehrsader für den Handel. Allerdings konnte eine Überschwemmung die Ernte zerstören. (↦ S. 44–47)

2. a) Die Szene aus einer Grabmalerei von 1390 v. Chr. zeigt drei Männer: Einer sitzt auf einem hohen Getreideberg, die beiden anderen knien hinter ihm auf dem Boden.
   b) Die Knienden halten Schreibmaterial; sie notieren etwas. Es sind Schreiber. Der Mann auf dem Getreideberg hat die rechte Hand ausgestreckt. Er scheint etwas zu zählen. Er ist ein Beamter, der die Ernte erfasst. (↦ S. 48/49, 56/57)
   c) Die Beamten und ihre Schreiber erfassten die Ernteerträge und zogen die Steuern ein. So stellten sie den Reichtum des Pharaos und seines Staates sicher. Die Beamten setzten überall die Gesetze des Pharaos durch. (↦ S. 48/49, 56/57)
   d) Das Bild ist Teil einer Malerei aus einem Grab eines hohen Beamten. Die Ägypter glaubten daran, dass die Darstellungen auf Grabmalereien im Jenseits Gestalt annehmen können. So sollte der hohe Beamte auch im Totenreich über seine Hilfsbeamten verfügen können. (↦ S. 47)

3. Ägypten gilt als frühe Hochkultur, weil es den Menschen gelungen war, die Nilflut durch das Anlegen eines Systems von Bewässerungskanälen für eine reichhaltige Landwirtschaft zu nutzen. So entwickelten sie ein großes Reich, das mithilfe seiner Beamten die Ernte des gesamten Landes verwaltete und Steuern für den Herrscher, den Pharao, einzog. Von diesen Steuern wurden z. B. der Bau von Tempeln und Pyramiden bezahlt. Grundlage der Verwaltung war eine Schrift. (↦ S. 48/49)

4. Bei den Ägyptern spielte der **Totenkult** eine große Rolle. Sie glaubten an ein **Leben im Jenseits**. Das ging auf den Mythos von **Isis und Osiris** zurück, demzufolge Osiris durch die Hilfe seiner Frau Isis im Totenreich wiederauferstehen konnte. Deshalb ließen sich alle, die es sich leisten konnten, riesige Gräber bauen – darunter auch die **Pyramiden** von Gizeh, in denen manche der **Pharaonen** bestattet wurden. In den Grabanlagen warteten ihre als **Mumien** einbalsamierten Körper auf die Wiederauferstehung. Dazu mussten sie zuerst die Gewissensprüfung beim **Totengericht** bestehen. (↦ S. 64–69)

Die Welt der Griechen (↦ S. 108)

1. Zusammengehörigkeitsgefühl entstand durch die gemeinsame Sprache und Schrift, den Glauben an dieselben Götter und die Olympischen Spiele. (↦ S. 80/81, 82/83, 86/87)

2. Auf dem Relief links ist Athene zu sehen. Sie ist die Göttin des gerechten Kampfes. Deswegen wird sie mit einem Helm und einer Lanze dargestellt. Athene gilt auch als weise. Das wird im Bild durch ihre nachdenkliche Haltung zum Ausdruck gebracht.
Rechts daneben ist der Götterbote Hermes gezeigt. Er ist daran zu erkennen, dass er einen Helm und Schuhe mit Flügeln trägt.(↦ S. 81)

3. Die Olympischen Spiele waren ein religiöses Fest zu Ehren des Zeus. Nur männliche freie Griechen durften daran teilnehmen. Im Unterschied dazu handelt es sich heute um einen internationalen Sportwettkampf mit viel mehr Disziplinen als in der Antike. Auch Frauen nehmen daran teil. (↦ S. 82–85)

4. Athen war in der Antike nicht die Hauptstadt Griechenlands, denn jede griechische Polis war eigenständig. Es gab keine Hauptstadt.
Wenn sie bedroht wurden, hielten die Poleis oft zusammen, aber es kam auch vor, dass Poleis Krieg gegeneinander führten. (↦ S. 86/87; Feindschaft: S. 82)

5. a) Thukydides schrieb im 5. Jahrhundert über die politische Mitbestimmung der Bürger. Er gibt die Meinung eines Politikers seiner Zeit wieder.
b) Der Politiker meint, dass in der Polis, in der er lebt, jeder Bürger, ob arm oder reich, ein Amt ausüben kann. Alle Bürger akzeptieren die Ordnung der Polis. Nur wer sich nicht an ihr beteiligt, wird schlecht angesehen.
c) Es wird eine politische Ordnung beschrieben, an der alle Bürger teilnehmen können. Das trifft auf die athenische Demokratie zu. Alle männlichen freien Athener hatten das Recht, an der Volksversammlung teilzunehmen und Strategen zu wählen. Sie selbst konnten in den Rat der 500 gelost werden. Die Bürger entschieden, wer regieren sollte und welche Gesetze gelten sollten. (↦ S. 94/95)

Das Römische Reich (↦ S. 164)

1. a) Beamter, der den römischen Staat in Friedens- und Kriegszeiten anführte: Konsul (↦ S. 130/131)
b) Rat der Alten, dessen Beschlüsse die Römer in der Regel befolgten: Senat (↦ S. 130/131)
c) Vater der römischen Familia: Pater familias/Patron (↦ S. 124/125)
d) von den Römern eroberte und verwaltete Gebiete: Provinzen (↦ S. 116)
e) Entwicklung, bei der die unterworfenen Völker die Sprache, Lebensweise und Wirtschaftsform der Römer übernahmen: Romanisierung (↦ S. 149)

2. Für die Zeit der Republik spräche: mehr Freiheit und Einfluss, größere Anerkennung, alte Werte gelten noch.
Für die Zeit des Kaiserreichs spräche: größerer Wohlstand und mehr Luxus, weniger Verantwortung für den Staat, größere Sicherheit.

3. a) Die Erdteile sind Europa, Afrika und Asien.
b) Der angegebene Maßstab passt etwa 9 mal in die Ost-West-Ausdehnung und etwa 7 mal in die Nord-Süd-Ausdehnung. Da er 500 km entspricht, ergibt sich:
– Ost-West-Ausdehnung: etwa 4 500 km;
– Nord-Süd-Ausdehnung: etwa 3 500 km.
c) Die römische Grenze wurde in Germanien von den Flüssen Rhein und Donau und dem Limes gebildet. Der Limes war ein Schutzwall. Er wurde dort gebaut, wo es keine Flüsse als natürliche Grenzen gab. Er sollte kriegerische Nachbarn abwehren. (↦ S. 149)

4. Für beide Urteile lassen sich Argumente finden.
Für die Beurteilung der Römer als rücksichtslose Eroberer spricht, dass sie in den etwa tausend Jahren ihrer Herrschaft ihren Machtbereich in zahlreichen Feldzügen ausdehnten und dabei kaum Rücksicht auf die Unterworfenen genommen haben. Sie haben Menschen getötet und versklavt sowie Besitz zerstört.
Für die Beurteilung der Römer als bewundernswerte Kultur-Verbreiter spricht, dass sie während ihrer Herrschaftszeit ihre Technologien, ihre Kunst und Architektur weit verbreitet haben. Sie haben die Entwicklung der eroberten Gebiete stark beeinflusst.

Eine Textquelle erschließen

Um Textquellen zu verstehen, ist wichtig,
– den Inhalt des Textes zu erfassen und
– herauszufinden, in welchem Zusammenhang der Text verfasst wurde.

A. Um den Inhalt eines Textes zu verstehen, gehe in diesen Schritten vor:

1. Achte auf die Überschrift und die Einführung in die Quelle. Sie erklären das Thema.

2. Lies den Text Satz für Satz durch und mache dir jeweils den Inhalt klar. Falls dir Begriffe unklar sind, frage deine Lehrerin oder deinen Lehrer oder suche in einem Lexikon oder im Internet nach Erklärungen. Finde nun für jeden Absatz Stichworte, die den Inhalt wiedergeben.

3. Füge die Stichwörter zu einem Text zusammen. Nutze dafür deine eigenen Worte. So kannst du sicher sein, alles verstanden zu haben.

B. Informiere dich über den Zusammenhang, in dem der Text entstanden ist, indem du folgende Punkte zu klären versuchst:

– **WER** hat den Text verfasst? (z. B.: Autorin oder Autor mit besonderer Stellung?)
– **WELCHE Textart** liegt vor? (z. B.: öffentliche Rede, privater Brief, Sage, Gesetz …)
– **WANN** wurde der Text verfasst? (z. B. kurz nach einem bestimmten Ereignis oder rückblickend/mit großem zeitlichem Abstand?)
– **WORÜBER** wurde der Text verfasst? (Was ist sein Thema?)
– **AN WEN** ist der Text gerichtet? (z. B. eine Masse von Zuhörenden, eine kleine Gruppe, eine einzige Person?)

Eine Sachquelle auswerten

Gegenstände, die früher gebraucht wurden und die wir heute finden, nennen wir »Sachquellen«. Oft ist schwer zu erkennen, was sie uns »erzählen« könnten. Das liegt daran, dass sie meist nicht in den Zusammenhängen auftauchen, in denen sie früher gebraucht wurden. Um eine Sachquelle auszuwerten, gehe in folgenden Schritten vor:

1. Betrachte den Gegenstand und beschreibe seine Eigenschaften (Größe, Form, Material, Oberfläche, Farbe, Gewicht). Ihn zu zeichnen kann helfen, Besonderheiten zu entdecken.

2. Überlege, wofür der Gegenstand wohl gebraucht wurde. Wie funktionierte er? In welchen Lebenszusammenhängen wurde er wohl eingesetzt – z. B. im Haushalt, bei der Feldarbeit, bei Begräbnissen, zum Spielen?

3. Erkläre, was man durch den Gegenstand über das Leben früher erfahren kann.

M1 Dieses Bügeleisen stammt aus der Zeit, als man noch keinen Strom hatte. Es wurde mit glühenden Kohlen befüllt.

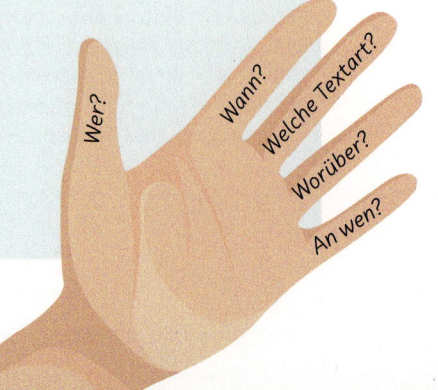

Wer?
Wann?
Welche Textart?
Worüber?
An wen?

Eine Geschichtskarte beschreiben

Geschichtskarten zeigen oft Entwicklungen, die sich in bestimmten Gebieten abgespielt haben. Das Thema einer Karte erfährst du aus der Unterschrift. Wichtige Informationen enthält zudem die Legende. Dort sind Symbole und ihre Erklärungen aufgelistet. In die Karte wurden nur die Symbole eingezeichnet. Der Legende musst du entnehmen, was sie bedeuten.

1. Lege in deinem Heft eine Tabelle an. Links nennst du die Bedeutungen der Symbole, rechts daneben schreibst du auf, wo sie in der Karte vorkommen. Dazu musst du wissen, wie die Kontinente heißen, und die Himmelsrichtungen kennen. So kannst du aufschreiben, ob ein bestimmtes Symbol z. B. in Ost- oder Westasien auftaucht.

2. In manche Karten sind Pfeile eingezeichnet, die Wege kennzeichnen. Damit kannst du Richtungen benennen, z. B.
   – Wo liegt der Anfang einer Bewegung/Ausdehnung/Entwicklung?
   – Welche Wege wurden genommen?
   – Wohin verlief eine Ausdehnung/Bewegung?

3. Fasse abschließend in einem kurzen Text zusammen, was die Karte zeigt.

Ein Bild beschreiben

Bilder wurden aus unterschiedlichen Gründen angefertigt. So können sie z. B. die Bedeutung einer Person herausstellen, sie können aber auch Lebensverhältnisse zeigen oder eine spätere Sicht auf ein berühmtes Ereignis aus der Geschichte wiedergeben. Um eine mögliche Bildaussage zu verstehen, ist zunächst wichtig, sich klarzumachen, was überhaupt zu sehen ist. Dazu hilft es, das, was man sieht, in Worte zu fassen. Gehe in diesen Schritten vor:

1. Zuerst kannst du deinen ersten Eindruck des Bildes nennen. Sage z. B.: »Das Bild wirkt auf mich …« und finde passende Adjektive.

2. Benenne, um was für ein Bild es sich handelt (z. B. Wandmalerei in einem Grab, Fußbodenmosaik). Nenne wenn möglich auch, wer es wann gestaltet hat.

3. Beschreibe nun genau, was du siehst. Gehe auf den Ort der gezeigten Szene und vor allem auf die dargestellten Personen ein.*

4. Fasse abschließend zusammen, worum es in dem Bild geht.

Ein Schaubild erläutern

Ein Schaubild stellt komplizierte Zusammenhänge, z. B. den Aufbau einer Gesellschaft, mit Zeichen und Stichworten anschaulich dar. Um ein Schaubild zu erläutern, ist es notwendig, die Zeichen zu verstehen und ihre Anordnung zu entschlüsseln:

1. Benenne die Elemente (Zeichen) des Schaubildes und ihre Bedeutung.

2. Untersuche und beschreibe, wie die Elemente angeordnet sind und erkläre, welche Beziehungen deutlich werden. Z. B.: Wer befiehlt, wer gehorcht? Welche Gruppe leistet was und welche Gegenleistung erhält sie?

3. Formuliere zusammenfassend die Aussage des Schaubildes.

* Wenn du Figuren beschreibst, kann z. B. wichtig sein:

– **ihre Anordnung im Bild:** Wer befindet sich im Mittelpunkt, wer eher am Rand?;
– **die Größen der Figuren**
  (Beides kann auf ihre Bedeutungen hinweisen.);
– **ihre Bekleidung**
  (Sie kann ein Zeichen für ihre Stellung in der Gesellschaft, auf Armut oder Reichtum sein.);
– **ihre Körperhaltungen**
  (Sie können zeigen, in welchem Verhältnis Personen zueinanderstehen.);
– **Gesichtsausdruck und Blickrichtungen**
  (Sie können z. B. Gefühle verraten.)
– **die gezeigten Tätigkeiten**
  (Sie können Aufschluss darüber geben, wie im Alltag bestimmte Aufgaben erledigt wurden. Sie können aber auf den Beruf einer Person oder eine besondere Aufgabe hinweisen.).

Ein Cluster/eine Mindmap erstellen

Das Wort **Cluster** (englisch, sprich: »Klaster«) bedeutet Anhäufung oder Bündel. Ein Cluster ist geeignet, um eine Begriffssammlung zu erstellen, und kann helfen, Ordnung in Gedanken zu bringen. Um ein Cluster anzulegen, gehst du so vor:

– Du nimmst ein leeres Blatt, am besten im Querformat, und schreibst einen Begriff oder einen Satz in die Mitte des Blattes. Dann ziehst du einen Kreis um den Begriff oder den Satz.

– Du schreibst weitere Begriffe, die zu dem Begriff oder Satz passen, drumherum. Auch ihnen kannst du nun weiter passende Begriffe zuordnen.

Wenn du zusätzlich Verbindungslinien zwischen Begriffen ziehst, die sich aufeinander beziehen, erhältst du eine sogenannte Mindmap (englisch, sprich: »Meindmäp«).

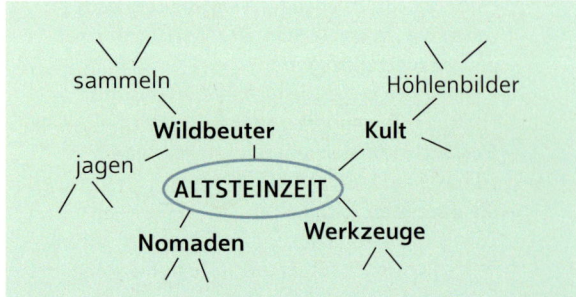

Beeren Kräuter Aas
sammeln
einfache Hütten und
Wildbeuter Höhlen als Unterschlupf
jagen umherziehen
Wild Speere ⬭ ALTSTEINZEIT ⬭ **Nomaden**
gemeinsam planen

Kult **Werkzeuge**
Höhlenbilder Faustkeile aus Stein
Erdfarben Jagdszenen Speere aus Holz
wilde Tiere

M1 Cluster zum Begriff »Altsteinzeit«

sammeln Höhlenbilder
Wildbeuter **Kult**
jagen ⬭ ALTSTEINZEIT ⬭
Nomaden **Werkzeuge**

M2 Beziehungen hervorheben in der Mindmap

Ein Kurzreferat halten

Mit einem Referat stellst du Arbeitsergebnisse in einem kurzen Vortrag vor. Aber Achtung: Es geht nicht nur darum, andere über dein Thema zu informieren, sondern auch darum, das Interesse der Zuhörenden wecken. Hier einige Regeln:

1. Mach dir dein Thema klar und sammle Informationen dazu. Suche auch passende Bilder aus.

2. Entwickle eine Gliederung: Entscheide, was du erzählen willst, und bring dies in eine sinnvolle Reihenfolge. Ordne die Bilder zu.

3. Bereite deine Präsentation vor.
– Berücksichtige, wie viel Zeit du zum Vortragen hast.
– Stelle sicher, dass die benötigten Geräte zur Verfügung stehen, z. B. ein Beamer.
– Übe, mit einem Stichwortzettel frei zu sprechen.

4. Nenne beim Vortragen zuerst dein Thema. Sprich frei und deutlich. Schau die Zuhörenden an.

Ein Tipp zum Schluss: Versuche, mit beiden Füßen fest auf dem Boden zu stehen. Wenn du zappelst, lenkst du die Zuhörenden ab!

Einen Galeriegang machen

Ein Galeriegang ist eine gute Präsentationsmöglichkeit nach einer Arbeit in größeren Gruppen. Ihr lernt dabei alle Themen kennenlernen und könnt anschließend in der Klasse darüber sprechen.

– Hängt die fertigen Arbeitsergebnisse, z. B. Plakate, im Klassenraum gut verteilt an der Wand auf oder legt sie auf Tischen aus (Tischgalerie).

– Bevor der Galeriegang beginnt, werden zuerst neue Gruppen gebildet mit jeweils einer Person aus jeder Gruppe, die ein Plakat erstellt hat.

– Die Gruppen gehen von Plakat zu Plakat. In jeder Gruppe gibt es eine Expertin oder einen Experten, die oder der an der Erstellung beteiligt war und das Plakat erklären kann.

Ein Lernplakat gestalten — auf Papier und am Tablet

Lernplakate sind eine Möglichkeit, Gruppenarbeitsergebnisse in übersichtlicher Weise vorzustellen. Dafür benötigt ihr einen Bogen stärkeres Papier im Format A 2, Filzstifte, Schere und Klebstoff. Überlegt zunächst, was die wichtigsten Ergebnisse eurer Arbeit sind. Erstellt dann einen Entwurf für das Plakat auf einem DIN-A4-Blatt. Beachtet bei der Plakatgestaltung folgende Regeln:

– Beschränkt euch auf wichtige Informationen.

– Arbeitet mit Schlüsselbegriffen, Stichworten oder kurzen Sätzen.

– Die Schriftgröße sollte ca. 3 cm betragen.

– Benutzt Bilder zur Veranschaulichung und ordnet sie sinnvoll auf der Fläche an. Auch zeichnerische Elemente wie Pfeile könnt ihr verwenden, um Bezüge zu verdeutlichen.

– Achtet darauf, sauber und fehlerfrei zu schreiben. Setzt am Schluss eure Namen darunter.

Tipp: Unter dem Webcode findet ihr ein Erklärvideo zur Gestaltung, auch am Tablet:

WES-117710-044

Rechts sind die wichtigsten Punkte für die digitale Gestaltung zusammengefasst.

Geht beim digitalen Gestalten so vor:

1. Wählt ein passendes Programm bzw. Tool aus, z. B. MS PowerPoint, Apple Keynote, Libre Office.

2. Öffnet eine neue Folie und legt ihre Ausrichtung (Hoch- oder Querformat) fest. Berücksichtigt: Soll das Lernplakat später nur auf dem digitalen Endgerät betrachtet, projiziert oder ausgedruckt werden? Stellt dann die Größe eurer Folie ein: A3 z. B. hat die Seitenlängen 59,4 und 42 cm.

3. Tippt eure selbst verfassten Texte in Textfelder ein. Um eine gute Lesbarkeit zu erreichen, wählt eine Schrift ohne Schmuckelemente und achtet auf passende Schriftgrößen. Bei A3 z. B.:
   – für den Titel: 60–80 pt,
   – für Unterüberschriften: 30–50 pt,
   – für Textblöcke: 24–30 pt,
   – für Quellenangaben: 10–12 pt.

4. Nutzt neben Schwarz nicht mehr als drei zusätzliche Farben, damit das Plakat nicht unübersichtlich wird.

5. Sucht passende Bilddateien, z. B. Fotos oder Schaubilder, und ordnet sie sinnvoll auf der Gestaltungsfläche an. Denkt daran, die Bildquellen anzugeben.

6. Achtet darauf, die Gestaltungsfläche nicht zu überladen: Etwa 1/3 der Fläche sollte frei bleiben.

7. Gebt der fertigen Datei einen Namen und speichert sie in der digitalen Dateiablage ab (z.B. Iserv).

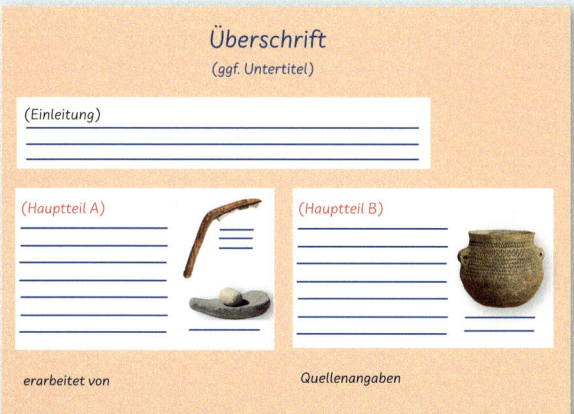

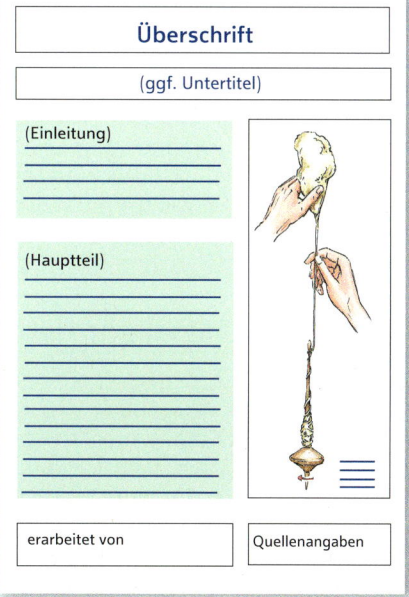

M 3 Zwei Gestaltungsbeispiele. Beim Arbeiten auf Papier könnt ihr die Textblöcke einzeln gestalten und aufkleben. Beim Arbeiten am Tablet zieht ihr Felder auf, in die ihr Texte und Bilder einfügt. Sie sind hier rechts durch farbige Flächen und durch schwarze Rahmen wiedergegeben.

Alles hat Geschichte

S. 7, Aufgabe 2: Ein Beispiel: »Geschichte zeigt, dass Menschen sich im Lauf der Zeit ähnlich verhalten, aber dieses Verhalten immer etwas anders ist.«

S. 13, Aufgabe 2: Bedenke z. B. wie man den Gegenstand verwendete. Welche Energie war nötig, um ihn zu benutzen (elektrische Energie, menschliche Kraft, tierische Kraft)? Welche Bedeutung könnten Größe und Gewicht haben?

Menschen in der Vorgeschichte

S. 29, Aufgabe 2: Denke darüber nach, ob es dir wahrscheinlich erscheint, dass sie ... einen Ort schmücken wollten, ... einen Ort wiedererkennen wollten, ... ihre Spuren hinterlassen wollten, ... eine Botschaft senden wollten?

S. 35, Aufgabe 2: Wenn wir heute Vorräte anlegen, können wir das z.B. mit dem Kühlschrank, mit der Gefriertruhe oder mit Konserven schaffen. In der Jungsteinzeit fehlten diese Möglichkeiten. Die Vorräte lagerten in einem Raum, in dem Menschen und oft Tiere lebten und in dem es meistens Ungeziefer gab.

S. 35, Aufgabe 5: Eine/r von euch übernimmt die Rolle des Menschen aus der Altsteinzeit, die/der andere die Rolle des Jungsteinzeitmenschen. Schreibt zuerst auf, worin ihr die Vorteile eurer jeweiligen Lebensweise seht. Stellt euch die Stichpunkte vor und überlegt, wie sie sich direkt aufeinander beziehen lassen. Entwickelt dann eine Reihenfolge für euer Rollenspiel.

Die ägyptische Hochkultur

S. 49, Aufgabe 4: Eine neue Zeile müsste sich auf einen Lebensbereich beziehen, der bisher nicht vorkam. Er könnte Fragen betreffen wie z. B.: Wer bestimmt? Oder: Wie wird das gemeinsame Leben und Arbeiten organisiert?

S. 55, Aufgabe 1. b): Beachte, dass das Holzmodell eine Grabbeigabe war. Um seiner Bedeutung auf die Spur zu kommen, kannst du den Einführungstext zu »Ein ägyptisches Bild untersuchen« auf S. 47 lesen.

S. 55, Aufgabe 2. b): Denke darüber nach, welche Entwicklungen für die gesamte Gesellschaft durch die Arbeitsteilung möglich wurden.

S. 63, Aufgabe 3: Organisiere deine Informationen in Form einer dreispaltigen Tabelle. Formuliere danach deine Antwort, indem du die Ergebnisse der dritten Spalte zusammenfasst.

Gott	zuständig für	Verbindung zum Alltagsleben
Anubis	Bewachen der Grabstätten	die Totenruhe schützen, das Andenken der Verstorbenen bewahren

S. 66, Aufgabe 2. b): Dazu findet ihr Hinweise im Text auf S. 65 (ab Zeile 52). Vergleicht auch das Leben der Pyramidenarbeiter mit dem einfacher Bauern und Handwerker wie im Text auf S. 56 beschrieben.

S. 67, Aufgabe 2. a): Verdeutlicht euch den Inhalt von M 1, indem ihr die Quelle wie eine Handlungsanweisung an den verstorbenen Pharao umformuliert, z. B.:
1. Steh auf.
2. Sammle deine Knochen zusammen.
3. Schüttle die Erde ab, in der du gelegen hast. ...

S. 67, Aufgabe 2. b): Die Ägypter hielten die Auferstehung im Totenreich für möglich, glaubten aber, dass ein unversehrter Körper dafür nötig war. Die Unversehrtheit des toten Körpers ist Thema beider Texte. Findet die Textstellen.

S. 69, Aufgabe 2: Die Ägypter selbst haben sich solche Antworten überlegt und in sogenannte Totenbücher geschrieben, die sie mit in den Sarkophag legten. Sie sollten den Verstorbenen helfen, beim Totengericht die richtigen Antworten zu geben, z. B.: »Ich habe Menschen kein Unrecht getan.«, »Ich habe nicht gestohlen.« ...

Die Welt der Griechen

S. 80, Aufgabe 2. a): Nur einige der im Text genannten Gottheiten sind abgebildet. Und nicht immer sind sie mit allen ihren Kennzeichen dargestellt.

S. 85, Aufgabe 4. a): Lies nach in M 3, S. 83. Einige der dort genannten Sportarten findest du in M 4 wieder.

S. 87, Aufgabe 4. b): Lies den Darstellungstext und mach dir Notizen zu den Aussagen über See- und Landwege. Bedenke auch, wie die Siedlungsgebiete beschaffen waren. Stelle dir nun die Folgen vor.

S. 89, Aufgabe 4. b): Orientiert euch bei eurem Dialog z. B. am Text über die zweite Befragung des Orakels in Teil a) oder über die Rückkehr der Auswanderer in Teil b).

S. 93, Plusaufgabe: Das Schaubild soll zeigen, welche Gruppen eine übergeordnete und welche eine untergeordnete Stellung hatten. Frage dich:
– Wer kann wem befehlen?
– Wer hat mehr Rechte als andere?
Versuche, dies durch Symbole (z. B. Pfeile) und Beschriftungen zu verdeutlichen.

S. 95, Aufgabe 2: Bedenkt, dass die Ämter beim Losen auf Menschen mit sehr verschiedenen Fähigkeiten verteilt werden.

S. 105, Plusaufgabe: Überlege, wofür Menschen den Beinamen »der Große« bekommen könnten. Versuche, eine Übereinstimmung mit Alexander zu finden.

Das Römische Reich

S. 114, Aufgabe 3. b): Überlege, welchen Vorteil es in dieser Zeit auch gegenüber möglichen Konkurrenten gehabt haben mochte, wenn man auf eine göttliche Herkunft und auf göttlichen Willen hinweisen konnte.

S. 137, Aufgabe 4: Schau dir noch einmal das Kapitel »Caesar – ein Konsul wird mächtig« (S. 134/135) an. Überlege dann, welche »Fehler« Augustus vermieden hat.

S. 138, Aufgabe 2: Bedenke Aspekte wie: Verschönerung der Stadt, Gewinn an Ansehen, Schaffen von Arbeitsplätzen, Verdeutlichen von Macht, Verbessern der Lebensqualität.
Bringe die Aspekte anschließend in eine Reihenfolge, an der deutlich wird, was du für einen wichtigen Grund hältst und was du für weniger wichtig hältst.

S. 151, Aufgabe 5: Teile ein Blatt in vier Felder und trage in die oberen ein, was für das Leben in der römischen Provinz spricht und was für eine Rückkehr ins heimische Dorf spricht. In die untere Hälfte trage die Gründe ein, die dagegensprechen.

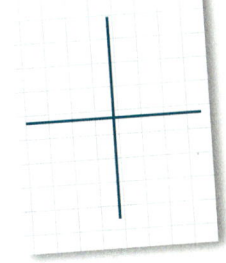

S. 155, Aufgabe 2. a): Schreibt zuerst Stichworte zu den die wichtigsten Informationen aus den Texten heraus. Legt dann gemeinsam eine zweispaltige Tabelle an, in der ihr die herausgearbeiteten Punkte gegenübergestellt.

S. 156, Aufgabe 1: Informationen findest du unter dem Webcode.

WES-117710-045

S. 159, Aufgabe 5: Beziehe vor allem den Textabschnitt der Quelle ab Zeile 10 in deine Überlegungen ein.

S. 161, Aufgabe 2. a): Dein Zeitstrahl muss etwa den Zeitraum von 250 bis 410 n. Chr. abbilden. Das sind 160 Jahre. Ein Maßstab von einem Zentimeter für 10 Jahre müsste in dein Heft passen.

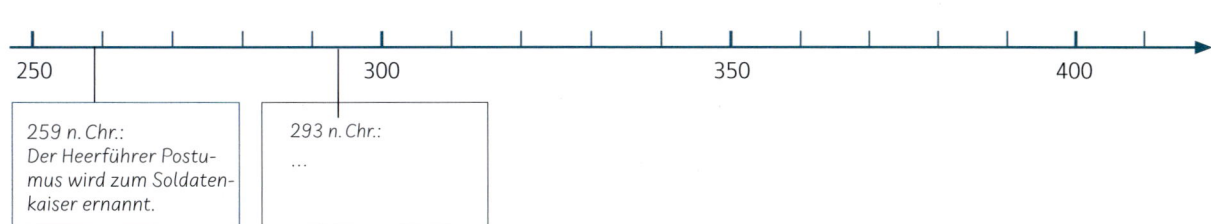

250   300   350   400

259 n. Chr.:
Der Heerführer Postumus wird zum Soldatenkaiser ernannt.

293 n. Chr.:
…

Adel/Adlige: vornehme Familien, die besondere Rechte in einer Gesellschaft hatten. Viele Adlige waren reich und besaßen große Ländereien. Manche hatten ihre führende Stellung aufgrund besonderer Leistungen im Krieg erhalten. In der römischen Republik hatten wenige Adelsfamilien den größten Einfluss.

Altsteinzeit: Name des längsten Zeitabschnitts der Menschheitsgeschichte (ca. 2,3 Millionen Jahre). Stein war in dieser Zeit das wichtigste und dauerhafteste Material für die Herstellung von Werkzeugen. Die Phase der Altsteinzeit, in der die Menschen Kleingeräte und Figuren aus Stein fertigten und mit Pfeil und Bogen sowie mit Speeren jagen konnten, wird als jüngere Altsteinzeit bezeichnet.

Antike: Bezeichnung für den Zeitabschnitt der griechischen und römischen Geschichte zwischen etwa 1200 v. Chr. bis zum Ende des Weströmischen Reiches um 500 n. Chr.

Arbeitsteilung: die Aufgliederung der unterschiedlichen anfallenden Arbeiten in einer Gesellschaft in verschiedene Berufe, z. B. in Händler, Handwerker und Bauern.

Arbeitsteilung ermöglicht Spezialisierungen, sodass sich Berufe für verschiedene Techniken und Aufgaben entwickeln konnten, z. B. Hufschmied oder Messerschmied. Dadurch wurden immer bessere Ergebnisse in Technik, Kunst und Wissenschaft möglich.

Archäologie: Wissenschaft, die der Erforschung von Überresten vergangener menschlicher Kulturen seit der Altsteinzeit dient. Archäologinnen und Archäologen führen Grabungen durch und werten ihre Funde aus, um herauszufinden, wie Menschen früher wohl gelebt haben. Oft werden dabei auch Kenntnisse aus den Naturwissenschaften benötigt.

Beamte: Sie übernehmen Aufgaben der ↦ Verwaltung, indem sie z. B. Steuern einziehen. Im alten Ägypten waren die Beamten gut ausgebildete, reiche und mächtige Personen. Der höchste Beamte war der Wesir. In den römischen ↦ Provinzen waren hohe Beamte als Stellvertreter (»Statthalter«) der Regierung in Rom eingesetzt.

Bronzezeit: die Zeit seit etwa 2500 v. Chr., in der die Menschen begannen, Werkzeuge und Waffen aus Bronze herzustellen. Viele Arbeiten wurden dadurch einfacher. Zugleich wurden die Waffen haltbarer und gefährlicher.

Bronze ist ein besonders hartes Material, das aus den Metallen Kupfer und Zinn hergestellt wird.

Bürger: Im antiken Griechenland galten als Bürger nur Männer, die in einer ↦ Polis an Volksversammlungen teilnehmen und in Gerichten mitwirken durften. Für Zugezogene (Metöken) galt es nicht. In Rom dagegen konnten auch Menschen das Bürgerrecht erhalten, die nicht aus Rom stammten, sich aber für Rom im Krieg hervorgetan hatten.

Frauen hatten kein Bürgerrecht; ihre Stellung in der Gesellschaft hing von dem Ansehen und den Rechten ihres Mannes ab.

Demokratie (griechisch: demos = Volk und kratein = herrschen): Form der Regierung, an der Viele beteiligt sind im Unterschied z. B. zur ↦ Monarchie (Königsherrschaft), bei der ein Einzelner entscheidet.

Die bekannteste Demokratie der Antike ist die der ↦ Polis Athen. Dort besaß allerdings nur eine Minderheit der Bevölkerung das Bürgerrecht und konnte mitbestimmen.

In heutigen Demokratien ist die tatsächliche Mehrheit der Bevölkerung beteiligt. Sie wählt Volksvertreterinnen und -vertreter.

Diktator/Diktatur (lateinisch: dictare = diktieren): In Zeiten großer Bedrohung wurde im antiken Rom alle Regierungsgewalt einem einzigen Mann übertragen. Als Diktator sollte er wichtige Entscheidungen schnell treffen können. Die Dauer einer Diktatur war auf einen Zeitraum von sechs Monaten begrenzt.

Gaius Julius Caesar bekam als Erster diese Position auf Lebenszeit. Seitdem ist Diktatur gleichbedeutend mit willkürlicher Alleinherrschaft – bis heute.

Familia: römische (Groß-)Familie. In ihr hatte der Vater (Pater familias) die führende Rolle. Alle wichtigen Entscheidungen (z. B. über Eigentumsfragen oder Heirat der Kinder) wurden von ihm getroffen.

Zur Familia gehörten alle Personen, die in der Hausgemeinschaft lebten, und die Sklaven. Auch wirtschaftlich vom Vater abhängige Bauern (↦ Klienten) galten als Mitglieder der Familia.

Gesellschaft: ein Zusammenschluss von Menschen, die ein Gefühl der Gemeinschaft ausbilden. Um das Zusammenleben der Menschen zu erleichtern, gibt sich eine Gesellschaft meist Regeln und Gesetze.

Hellenismus (griechisch: hellas = Griechenland): Bezeichnung für die griechische Kultur im Mittelmeerraum in der Zeit von 325–150 v. Chr. Die griechische Sprache wurde zur »Weltsprache« und verbreitete die Erkenntnisse der Griechen in den Wissenschaften. ↦ Kulturelles Zentrum der hellenistischen Welt war Alexandria in Ägypten.

Historikerin/Historiker (lateinisch, historia: Geschichte): Forschende, die sich mit der Geschichte der Menschen von der Urzeit bis in die Gegenwart beschäftigen. Historikerinnen und Historiker untersuchen Überreste aus der Vergangenheit. Auf der Grundlage dieser ↦ Quellen stellen sie zurückliegende Ereignisse und Entwicklungen dar.

Hochkultur: Gesellschaften, die in unterschiedlichen Teilen der Welt zu verschiedenen Zeiten existierten, werden Hochkulturen genannt, wenn sie folgende Merkmale zeigen:
– Eine Regierung schafft Gesetze und eine zentrale Verwaltung organisiert das Zusammenleben der Menschen.
– Eine Schrift wird genutzt.
– Die anfallenden Arbeiten werden aufgeteilt; es entstehen verschiedene Berufe.
– Techniken werden entwickelt und weitergegeben; die Menschen schaffen Bauwerke sowie Kunst.
– Es gibt gemeinsame Glaubensvorstellungen.
Erste Hochkulturen entstanden um 3000 v. Chr. an großen Flüssen in Ägypten und Mesopotamien.

Imperium (lateinisch: imperare = befehlen): Bei den Römern bezeichnete dieser Begriff ursprünglich die unbeschränkte Befehlsgewalt eines Feldherrn (Imperator) über das Heer. Darüber hinaus wurde der Begriff auch für das Gebiet verwendet, über das die Römer herrschten.

Zur Kaiserzeit bedeutete **Imperium Romanum** daher »Römisches Reich«; »Imperator« bedeutete »Kaiser« (englisch: emperor).

Jungsteinzeit: Name des letzten Abschnitts der Steinzeit, in dem die Menschen sesshaft lebten und Ackerbau betrieben sowie Vieh züchteten. Die Schrift kannten die Menschen in der Jungsteinzeit aber noch nicht, sodass es keine schriftlichen ↦ Quellen über diese Zeit gibt.

Die Jungsteinzeit begann im »Fruchtbaren Halbmond« im südöstlichen Mittelmeerraum vor etwa 11 000 Jahren und breitete sich langsam aus. Im heutigen Niedersachsen setzte die Entwicklung zur ↦ Sesshaftigkeit etwa vor 7000 Jahren ein. Aus dieser Zeit stammen die Großsteingräber, von denen wir noch heute Überreste vorfinden.

Kaiser (lateinisch: caesar, gesprochen: Kaisar): Der Name Gaius Julius Caesars wurde in der römischen Kaiserzeit zum Herrschertitel, den alle »Kaiser« trugen. Auch die Herrscher im Mittelalter nahmen ihn an.

Kalender: Festlegung von Zeitabschnitten in Jahre, Monate, Wochen, Tage. Ursprünglich orientierte man sich bei der Zeiteinteilung an den Jahreszeiten sowie an Sonnen- oder Mondphasen, um z. B. die günstigsten Zeitpunkte für die Aussaat zu bestimmen. Es entwickelten sich mehrere Arten von Kalendern, die in verschiedenen Kulturen bis heute nebeneinander Gültigkeit haben.

Klienten (lateinisch: cliens = abhängig): Menschen im Römischen Reich, die von einem Reichen, ihrem Patron, abhängig waren. Oft handelte es sich um verarmte Kleinbauern, Händler oder ehemalige Sklaven. In Notfällen wurden sie von ihrem Patron unterstützt. Klienten ehrten ihren Patron und gaben ihm bei Wahlen ihre Stimme.

Kolonie/Kolonisation (lateinisch: colere = Land bebauen): Mit »Kolonisation« meint man das Ansiedeln von Auswanderern in fremden Ländern. So gründeten griechische Auswanderer ab dem 8. Jahrhundert v. Chr. an fremden Küsten des Mittelmeeres Städte und betrieben dort Landwirtschaft. Mit ihren »Mutterstädten« hielten die neu gegründeten »Tochterstädte« – also die Kolonien – eine enge Verbindung: Sie behielten z. B. heimatliche Dialekte, Sitten und die Staatsform bei. Außerdem betrieben sie regen Handel mit ihrer Mutterstadt.

Bei den Römern wurden Ansiedlungen von Soldaten- oder Veteranen als Kolonien bezeichnet. Die Siedelnden sollten die Herrschaft Roms in den eroberten Gebieten sichern.

Konsul (lateinisch, consulere: beraten, für etwas sorgen): Bezeichnung für die höchsten Beamten in Rom. Es wurden immer zwei Konsuln für ein Jahr gewählt. In Friedenszeiten sorgten sie für die Durchsetzung aller Beschlüsse, im Krieg waren sie Befehlshaber von Truppen.

Kultur: Wenn die Bevölkerung einer Gegend eine besondere Lebensform entwickelt, spricht man von ihrer Kultur. Erkennbar ist eine Kultur daran, was die Menschen schaffen (z. B. an Geräten, Waffen, Kleidung, Kunstwerken, Bauten) und an den Formen ihres Zusammenlebens. Dazu gehört auch ihre Religion.

Monarchie (griechisch: monos = allein und archein = herrschen): Alleinherrschaft, die von einem König oder einer Königin ausgeübt wird. Die meisten Monarchen erbten die Königsmacht von ihrem Vater. Ihre besondere Stellung in der Gesellschaft führten sie auf göttlichen Willen zurück. Ein Monarch hatte auch besondere Aufgaben bei religiösen Zeremonien.

Bis ins 20. Jahrhundert war die Monarchie die häufigste Staatsform.

Nomaden/Nomadentum: Als Hirten- oder Wandervölker lebende Menschen, z. B. die ↦ Wildbeutergemeinschaften der ↦ Altsteinzeit. Sie mussten Gegenden aufsuchen, in denen es ausreichend Nahrung gab. Deshalb hatten sie keine festen Wohnsitze, sondern zogen umher.

Patriarchat (lateinisch: pater = Vater und griechisch: archein = regieren, herrschen): eine Gesellschaftsordnung, in der die Männer und Väter innerhalb von Gemeinschaften wie Familien die Entscheidungen treffen

Patrizier (lateinisch: pater = Vater): die Angehörigen des römischen ↦ Adels, die bis ins 3. Jahrhundert v. Chr. alle politischen Ämter besetzten. In Rom konnten nur Patrizier in den ↦ Senat gewählt werden.

Plebejer (lateinisch: plebs = das einfache Volk): So hießen alle Römerinnen und Römer, die nicht zum ↦ Adel gehörten. Sie erhielten erst im 3. Jahrhundert v. Chr. das Recht, Ämter zu übernehmen und in den ↦ Senat aufzusteigen. Bei Wahlen und in der Volksversammlung bestimmten die Plebejer die römische Politik mit.

Polis (Mehrzahl: Poleis): griechische Stadt, die wie unsere heutigen Staaten ihre Angelegenheiten (ihre »Politik«) selbstständig regeln konnte. In Griechenland und in den von Griechen besiedelten Gebieten gab es mehrere Hundert Poleis von ganz unterschiedlicher Größe. Athen war die größte und bedeutendste. Aber auch Sparta, Theben oder Korinth waren mächtige Poleis.

Zu einer Polis gehörte nicht nur der Kern der Stadt, sondern immer auch das Umland. In den Städten gab es in der Regel eine befestigte Burg (Akropolis) als Zufluchtsort und einen Marktplatz (Agora) als politisches Zentrum.

Prinzipat (lateinisch: princeps = der erste oder der führende Mann): Als Augustus im Jahr 31 v. Chr. den Bürgerkrieg in Rom beendet hatte, stellte er alle Einrichtungen der Römischen Republik wieder her, behielt aber als »erster Mann« die Macht in seinen Händen: Er blieb oberster Feldherr, war oft ↦ Konsul, bestimmte über die wichtigsten ↦ Provinzen und hatte die Rechte eines Volkstribuns (eines Vertreters der ↦ Plebejer). Trotzdem wollte er nur als »Erster (princeps) unter Gleichen« angesehen werden, weshalb seine Regierungsform Prinzipat genannt wurde.

Als er seine Stellung seinem Adoptivsohn vererbte, wurde aus dem Prinzipat eine Form der ↦ Monarchie, Kaiserherrschaft.

Proletarier (lateinisch: proles = Kinder, Nachkommen): die unterste soziale Schicht der römischen Gesellschaft. Der Begriff drückt aus, dass diese Menschen nichts hatten außer ihren Kindern. Die Proletarier wurden vom römischen Staat mit Getreide versorgt.

Provinz (lateinisch: provincia): ursprünglich die Bezeichnung für den Aufgabenbereich eines römischen ↦ Beamten. Als die Römer neue Gebiete eroberten, wurden diese von römischen Statthaltern verwaltet. Das waren Beamte, die »an Kaisers statt« vor Ort regierten. Die Römer bezeichneten nun diese Gebiete als Provinzen. Bis heute wird der Begriff für Verwaltungsbezirke eines Staates verwendet.

Quellen: Alle Überlieferungen aus der Vergangenheit bezeichnen wir als Quellen. Dabei werden zunächst schriftliche von nichtschriftlichen Quellen unterschieden. Zu den nichtschriftlichen Quellen zählen vor allem Sachquellen und Bildquellen. Hinzu kommen mündliche Überlieferungen von Zeitzeugen (z. B. Großeltern berichten über frühere gesellschaftliche Verhältnisse).
    Quellen dienen ↦ Historikerinnen und Historikern dazu, Erkenntnisse über Ereignisse und Entwicklungen in vergangenen Zeiten zu gewinnen. Um aus ihnen Informationen entnehmen zu können, müssen bei ihrer Auswertung die Zusammenhänge, aus denen sie ursprünglich stammen, mitberücksichtigt werden (Quellenkritik).

Republik (lateinisch: res publica = öffentliche Angelegenheit): So nannten die Römer ihren Staat. Als Republiken gelten heute alle Staaten, die keinen König an ihrer Spitze haben.

Romanisierung: der Vorgang, durch den sich allmählich römische Sitten, Gesetze und Technik, aber auch die Sprache in den eroberten ↦ Provinzen durchsetzten. Dabei passten sich die unterworfenen Völker mehr oder weniger freiwillig an die Römer an.

So entstanden auch die romanischen Sprachen (z. B. Italienisch, Französisch, Spanisch).

Senat (lateinisch: senex = der alte Mann): der »Rat der Alten« in Rom. Mitglieder des Senats waren die ehemaligen ↦ Beamten (z. B. ↦ Konsuln). Senatsbeschlüsse wurden meist befolgt, weil sie von den angesehensten Männern Roms getroffen wurden.

sesshaft/Sesshaftigkeit: dauerhaftes Leben an einem Ort. Die Sesshaftigkeit ist das grundlegende Merkmal der ↦ Jungsteinzeit: Die Menschen begannen, Häuser zu bauen und in kleinen festen Siedlungen zu leben, wo sie Ackerbau und Viehzucht betrieben. Bis sich die Sesshaftigkeit gegenüber dem Nomadentum durchgesetzt hatte, vergingen aber mehrere tausend Jahre.

Sklaven: Im Altertum gab es die Auffassung, dass Kriegsgefangene, auch Frauen und Kinder, Eigentum der Sieger wurden und als Sklaven verkauft werden konnten. Auch deren Kinder waren Sklaven.
    In der römischen Kaiserzeit konnten Versklavte von ihren Besitzerinnen und Besitzern freigelassen werden und die gleichen Rechte wie römische Bürger erlangen.

Verwaltung: Das ist die Organisation des Zusammenlebens vieler Menschen. Sie wird ausgeführt von ↦ Beamten. Um öffentliche Gebäude (z. B. Tempel, Häfen und Straßen), Veranstaltungen (große Feste an Feiertagen) oder Unterstützungen für die Allgemeinheit (z. B. für Arme und Kranke) bezahlen zu können, müssen die Menschen Steuergelder bezahlen.

Wildbeuter(gemeinschaft): In der ↦ Altsteinzeit ernährten sich die Menschen, indem sie ihre Nahrung sammelten (z. B. Früchte, Beeren, aber auch verendete Tiere) und Wild jagten. Für die Jagd hatten sie sich nach den Jahreszeiten und dem Verhalten des Wildes zu richten: Sie mussten sich dorthin aufmachen, wo die Natur ihren Beutetieren Nahrung bot. Um Großwild zu jagen, war eine geplante Zusammenarbeit notwendig.

STICHWORTVERZEICHNIS

WEBCODES

Seite	Webcode[1]	Inhalt
10	WES-117710-001	Zum Anhören[2] | Was Fundstücke verraten
13	WES-117710-002	Interaktive Übung | Quellengattungen: Was ist was?
23	WES-117710-003	Zum Anhören | Funde und erste Fragen
24	WES-117710-004	Zum Anhören | Funde und Deutungen
26	WES-117710-005	Video (Planet Schule) | Wie machten die Steinzeitmenschen Feuer?
26/27	WES-117710-006	Interaktive Übung | Eine Jagdbeute wird verarbeitet
29	WES-117710-007	Tabellenvorlage | Lebensbedingungen
30	WES-117710-008	Animation | Eine Besichtigung der Höhle von Lascaux
31	WES-117710-009	Video (Planet Schule) | Was hat ein Geier mit einer Flöte zu tun?
33	WES-117710-010	Webseite | »Straße der Megalithkultur«
34	WES-117710-011	Video | Kinderalltag in der Steinzeit
36	WES-117710-012	Webseite | Tier und Mensch
39	WES-117710-013	Interaktive Übung | Ein Erzbergwerk in der Metallzeit
44	WES-117710-014	Zum Anhören | ZEITREISE: Warten auf die Nilflut
46/47	WES-117710-015	Abbildung | Eine ägyptische Grabmalerei
49	WES-117710-016	Interaktive Übung | Der Nil und die ägyptische Hochkultur
55	WES-117710-017	Interaktive Übung | Die ägyptische Gesellschaft
56/57	WES-117710-018	Interaktive Übung | Berufe im alten Ägypten
62	WES-117710-019	Zum Anhören | Von Gottheiten und Tieren
62	WES-117710-020	Video (ZDF) | Das Tal der Könige
65	WES-117710-021	Bildmaterial für die Gruppenarbeit (66–69)
78	WES-117710-022	Zum Anhören | NACHERZÄHLT: Die List des Odysseus
80	WES-117710-023	Bildmaterial | Göttlich konsumieren?
85	WES-117710-024	Animation | Ein Besuch in Olympia
89	WES-117710-025	Zum Anhören | NACHERZÄHLT: Eine Koloniegründung
92	WES-117710-026	Zum Anhören | ZEITREISE: Wer lebte in Athen?
94	WES-117710-027	Zum Anhören | ZEITREISE: Wie wurde Athen regiert?
98	WES-117710-028	Bildmaterial für die Gruppenarbeit (99–103)
107	WES-117710-029	Links für die Recherche
115	WES-117710-030	Zum Anhören | ZEITREISE: Die Sage vom Ursprung Roms
116	WES-117710-031	Video (Planet Schule) | Kann man in Sandalen ein Weltreich erobern?
116/117	WES-117710-032	Bildmaterial für die Gruppenarbeit (118–123)
125	WES-117710-033	Interaktive Übung | Die römische Familia
129	WES-117710-034	Webseite | Moderne Sklaverei
131	WES-117710-035	Zum Anhören | ZEITREISE: Ein Senator erzählt
134	WES-117710-036	Abbildung | Die Ermordung Caesars
139	WES-117710-037	Zum Anhören | ZEITREISE: Ein Stadtrundgang in Rom
140	WES-117710-038	Bildmaterial für die Gruppenarbeit (141–145)
149/151	WES-117710-039	Video (Planet Schule) | Was kam bei den Römern auf den Tisch?
150	WES-117710-040	Zum Anhören | ZEITREISE: Zu Besuch im Römischen Reich
155	WES-117710-041	Webseite | Der Museumspark in Kalkriese
160	WES-117710-042	Zum Anhören | ZEITREISE: Fliehen oder bleiben?
167	WES-117710-043	Video (ZDF) | Die Maya
175	WES-117710-044	Erklärvideo | Wie erstelle ich ein Lernplakat?
177	WES-117710-045	Webseite | Planetarium Wolfsburg: Planeten und Götter

1 Im Buch werden folgende Icons als Verweise eingesetzt:

 vorgelesener Text (Audio)

 Video

 Weblink

 Dokument (PDF)

 interaktive Übung

2 Die Texte werden gesprochen von Isabelle Feldwisch und Nico Selbach.

Dänemark
Kopenhagen
Schwede
Os

Irland
Man
Dublin

Vereinigtes
Königreich
Großbritannien
und Nordirland

Nordsee

Elbe

Niederlande
Amsterdam
Den Haag

Berlin

London

Deutschland

Brüssel
Belgien

Rhein

Prag
Tschechi

A t l a n t i s c h e r

Luxemburg
Luxemburg

Donau

Kanalinseln
[brit.]

Paris

Seine

Wie

O z e a n

Loire

Bern
Schweiz

Vaduz
Liechten-
stein

Österreich

Frankreich

Slowenien
Ljubljana

Rhône

Po

Kroatien

San Marino

Ebro

Andorra

Monaco

Portugal

Madrid

Tajo

Korsika

Italien

Lissabon

Spanien

Rom
Vatikanstadt

Balearen

M   i   t

Gibraltar [VK]
Ceuta
[Spanien]

Algier

Melilla
[Spanien]

Tunis

Valletta
Malta

Rabat

e

Marokko

Tunesien

Tripolis

Westsahara
von Marokko
kontrolliert]

A l g e r i e n

Mauretanien

Mali

Niger

0   100   200   300   400   500 km